U0064332

UPWARD
BODY.MIND.SPIRIT

身、心、靈，
全面向上提昇！讓自己更好！

人類木馬程式

李欣頻 —— 著

TROJAN HORSE OF HUMANITY

推薦序

從木馬程式中解除人生侷限

道家人文協會理事長暨作家　紫嚴導師

我眼裡的文案天后李欣頻，擁有一雙靈犀之眼，洞察人心纖細敏銳，擁有非凡的詩人及作家天賦，不論文采、美學皆拔新領異，足跡則踏遍五十五國，瀏覽過無數美景，累積了豐富人文閱歷；不計其數的演講指導課程，更是在各個城市掀起創意狂潮，一呼百應。她保有一顆探索、激發眾人熱情的心，衷於分享畢生所學；創作時，又能盡情穿梭在字裡行間自由揮灑施放張力，駕馭各種文風變換自如，不時散發出自信與魅力，是思想家和行動者的融合體。

《人類木馬程式》不愧是她沉澱醞釀四年之大作，句句直擊人心，透過深度閱讀，無形之中心智必然得以發酵、熟成。書中每篇章節，皆能一一瓦解眾人心底根深蒂固的「限制」，從泛黃已久的記憶中猛然覺知，混沌腦袋頓時熠熠生輝，猶如原本種植在窄小塑料盆裡的紫藤花，一旦脫離盆器的狹隘限制，移植到空曠大地肥沃土壤，任其根系自在於土底蔓延成長，不假時日，枝幹必定漸趨茁壯，枝葉更為茂密。當春日花季到來，紫色花海垂盪如瓔珞姿影婆娑，在陽光下隨風搖曳閃閃發光，與葉子相互交映形成絕美構圖，令人心曠神怡。

才華洋溢的她，在本書精采的篇章裡，道出極為精闢的意識牢籠病毒「木馬程式」，層次分明跨越現有時空維度與視角，並提供強大解毒方程式，讓讀者輕而易舉地重新校準生命、開創新局；更透過一行行文字，帶領著人們快篩出障礙自己的對應模組，擊破持續撞牆無法超越的生命型態。一旦我們能覺察到問題的根本，主導權就能重新回到自己手中，邁向更豁達、無礙、成熟、幸福的方向。從書中文字也不難發現，背後蘊藏著李欣頻對每一位讀者滿載的「愛」與「期待」，要讓你從挫折中蛻變，脫穎而出，重新譜寫屬於自己的全新人生。

因為「愛」，我們願意不辭辛勞穿越一切難關，只為了……和自己相遇。

目次

自序

四十九歲給自己與這個世界的期中報告：人類木馬程式

二〇一八年五月八日清晨，被窗外暴雨打在玻璃窗的聲音敲醒，今天也是馬雅曆藍風暴波符之水晶白狗日，代表在暴風雨中清明洞悉並領悟無條件的大愛。說巧不巧，《人類木馬程式》的初稿就在此刻完成，在我自己出生的波符裡。

二十一歲進廣告圈，二十八歲出版自己第一本書、也是我的廣告文案作品集《誠品副作用》，三十五歲跌至人生低谷去印度修行，並寫了《夢·前世·靈魂之旅》，四十二歲在北京大學拿到博士學位，四十九歲完成了《人類木馬程式》，代表我的關注點從「廣告文案」→「心靈修行」→「人類大數據庫」三階段的蛻變，也是三十而立、四十不惑、五十知天命的過程——這本書將帶著我朝向六十而耳順，就是無木馬程式，所以不會再有任何人事物逆耳刺心，這也是四十九歲的我給自己、給這個世界的期中報告。

二〇一二年，我在《為何心想事不成》（現改版為《心誠事享》）書中，就以「木馬程式」來比喻人身陷困境難以自拔的狀態。二〇一四年講課時，就以更深度且更全面的「木馬程式」概念，來解釋人類無止盡鬼打牆的自苦循環。在四年內近百場的演講、課程、講座中，累積了非常多讀者、學生、身邊親友，以及我自己的親身案例，終於在二〇一八年三月中抽空開始專心寫這本書，一口氣如洩洪般完成了大約六萬字的初稿後就去泰國閉黑關，緊接著帶日本禪旅團、去上海演講順便參觀了烏鎮的木心美術館，這三趟的「中斷」澆灌我一些意外的靈感養分。加上花了數十小時回看過去四年的講課影片，幾乎全天無止盡地泡在自己的書稿裡，每天都以為今天就是完稿日卻越修寫越多，覺得自己像是接了一個從雲端永遠「下載」不完的超級巨型人類資料庫，邊下載、邊解壓縮、邊書寫，而我的生活也只能隨時配合這股「洩天機」般的靈感間歇泉，抱著電腦陪母親去醫院，我帶著電腦去旅行、去剪髮、去吃飯，台北奇幻影展期間的空檔也都在書稿中，這本書一直糾纏著不肯放我走，我整個人被綁架了——這真是一本永遠都寫不完的天書，自己野放的木馬到後來變成完全hold不住的脫韁天馬，身心累到都快扛不住，好想「辭職」，每天都在喊救命……到了五月中增修到了近十四萬字，其過程就像是幫一個雕塑初胚細膩化她精微的神情，到後來真的愛上了自己的作品，就像愛上了綁架我的人，捨不得寫完，遲遲不肯交出最終定稿。

我在烏鎮木心美術館看到一段文字：「寂寞無過於呆看凱薩大帝在兒童公園騎木馬。」寫書的過程就是如此，只能跟這本書在一起，拒絕了無數個與別人見面敘舊的餐會，每天只能被這本書自帶一股宛如亞歷山大想踏遍全世界的野心，拉著我的完美求全主義，帶著我邊看、邊記錄人類各種各款的木馬程式，透過全景視野觀察著自己與周圍的人賴在旋轉木馬上不肯下來，只有等書自己找齊並分析完人類所有問題、木馬程式的萬有理論完整後，才會自體分娩出生、才會放過我。

「下載」這本宛如全人類百科全書時，我也同步深度掃描自己，一邊找木馬之毒一邊解毒（解讀），我彷彿是另類的考古人類學家也同時在問診自己、自療自己。人類四大類、五十二模組的木馬程式中，有百分之八十我都中過，寫書的過程中我也覺察自己有好幾組木馬正在發作。書中每一個案例都是真有其人，但為了不讓他、她們對號入座，所以刻意改了性別或是更動、隱匿個人基本背景資料，這就是全人類百科全書的企圖。

地球就是「愛」的人間考場也是道場，名利財富、自我、家庭與人際關係、生老病死、美或醜、災禍或幸福……都只是考試的題型，考的是：錢比較重要，還是愛比較重要？名聲、面子、尊嚴比較重要，還是愛比較重要？外表、美、別人的看法比較重要，還是心中有愛比較重要？以及在病痛時反思：自己被恐懼與恨占滿了多少生命時間、離愛已經有多遠了？

人生不是考對錯、也不是考成敗，而是在考愛的頻率等級。《人類木馬程式》就像是人間劇場上方最大型置頂的探照燈，幫每個人在入戲之外開啟「觀察自己」的清明視點，一旦醒來之後就無法逆轉。此書出版的目的，不是要每一個人都清除完木馬程式（這樣人間就無戲無趣了），而是覺察有哪些木馬程式正在影響自己之後，你可以隨時決定何時要中止、解除這場夢，還是用「玩家」的角度清醒且盡興地玩。你也不需要去「叫醒」別人，他們還想多睡、多享受、多體驗在夢境裡的時間，所以不必忙著「拯救」他們（以免拯救世界模組出現）；若有人跟你求救，你可以準確在岸邊抛出救援線給他，至於對方要不要即時上岸，或是想耽溺沉浮再玩一會都是他的自由，請千萬不要控制、干擾別人的學習過程。所謂「不介入因果」就是不要用你「以為對的、好的方式」來干涉他們自己設計的命運劇本學程，因為睡久了總有一天一定會醒，醒來之後如果感到無聊還是可以隨時入夢繼續玩，但此時的夢不再昏沉受苦，而是清明精采。

文字自帶光明，點亮了眾人之路，也自知之明地照亮了自己。這本書規模之龐大讓我也大開眼界，我曾把書稿給了身邊的摯友羅小姐看，她到現在都還沒看完，理由是：這本書掃木馬的威力非常強大，她一邊看，得一邊停下來檢視自己的木馬程式，看書稿都四星期了，到現在都還沒走完全書的五分之一，她說這簡直是天書級的全人類百科全書，她得花一輩子才看得完，沒有書在這本書之外，而這輩子這本書就足矣！

感謝皇冠文化穗甄努力促成這本書的出版！二〇一八是我農曆四十九歲本命年，這本《人類木馬程式》是我給自己以及這個世界的期中報告，自此之後，另一個全新的生命維度已經被打開，希望它也能帶著你們一起跳出夢境，醒來就能發現：此時此地已是無所不在，與生俱來早已無所不能！

李欣頻

初稿完成於二〇一八年五月八日清晨
馬雅曆藍風暴波符的水晶白狗日（關鍵字：淨化、覺醒、無條件的愛）
修訂全稿於二〇一八年五月十五日傍晚
馬雅曆黃人波符的韻律紅地球日（關鍵字：音樂、地球人類、自由）

第一篇

人類木馬程式的定義與特徵

第一章　如同電腦一樣，人類也有木馬程式

大約在二〇一四年，我開始講授〈夢想藍圖〉前準備教材時，突然問自己一個問題：「為什麼對於某些人而言，獨立自主、創意夢想、天賦才華、財務自由是如此容易？但對於大部分的人而言，卻非常困難？」即使我已經出版了《創意天龍八部》鉅細靡遺地講授人生創意方法學，但仍有許多讀者困在自己的「鬼打牆」中出不來？

後來我仔細研究數百位讀者們的來信，以及做一對一個案時發現大家的問題居然都差不多，原來絕大部分的人似乎都中了**「集體木馬程式」：認為自己不夠好、不夠美、不健康、沒人愛、沒有天賦、不自由、錢不夠、沒時間做自己喜歡的事、更慘的是連自己喜歡什麼也不知道、老是事與願違、找不到生命的意義與使命……**初步歸納最明顯的三個原因就是「教育」、「社會」、「媒體」所共同形塑而成的結果。於是我開始研究電腦「木馬程式」的概念，看看是否與我所謂的「人類集體木馬程式」有相對應性。

「木馬」這個詞源自希臘神話的「特洛伊木馬屠城記」（Trojan horse）：攻城的

希臘聯軍假裝撤退後留下一隻木馬，特洛伊人視它為戰利品帶進城中，當他們在慶祝勝利時，所有躲在木馬肚子裡的希臘士兵開啟城門讓外援軍進入，趁深夜突襲，成功奪下了特洛伊城。搜尋網路上關於「木馬程式」的定義是：「遠程控制電腦軟體的黑客工具，在用戶不知情或是未經同意情況下被入侵電腦，在啟動時被破壞、被修改資料，或使之無法運作。」**也就是說，電腦木馬程式是以表面上看起來有用的軟體，裡面包藏著惡意程式，從網路進入電腦系統後，會在使用者都沒注意的時間點啟**動，破壞或奪取個人私密資料，進而控制用戶的整個電腦系統。

木馬程式具有「**隱蔽性：**很難被確定具體感染位置」，與「**非授權性：**控制端擁有大部分該用戶的操作權限」之特點。如果我們拿這些定義來比喻

出處：Shutterstock

「人類的木馬程式」也是一樣通用的：

- 被植入。
- 受其控制、無自由意志、信以為真，並很難發現自己是被控制的。
- 無法正常運作。

絕大部分的人也被埋藏著像這樣的木馬程式，一如電腦中毒，人們會在毫無覺察的情況下被竄改潛意識、被控制自主性與行為，在相同的情緒情境中一再受困，不斷製造出無意識的鬼打牆，輪迴在不快樂與掙扎中，而這些木馬程式即是人生的框架。如果以一個大家之前很熟悉的電影〈全面啟動〉（inception）來舉例，就是「被植入信念」的意思，一旦被植入某一組信念，那之後所有的決定，都會以此模組的相應頻率來做反應，除非被當事人發現，否則就會被木馬程式控制到整個人鬼打牆似地當機，甚至到自毀崩盤為止，這就是法國數學家佈萊茲·帕斯卡（Blaise Pascal）所說的：「人類的悲劇，始於無法獨自坐在一個安靜的房間裡，因為瘋狂會逼瘋自己。」

簡單舉個例子：有一個女生老是嫌自己長得不夠美，依她自己陳述的原因是：母親從小常對她說「長得不漂亮的人，要更努力」，如果再更客觀且精確地回溯，事實可能是：這個女生**「以為」**母親覺得她不美，所以就放大成「大家都覺得她不美」，於是就認定「自己不美」的信念，但事實可能是：媽媽也曾說過她美，遠遠超過說她不美的次數更多，但她早已內建「自己不美」的模組根深蒂固，於是她就會從母親萬千話語中挑出疑似或近似「自己不美」的句子，來符合並加深這組木馬程式的概念，甚至有時候是她完全聽錯母親的原話，把「隔壁女生長得不美」聽成「妳長得不美」，因為**一旦有了木馬程式，非常容易斷章取義、移花接木，把別人的話剪接成符合這組木馬程式的概念**，唯有她去問母親為何要這樣說她時，這組木馬程式所造成的一場人際誤會才有機會被當場打破；但如果她隱忍未說，並從此記恨一輩子，那麼她也將帶著這組木馬程式繼續創造更多「自己被認為不美」的事件（非事實）。

還有另一個真實案例是：我有個「被害妄想症」的同事，老覺得自己的媽媽、兄姐、身邊的人都是要來害他的，他的口頭禪就是「人生江湖險惡」，除非他醒來看到「被害」只是如虛擬電玩般的幻象，並去找到投影源頭「我是何時開始覺得自己被害」、關閉並決定不要再有這樣的幻覺，否則這組木馬程式會幫他繼續創造更多人生被害大戲，就像是一張投影片上有一個紅點，如果這張投影片不被改動的情況下，無論它投影在木頭牆、水泥牆、大理石牆上……永遠都會有那顆紅點；或是換一個比喻：一個臉上有痘痘的人，如果不想再看到痘痘，請問是把鏡子打破？還是把臉上的痘痘清乾淨？很多人會怪罪自己的原生家庭，但同一個原生家庭可以有一百萬種不同的對應方式，其結果就大不同，試問如果我們遇到像歐普拉過去的生命事件，我們現在會如何？況且身邊的人跟我們講過億萬句話，怎麼就把這句話做為是自己的木馬程式製造機？這些木馬並非不可改寫，只要用新的眼光重看這句話、另選一句話，或是自己重啟設定都行。

我在二〇一八年四月帶日本禪旅團去看鳴門漩渦，有個團員在我旁邊說「好可怕，感覺就要被捲進去溺斃了」，我很驚訝地跟她說：「咦？我看到的是兩股海水相見歡愛的美啊，感覺有種被強大的愛融化的激動！」還有另一個例子是：我有個好友，他記得母親有一次在電視台，她抱著才兩歲的妹妹上台一起接受採訪，卻沒有抱他，從此種下媽媽不愛他的木馬程式，之後他很努力讀書、工作、賺錢，讓自己的成就比妹妹更大，這樣才能「贏」回媽媽的愛，我跟他說：「其實媽媽給你的禮物更大，正因為她沒抱你上台，所以你比妹妹更努力（因恐懼失去母愛而激發動力），現在是你自己上台接受媒體採訪，妹妹反而沒有——只有把時間空間拉大、拉出不注意視盲區，從這個點往回看、以正向而非負向的頻率視野，才看得到這個禮物，你也才能看到愛始終就在那，從沒有缺席過。若我現在問你，如果回到當時要你選擇是被抱上台的？還是在台下的？你會怎麼選？」他想了想，說：「對！如果要我選，我還是會選不被抱上台的那一位！」這就是他人生最初自訂的學習劇本、自己選的角，但他遺忘了。

同樣一件事，有人看到的是恐懼，有人看到的是愛，**外在世界是由我們的眼睛與心的頻率決定它是什麼，改變自己的過去也代表未來將看到什麼**，這就是我在回答一個學生的問題：「老師，請問要怎麼樣做才能讓自己的木馬程式不會影響孩子？」我的回答是：「只有你保持覺知清除自己的木馬程式，才不會影響孩子。」

全球知名的認知神經科學家葛詹尼加（Michael S. Gazzanifa）的著作《我們真的有自由意志嗎？》提到：「我們每天的選擇，真的是自己決定的嗎？當我們擁有一項信念，會勝過所有自主生理程式與實體，即使是錯誤的信念，也使得莎士比亞筆下的奧賽羅動手殺了他親愛的妻子，讓《雙城記》裡的卡頓自願代替他的朋友上斷頭台，還表示這件事勝過他以往做過的任何事。」也就是說，當人們中了木馬程式之後，很容易把這組木馬程式設定成**最優先在乎的事**，比方**「光耀門楣木馬模組」**會把面子、尊嚴，看得比自己、家人、愛人、親友……的生命與健康都重要，而且為了光耀這個「門楣」，即使做自己不喜歡、不開心的事也不在乎，這就是木馬程式造成的**「不注意視盲」**，就是看不見這組木馬程式概念以外其他更重要，或是更明顯的事。

「不注意視盲」這個概念，在《為什麼你沒看見大猩猩》書中有一個非常經典的實驗，就是請觀影者仔細算出影片中兩隊球員間傳球的次數，等影片播完，大約有半數的人沒看到出現在影片中長達九秒正在搥胸的大猩猩，「是什麼東西讓大猩猩彷彿隱形了？這種感知上的錯誤源自於『對某個意料之外的物體缺乏注意力』所造成的，因此它在科學上的專有名稱為『不注意視盲』（inattentional blindness）。人們沒有看到大猩猩，並不是因為眼睛有毛病，而是因為把全副注意力都放在視覺某個特定區域或物件上，以至於沒有注意到預期之外的事物，即使該事物外觀搶眼、有可能是重要的，而且就出現在他們的視線內；換句話說，實驗裡的受測者因為太注意計算傳球次數，而導致『看不見』就站在眼前的大猩猩」。這也就是為何扒手很容易在人們沒察覺的情況下，扒走貼身口袋裡的錢包，甚至於是戴在手上的錶，因為扒手已經掌握了這個人的「視盲區」，只要將視線引開，他想扒走的東西就能在對方面前輕易取走，這就是所有「近身魔術：魔術師靠你太近，讓你看不到全貌」的原理。

也就是說，**木馬程式會造成很大面積的「視盲區」，會讓你在不自覺的情況下，失去你珍視且重要的人事物、時間，甚至於是自己**。舉例來說，社會集體價值與媒體引導你關注焦點在「如何掙得更多錢」、「某位明星的八卦緋聞」……時，媒體偷走了我們的注意力與時間，看新聞來殺時間，時間也正在殺我們，我們都忘了最重要的其實是「自己與家人的健康」、「與家人相處的時間」……已經不知不覺全被木馬程式偷走了而不自知。

如果回到《我們真的有自由意志嗎？》，以大腦認知神經學的專業術語來說，木馬程式運用的就是錯誤的「解譯器」：「大腦會對不知道的事物，捏造、虛構、拼湊出符合該情況的合理答案。」即使是與事實真相天差地北，但當事人毫不自知或是不願承認。如果換成我們熟悉的概念就是「杯弓蛇影」、「草木皆兵」，若沒有讓當事人湊近去看真相，他有可能因恐懼而止步於此，那是**因為過去的經**

驗、信念形成的恐懼木馬程式，造成了故步自封的「自囚」狀態，這也是許多人抱怨自己不自由、無法隨心所欲的原因。

你決定成為什麼樣的人，就決定你將看到什麼，信念以能量的方式存在，使其變成真。我們的恐懼是被「教」出來的，就像雞被制約久了也不敢飛出無頂蓋的雞籠，從小被繩綁住的小象長大後也不敢去掙脫，如果依電影〈翻轉教室〉中舉的例子：把食物放在一片玻璃之外，讓魚看得到卻吃不到，幾次碰撞未果的挫敗下來之後，就算把玻璃片拿掉、食物就近在身邊，牠也不覺得自己有能力吃得到，這就是被自己挫敗感打敗的原理，在心理學上稱為「習得性無助」(Learned Helplessness)，如同我們把別人貶損我們的話語變成了我們不再出去冒險的玻璃牆，這玻璃牆就是木馬程式。

讓我們用一個簡單的方式來演示木馬程式：如果現在放一首歌〈茉莉花〉，當前兩句

霍金斯博士意識能量層級圖表

1	開悟正覺：700-1000	7	希望樂觀：310	12	渴愛欲望：125
2	安詳極樂：600	8	中性信賴：250	13	恐懼焦慮：100
3	寧靜喜悅：540	9	勇氣肯定：200	14	憂傷懊悔：75
4	愛與崇敬：500		**頻率標度值200，是一個人正負能量的分界點**	15	冷漠絕望：50
5	理性諒解：400	10	驕傲輕蔑：175	16	罪惡譴責：30
6	寬容原諒：350	11	憤怒仇恨：150	17	羞愧恥辱：20

歌詞被唱出來：「好一朵美麗的茉莉花，好一朵美麗的茉莉花」時，你腦海中跑出的下一句是什麼？這句歌詞你幾乎可以不假思索地唱出來：「芬芳美麗滿枝椏，又香又白人人誇」。如果我們以《我們真的有自由意志嗎？》的說法來解釋：「快速與自動化的無意識處理過程，會取代耗時較久的意識處理方式。」但也正因為是「無意識」，所以就如同木馬程式的「隱蔽性」很難被覺察到。換句話說，**一旦當事人吸收了某一組概念為木馬程式後，這組概念就會成為自動且快速無意識反應的根據，幾乎很難被更改**，這也是美國科學家富蘭克林（Benjamin Franklin）所說的：「世間有三樣東西其堅無比：鋼鐵、鑽石，以及自知之明。」

我們依據上面「歌詞自動連唱」的原理，以「直覺聯想法」來搜出潛藏在意識底層的木馬程式：比方一聽到「愛情」兩個字，你的第一反應、感覺、畫面、字句、故事情節是什麼？若接連下去長達數十段以上的聯想，一直到再也想不出來任何感覺、畫面、字句、故事情節為止，那麼這一連串的頻率，在**霍金斯博士意識能量層級圖表**中屬於哪一項？而這些頻率串連的方向性才是真正的核心關鍵，也可以說是導往正或負向的方向盤，例如有人一聽到「愛情」兩個字，第一個聯想到的概念就是「背叛」，再往下想是「不可信」、「不長久」、「最終會失去」……那麼**這一連串的頻率是愛還是恐懼，就是這個人後續在面對「愛」時的反應發射器**。也就是說，若頻率落在200以下的就屬於木馬程式範圍，200以上則表示該「愛情」概念表面層上初步沒有木馬程式，但不代表潛意識層或無意識層沒有木馬程式，這得透過更「出其不意、繞到理性意識牆背後」的問句來破門搜索——關於人生各大類型木馬程式的搜問句，都已放入《我鏡曆：木馬程式掃毒軟體》[1]，我從這一年份的問句中摘出21天，放進隨書附贈的《21天快篩清除木馬實用手冊》中，請大家今天就可以開始啟動「21天木馬程式的掃毒軟體」。

木馬程式形成的原因不在於「發生了什麼」，而是人們「覺得並堅信自己發生了什麼」所產生的負向感覺頻率。如果中了木馬程式，就相當於只注意「木馬程式概念框架」裡的人事物，其他不符合這概念的都一律視而不見、聽而不聞，於是會以此負向頻率投射，並創造出自己一連串的人生悲劇，卻不知道該怎麼幫自己從「鬼打牆」中脫困，我們可以定義為**「旋轉木馬：原地鬼打牆的無限循環」**狀態（見圖1），或是我們小時候玩的木馬（見圖2）也是一樣的概念：「看似一直正向往前，但永遠都在原地無法前進」；如果用驢馬矇眼推磨（見圖3）的概念就更精準了：矇眼的牠以為自己一直往前，但我們從旁邊看，其實牠始終都在原地打轉，哪裡都去不了，只有把牠的眼罩拿掉，牠才會突然明白自己始終都在此地從未離開——愛因斯坦說，人最瘋狂的事，就是一直重複做一樣的事，卻期待有不同的結果（Insanity：doing the same thing over and over again and expecting different results.），這就是為什麼**要解決任何一組人生問題，必先要打掉「木馬之牆、旋轉木馬之柱」、或是把「鬼遮眼的眼罩」拆開，才能恢復「全觀清晰視野」的覺醒，以及完全自由自主的「人生原廠設定」**。但最大的重點在於：當事人願不願意解除木馬程式？他抓著中了木馬程式的信念不放，是因為他以為對自己有好處，有時還挺享受「被木馬程式轉著玩」的過程，那也是個人的意願，但不一定算是「自由意願」。

圖1

圖2

圖3

1.《我鏡曆》即是《木馬程式掃毒軟體》（一年份完整版），欲購請將姓名、電話、收件地址、欲購買數量，如果有wechat也請附上，e-mail到1308222000@qq.com，並副本到readers**0811**@gmail.com，信件主旨：**購買我鏡曆**，會有專人與您連繫。

我們與ＡＩ人工智慧的差別，就在於「我們能察覺到：自己被植入了什麼信念」，但ＡＩ人工智慧卻沒有這個能力。也就是說，唯有自己發現被植入或自建了哪些木馬程式，然後決定是否移除時，我們才能對自己的生命劇本有了完全的自主權。

第二章　人類木馬程式的特徵

依據上一章我提及幾個木馬程式的特點，我總結列出六項「人類木馬程式」的具體特徵，包括：

- 讓人誤以為是真的，以為是不可改變的真理、真相。
- 讓人只選擇看到、聽到與這組木馬程式相符合的概念，不符合此概念的，既看不到、也聽不到，也可稱為「不注意視盲、耳聾」。
- 有競爭與評比標準，讓人變得有壓力，感覺能量萎縮、不開心、扭曲本貌、自責自己不夠好，讓他以為有一個「更好的自己」在未來。所以當事人會抓著木馬程式不放、也不願改變的原因，是因為他以為這是可以激勵自己更好、不斷前進向上的信念。
- 這個人想要達到的目標，與內在潛藏的木馬程式衝突卻不自知，就像一支箭無法同時射向兩個靶心，內心所欲與外在行為來回拉扯的「矛盾性」（見下頁圖），以至於夢想永遠不會聚焦成真。

●木馬程式被內建成功之後，當事人會無意識、不經思考，或不假思索地直接反應、說話、動作、行為，而偏離自己真正想要的越來越遠。而且中了一個主要模組之後，會導致自己的關係、家庭關係、伴侶關係、人際關係、工作事業、財富資源、身體健康……全方位都一起連動出問題。

●讓這個人從這組木馬程式，開始啟動一連串「追逐虛幻不實目標」的過程，無窮無盡直到崩盤或精疲力竭為止，這會浪費非常多的生命時間，甚至嚴重到自棄自毀。

現在我就以上面六個木馬程式的特徵，來一一詳解。

第一個特徵：讓人誤以為是真的，以為是不可改變的真理、真相。

在電影〈全面啟動〉（inception）其中有一幕，當他們打算把一個信念植入對方的腦中時，在策劃行動的會議上就提到：一定要把信念藏進「正面的概念」中，才不會被對方「排斥」掉。也就是說，幾乎絕大部分的木馬程式也都被所謂的「正面信念」包裹著，因為我們從小被教育要往「正向」走，所以對於表面上看似正向的訊息沒有警覺，也比較不會被當事人的防衛防禦系統擋在外面，這就是**「正面思考」很多時候反而變成了反鎖住自己的木馬程式**。

美國汽車企業家亨利．福特說：「不論你是否相信自己能不能辦得到，你一定是對的。」也正因為如此，在當事人堅信的理念中就能搜掃出木馬程式，例如：座右銘、個人互聯網平台（如臉書、微信、微博、LINE）的個性簽名、一句話、寫在記事本或是手機裡激勵自己的話、所閱讀的書中因認同而畫線的句子、朗朗上口的金句、佳句、歌曲、喜歡的電影或戲劇對白、人生小故事……這些都是很快破解木馬程式的途徑。舉例來說，「吃得苦中苦，方為人上人」這是很多人視為真理，也會拿來做為座右銘的句子，表面上這句話很勵志，鼓勵我們要在艱苦中忍耐與堅持，但這句其實暗藏很多組木馬程式：1.**不自信之擇苦模組**：眼前若有許多條路徑，因為已有了「吃得苦中苦，方為人上人」的概念，他會很自然且無意識地選擇比較困難的那條路走，對於簡單輕鬆的路不太信任，或者說他並不相信自己有能力可以這麼輕鬆容易過關，總認為「天將降大任於斯人也，必先苦其心志、勞其筋骨、餓其體膚，空乏其身……」，所以我們經常可以看到一種情形，就是中了「不自信之擇苦模組」的人，老是隨時隨地創造出一連串「為難自己」的外在狀況，然後還一直抱怨自己的人生怎麼如此艱困——看似是外在困局先發生，然後他拿「吃得苦中苦、方為人上人」來激勵自己，但其實是他先設定且創造了「苦中自苦」模組的投影片，然後開始向外投射，顯現出一連串頻率相符的場景與事件，內心不平靜，外在就有忙不完的紛擾；對己不自信，整個世界就到處拒絕你。也就是說，**當事人在描述自己過去經驗的慘事時，他最後為此事所下的結論或註解，其實就是源生問題之木馬程式的初始設定，結果即起因。**

類似的例子還包括「你受的苦，總有一天會照亮你的路」，若中了「不自信之擇苦模組」的人把這句話做為座右銘，他也會潛意識或無意識地選擇比較「苦」的路，因為苦=光明。我見過一個很特別的案例，她很喜歡看柯南與福爾摩斯，所以她經常選擇「崎嶇的人生路徑」，因為她喜歡「曲折離奇、陷於兩難與膠著、然後柳暗花明又一村、最後真相大白」的解謎樂趣，用最複雜的方式證明自己很聰明——有一次她忘了帶擴充插座，於是她以現有的資源、用了各種方法、以一個多小時臨時組合成了分插座，很得意地告訴我她是怎麼想到、辦到的……我跟她說，我也忘了帶擴充插座，我打電話給櫃台請他們送一個上來房間，前後只花了五分鐘，然後我利用剛剛的前一小時寫完了一篇文案——這讓我想起一個故事：NASA（美國太空總署）的科學家在一九六〇年代太空競賽高峰時期，因為鋼筆無法在無重力的狀況下書寫，於是花費好幾年的時間與數百萬美元，研發出一支無需重力拉引墨水的原子筆，知道這事的蘇聯人笑了笑，給NASA寄了封信，上面寫道：「何不試試鉛筆？」，雖然NASA事後解釋鉛筆筆尖容易碎裂斷裂，在微重力的環境下四處飄浮，會對太空人或儀器造成損傷，而且鉛筆可燃，但這故事其實給了我們另一種思維方式：「有些時候我們花了太多時間、努力和金錢，去尋找一個比較麻煩的解決方案，但一個更完美、更簡單、更便宜的答案就在我們的眼前，這就是踏破鐵鞋無覓處，得來全不費工夫」[2]。

或許有人會問，在諸多路徑中選擇比較艱難的路，難道不是「勇敢」嗎？這對於沒有中「不自信之擇苦木馬程式」模組的人而言，無論他選擇什麼路徑都不會是問題，因為他不是出於「怕自己選擇輕鬆的路，就無法成為人上人」的焦慮與恐懼頻率；也就是說，我們**無法以「外在行為」來判定此人是否中了木馬程式，必須依據他的動機頻率**而定。簡言之，就是**沒中木馬程式的人，選擇什麼路徑都是出自於「正向、自由擴張、自主選擇」的頻率，而非「負向、害怕、恐懼失敗與落後、能量萎縮、不得不這麼選擇」的頻率**，或許兩者的行為都一樣，但因為**所攜帶的頻率天差地北，該頻率所創造出的結果完全不同**，就像是「自暴自棄」與「臣服隨順」，兩者的行為都是不再積極行動，但前者的頻率是在**霍金斯博士意識能量層級圖表**中的「第15級：冷漠絕望」，但後者的頻率在「第8級：中性信賴」以上，甚至可以拔高到「第3級：寧靜喜悅」→「第2級：安詳極樂」→「第1級：開悟正覺」，**頻率不同，後續吸引來的人事物與創造的結果就有天壤之別**，這部分大家可延伸閱讀《臣服實驗》，作者在自序中提到：「『臣服』這個詞往往讓人聯想到『軟弱』，或是『認輸』、『投降』，然而，靈性上的臣服其實正好相反，它不是向某樣事物屈服，而是有意地放棄一部分的自我[3]。假如你放棄的那個『對你的成

2. 此段引自網路，李珮雲綜合整理。
3. 欣頻註：可以理解為放掉限制你的框架和木馬程式。

功其實是個阻礙』的部分，學習臣服就成了一件非常有益的事。」這本書也可做為進一步了解「臣服隨順」與「消極被動」差別的參考。

舉個例子來詳述以上的概念：眼前有兩個人，一位是帶著「怨天尤人、自暴自棄且不信任他人」的頻率，另一位是敞開「信任與友善」的頻率，如果你攜帶一個重要計畫尋找合作夥伴，請問你會想找哪一位？這就是為何後者的合作機會與資源越來越多，而前者的懷疑與負向能量會讓人不想靠近、退避三舍，因為恐懼決定了他的選擇——他們兩人所相信的都是真的，他們的頻率也正在創造不同的結果，這是從兩者表面行為上看不出來，但身邊的人一定可以感受到能量之別。同理可證，例如自卑與謙卑、驕傲與自信、懶惰與放鬆、控制與負責任，就如同自棄與臣服，差別就在頻率。

我們再繼續深究「吃得苦中苦，方為人上人」的第二句：「方為人上人」的這概念，這是另一組常見的木馬程式：2.**怕落後模組**：就是怕輸給別人、怕落後，因為一旦輸了或是落後，就等同於「無價值」、「不被關注」、「不被愛」……這是絕大部分做父母的焦慮：擔心自己的孩子**輸在起跑點→將來會被人瞧不起→無法好好生存在這社會**，這是焦慮「孩子會活不好」導致的木馬程式，常見的外在行為就是：拚命幫孩子報各式各樣的才藝班、補習班、請家教、買非常多參考書籍與教材、求學期間不准談戀愛、等畢了業後開始催婚逼婚……但這些父母是否思考過，**請問是「以哪一條路」的起跑點為準？你確定你的孩子適合這條路、而且只有這條路？**如果這部分沒看清楚、想清楚，那麼逼孩子**努力往前跑，請問要跑去哪裡？**這也是為何許多人從學校畢業之後，就直接進入「茫然期」：不知道自己要不要繼續考研究所、還是能去做什麼樣的工作？更完全不知道自己的天賦何在？於是十多年的求學時間，全浪費在與自己人生無關的事上面，這就是**「怕落後模組」**所形成「浪費寶貴生命時間」的後遺症。

有部印度電影〈人生起跑線〉（Hindi Medium）：一個害怕孩子輸在起跑點的母親，千方百計地想把孩子送進貴族名校，父親說：「公立學校沒什麼不好啊，我們都是念公立學校的啊！」但母親中了「怕落後模組」，所以她對孩子的父親說：「我們不夠好，孩子不能像我們一樣念公立學校，在公立學校什麼都學不到→她會害怕與別人溝通，因為當別人說英語，她會害怕→她會不適應這個社會→最後她會孤立→會沮喪→如果她開始吸毒了怎麼辦→在印度，英語是階級，成為這個階級最好的方式，就是去上一所好學校……」如果把她的話逐一拆解，就能非常明顯看到因恐懼而被內建的木馬程式：**她認為自己不夠好（不自信模組）→她害怕孩子也不夠好（焦慮未來／怕落後模組）**，讓她誤以為是真的，以為是不可改變的真理、真相，反而創造了一連串幾乎無法收拾的「瞎忙」狀態，最後又回到了原點：小孩回去念公立學校。幸好他們最終領悟到這組木馬程式「念公立學校就會落後」的荒謬，但也付出了許多時間、金錢，甚至讓別人受傷的代價，所以英國作家珍妮特•溫特森（Jeanette Winterson）說得很好：「我們的習慣、尤其我們的恐懼，決定了我們的選擇，我們是自身推演的結果。」

我記得在電視上看到某位記者說了一段話：「人生就像迷宮，只能往前，不能停在原地。」我們可以想一下，這句話有沒有木馬程式？迷宮大多數是沒有屋頂的，所以你若不往前，可以往上，瞬間脫困，就像是毛毛蟲在2D，蝴蝶在3D，多了一個維度，找到出口、解決問題的速度就是瞬間，就像南泉救鵝的禪宗公案[4]，只要瞬間跳出原邏輯、原設定，從夢醒來，就在牢籠瓶頸之外了。

第二個特徵：讓人只選擇看到、聽到與這組木馬程式相符合的概念，不符合此概念的，既看不到、也聽不到，也可稱為「不注意視盲、耳聾」。

剛才提過，一旦中了木馬程式，就會產生「不注意視盲、耳聾」，就像戴上鬼遮眼的眼罩，進入**「旋轉木馬：原地鬼打牆之無限循環」**，也可以形容成：狗追咬自己尾巴。如同之前那位覺得自己不美的女生，她接下來就會開始不相信別人會愛她，會一直動不動就問愛她的男人說：「你到底喜歡我哪裡？」如果他沒發現她中了「不自信木馬程式」而回答：「妳的眼睛很美！」那接下來就是一連串鬼打牆且糾纏不放的質問過程：

「那你是說我的臉太大？」

「不會啊，妳的臉哪有大？」

「眞的嗎？你不是在安慰我吧……那我的身材呢？」

「寶貝，妳身材很好啊！」

「那你的意思是，你是因爲我的身材才愛我的？哪天我變胖變老了你就不愛我？……」（後面省略數萬字無窮無盡鬼打牆的對話……）

她已經從「覺得自己不夠美」的不自信模組，擴大到「覺得自己不值得被愛」模組，只要對方發出不符合這套木馬程式的頻率，她就會處心積慮去從對方口中找到證據來證明自己是對的，大家可以上網搜尋「泰國PEPPERMINT通鼻劑」廣告短片，這是一個中「覺得自己不被愛」木馬程式的女子，一直在找老公「不愛她的證據」，從旁觀者的角度看，也可以清楚對照自己有沒有中到這組木馬程式。

只要中了**「覺得自己不夠好」**的木馬程式，後面的人際、感情、金錢等各方面就會開始自行運作出痛苦的生命劇情，因為她怕人靠近，人家進她就退，人家退她就進，不相信自己值得愛，會無意識地不信任人，有意識地推掉愛，即使別人說她好，但她會自責自卑自己不夠好，這個信念不放過她，於是創造自己的地獄——以色列女導演拉瑪佈希頓（Rama Burshtein）的〈我就是要結婚！〉（The Wedding Plan）就是這樣的案例，電影中的女主角中了這組木馬程式，她既想結婚，卻又一直拒絕每一位跟她求愛的男人，她懷疑對方怎麼可能愛上她、怎麼可能會跟她求婚的那些話都很經典：「我不相信你會在這跟我求婚，你是想玩我嗎？我可是認真的，你不需要大老遠跑來羞辱我，你好殘忍，或許你覺得好玩，但我可是認真的，我要的是一生一次的永恆關係……」在她講出一連串懷疑對方動機的這些話後，有幾秒奇蹟片刻她突然清

4. 宣州刺史陸亙大夫初問南泉曰：「古人瓶中養一鵝，鵝漸長大，出瓶不得。如今不得毀瓶，不得損鵝，和尚作麼生出得？」南泉召曰：「大夫。」陸應諾。南泉曰：「出也。」陸從此開解。

醒了一下說：「別相信我，話從我嘴裡出來都是歪的……」意思是：正因為她「完全不相信」對方跟她表達愛（因為曾被毀婚的她，從此不再相信會有人愛她），於是她無意識地以一連串「違心之言」想要打退對方，來證明她所想的「自己不夠好、不值得被愛」是對的，這就是木馬程式「自找麻煩、自尋苦惱、把愛扭曲成恐懼」的所在——所以我們經常看到電影有這類型的愛情悲劇模組：她拒絕他是因為覺得自己目前還不夠好，所以想等到自己準備到完美之後才敢接受他的愛，因為如果現在就接受了，他一靠近就會看到自己的缺點與不完美，這樣會嚇跑他；同頻相吸，剛好他也有「覺得自己不夠好」的木馬程式，所以當她拒絕他時，他第一反應就是「一定是她嫌我不夠好，所以才拒絕我」，於是劇情就開始陰錯陽差、百轉千迴地往「想要保住尊嚴卻搞到兩敗俱傷的遺憾」結局走，就像劉若英執導電影〈後來的我們〉經典對白：「後來的我們什麼都有了，卻沒有了我們。」

我在木馬程式課上[5]曾以日本喜劇導演三谷幸喜一部半自傳電影〈了不起的偷拍〉其中一小段影片來剖析木馬程式的這個第二特徵：導演在新片隔天要公映前非常焦慮，找來飯店的女服務生先行看完這部影片後，他想聽聽她對電影的意見。導演與女服務生之間的對話如下：

5. 李欣頻的木馬程式網路線上課。欲購請將姓名、電話、收件地址、欲購買數量，如果有wechat也請附上，e-mail到1308222000@qq.com，並副本到readers0811@gmail.com，信件主旨：**購買木馬程式網路線上課**，會有專人與您連繫。

電影對話	欣頻註解
導演：**我老是這樣，一到關鍵時刻，心裡滿是不安。**	↓焦慮模組出現。
女服務生：可是你的電影真的超級有意思，相當有趣啊！	
導演：我明白了，我會好好聽妳說的！但不知道為什麼，我特別不安，會有觀眾嗎？他們會看得開心嗎？評論會寫什麼？網上會怎麼評論？**當然也可能一下就摔到谷底了……**	↓焦慮模組↓看衰自己未來的自毀模組。
女服務生：我覺得你不用擔心！	
導演：雖然我知道不必擔心，但還是擔心啊！我現在最需要的就是自信，**關於這部電影的自信、還有我對於未來的自信**，所以我今天把妳叫過來，就是想聽聽妳對這部電影的感想。但我想聽的是好的感想，妳可千萬別說讓我喪氣的話呀，絕對不行，絕對不許說！	↓不自信模組。
女服務生：好，我明白了！	
導演：我求妳了，好嗎？	↓不自信模組+焦慮模組。
女服務生：好！	
導演：那麼我就以此為前提開始問，我的電影如何？	

女服務生：超級搞笑！	
導演：真的嗎？搞笑嗎？這樣我就放心了……**但是，有點奇怪，我有點懷疑**，難道是我想要妳誇我，妳才特意這樣說的嗎？	↓不自信模組↓懷疑模組。
女服務生：才不是呢，真的很搞笑！	
導演：**哪裡搞笑了？**	↓懷疑模組。
女服務生：全都搞笑！	
導演：**不可能全都搞笑啊！**	↓懷疑模組。
女服務生：因為我一直笑不停啊！	
導演：好，哪裡搞笑？	
女服務生：首先是出租車那場戲……	
導演：對，我寫劇本時就一直憋著笑不停！	
女服務生：還有法庭上跳舞那一段……	

導演：**那真是絕了，但我想讓妳說實話，比如說：電影中途妳有沒有覺得好無聊之類的？**	↓懷疑模組＋不自信模組↓開始導引入自毀模組。 ↓他一開始就認為自己電影無聊，所以把這個預設想法（模組）投射給這位女服務生，想強制性地從她那得到印證以證明自己的預設是對的。
女服務生：沒有啊！	
導演：**絕對有！**	↓強制性地逼她，非要從她那得到「自己的電影無聊」的印證不可（他的內在模組），與之前他要她「絕對不能說讓他喪氣的話」（他的外在行為）相矛盾。
女服務生：沒有，真的全部搞笑！	
導演：**妳那樣說，我就有點懷疑了！**	↓繼續回到懷疑模組。
女服務生：真的超級搞笑！	
導演坐在女服務生面前，直盯著她說：那麼，如果非說不可，硬要妳說的話，**妳覺得電影哪裡最無聊？**	↓繼續強制性地逼她。

女服務生：那……硬要說的話，前半部分有點過長，**如果早一點進入劇情就更好了！**	↓導演終於等到女服務生說出這句他一直想聽的話，於是開始啟動以下戲劇性的自毀模組。
導演：啊！完蛋了，那不就是本質的問題嗎？**我的電影就是這樣**，總是被批評前半部分太冗長，混蛋！各位，抱歉，**我又導了一部前半部分冗長的電影**！	↓他一開始就認為自己電影無聊，所以終於成功地逼她說出近似的話。↓然後把她的話，扭曲成他已內建在自己模組裡的想法。
女服務生：不是啊，你的電影很搞笑，超級搞笑！	
導演：妳也真是的，我都說了，**要鼓勵我、讚美我**，妳都說出這種話了，我能不沮喪嗎？	她之前已經說了很多次讚美的話，但因為與導演內建「自己電影不好」的模組不符，所以他完全沒聽進去↓不注意視盲、耳聾。
女服務生：可是是導演你硬要我說的呀！	
導演：妳可以不說的嘛！真是的！就算是硬要妳說，妳都說不出來什麼缺點，妳怎麼不明白？	
女服務生：怎麼這麼無理啊！我辦不到啊！	

導演：**妳居然說電影前半部分無聊死了！**	↑她沒這麼說，他只聽到自己內在模組原設的版本。
女服務生：**我可沒這麼說……**	↑然後她再怎麼解釋都沒用了，他反正都聽不進去與模組不一致的話。
導演：**不行了，我好難受，我不公映了！**	↑終於如木馬程式所願，完成了「自毀」的預設定。

以上對話所一一呈現出來的木馬程式，我們可以很清楚地做個歸納：

不自信模組↓焦慮模組↓懷疑模組（懷疑自己也同時懷疑別人）↓對方中計↓啟動預設的自毀模組。

這讓我想起來，有個學生說她的主要問題是「行動力弱，想多做少」，她的座右銘是「不要當小巨人，要像嬰兒那樣對待自己」，這個也是中了「不自信模組」的另一個範例。

網路上有部短片，有個女孩說：「我怕你們說我醜，所以先說自己醜；我怕你們說我胖，所以先說自己胖……」我們可以很清楚地推理，她接下來期待別人的反應：「不會啊?!妳很美、很瘦啊」，才是她真正想要從別人那得來的「肯定」，她以「先否定自己以贏得別人的讚美」的模式，事實上反映了她「第12級：渴愛欲望／125」的頻率，這會產生的問題是：除了只會創造相應的頻率之外，還有就是把肯定自己的權力交到對方手上了，萬一對方沒給她所期待的答案呢？她豈不就崩潰崩盤了？

一旦你發現自己開始進入木馬程式的迴圈，你就要拔出耳塞、打開眼罩，不帶任何預設立場地去全面仔細聽看事實、真相究竟為何，立即中斷這組木馬程式，不再讓它繼續發作，不要浪費時間「說或聽」來加深這組腦神經連結，這樣才能救自己一馬！我的理由是：如果你發現家裡有個角落失火了，你會等到火燒光了全屋才滅火？還是現在馬上動手滅火？所以我在面對個案時，當我已從對方的提問中找到他的主要木馬程式，只要我給完建議後，一聽到他說「這個我知道，可是……但是……時，我就會立即中斷他準備要往下講的話，因為以下的話都是木馬程式「自動化運作」的開始，也就是他抓著木馬程式不放、也不想調整的藉口；此外，我不得不打斷對方還基於另一個用意：大腦神經的運作，每講完一次，就加深一次連結，而且每次他又開始往下講的時候，當事人都會得到「有人在關注我」的觀劇感，這會灌注原有木馬程式更多的能量，所以我必須狠狠地切掉，告訴他就是這裡有火苗，我們一起滅火。有趣的是，突然被打斷的人，往往已經完全想不起來自己剛剛說了哪些話，這就是「類驚嚇解制約」的方法[6]，也只有如此才能把他們從無意識不自知的重複迴圈中敲醒，但如果不是當面需要我幫忙解決問題的人，我是無權打擾別人的夢。

此外，我們可以將自己與身邊親友的對話錄下來，然後把自己當成客觀的旁聽者，最好手上拿著**霍金斯意識能量層級圖表**，一句一句地比對該句能量是落在哪一個頻率帶中？是200以上？還是200以下？然後透過自己不斷重複說出來的詞句，去找出自己「鬼打牆」的木馬程式，並將這組詞句列為掃毒關鍵字。例如〈了不起的偷拍〉電影中這位導演的**掃毒關鍵字**就是「電影無聊、冗長」，只要他又跑出這樣的想法時，他的掃毒軟體就可以即時發出警報，提醒他立即煞住這組準備要失速墜崖的木馬程式，迅速更正錯誤碼，以免無意識地直抵「自毀」的結果。

此外，這組**「不自信導致自毀之木馬程式」**，經常會在**「完美主義／自我要求完美模組：因為覺得自己不夠好，力求自身達到百分百完美」**的人身上發現。例如，當他在網上瀏覽別人對於自己的評論時，就算看到有上千則讚美的留言，只要看到一則別人的建議或批評，完美主義者就會非常抓狂，急欲想抹去、漂白這則評論，甚至與對方辯解、吵架，麻煩一點的還會進入**控制**、**戰鬥**的狀態，或是變形為

6. 類驚嚇解制約：一九二四年列寧格勒大水災期間，當洪水沖入動物實驗室時，受驚嚇的狗仍被關在籠子裡，牠們必須划水逃命，把鼻子浮出水面，許多存活下來的狗，獲救後就崩潰。水災前，巴甫洛夫已經訓練好一組狗，產生正向制約行為，水災後他再測試他的狗，驚奇地發現他的狗測試失敗，水災時的大驚嚇與休克狀態，似乎把他辛苦教的制約反射沖走了，於是巴甫洛夫意外發現讓老狗「去學習」的方法，即「洗腦」（brainwashing），在心理學的專有名詞是「消滅」（extinction）。

「控制導致自毀木馬程式」的模組（例如：從此不再創作、不再信任人），完全無視於有上百千萬人讚美、力挺他的事實，這就是木馬程式造成「不注意視盲」的典型案例。

如同詩人木心所說：愛完美，所以苦。這組「自我**控制**完美**導致自毀木馬程式**」，特別容易在**焦慮症**、**憂鬱症**、**躁鬱症**、**強迫症**、天才型自我完美主義者身上看到，例如：英國服裝設計鬼才亞歷山大麥昆（Lee Alexander McQueen）、美國名廚作家安東尼・波登（Anthony Michael Bourdain）……等許多有才華的名人，都是在人生名利顛峰時刻選擇自縊離世，因為這組木馬程式嚴重會讓人走到絕路。之前還曾經發生過的社會案件是：有青少年因為臉上長青春痘或身型較胖，嫌自己醜到無法見人，或是被周圍的人一句不經心的話刺中了她的木馬程式，她頓時失去了自我價值感、被愛的歸屬感，於是跳樓自殺，完全「沒看到、沒聽到」身邊父母親友、還有很多人愛她、覺得她很好的事實，這就是中了這組木馬程式所導致的最糟結果。另外還有個例子是位知名的日本作家，他認為人應該要像櫻花一樣，在最美的時刻落下、死去，這樣別人就看不到他衰老的醜態，於是他選擇在年輕時自殺，這就是被「完美木馬模組」逼死自己的明顯案例——也就是說，**「完美木馬模組」亦是「控制狂模組」的一種，他、她們怕失控，怕無法控制自己**「永遠年輕俊帥美麗成功」，於是盡一切努力延緩老化，甚至控制自己在衰敗前死亡的時間；當我們太在意外表，意味著我們看不到深度，殊不知**「生命的本質」是無法被控制**的，我們無法規定太陽何時升起、落下，無法調整風往哪裡吹、風量大小，無法控制花何時開、何時凋謝，更何況開花也不是花必須要達到的既定目標。換一個角度思考，花謝就不美？人老了就不美？枯枝不美？當冬天樹葉全掉光只剩下光禿禿的枝幹時，這就是樹的本質，一如去掉頭銜財富數字後的你還剩下什麼？這就是你的本質。

所以**「控制」是木馬程式的基本原型**，只要人企圖要「控制」，例如：人定勝天、人是地球的主宰……往往就會被「自然」反撲，或是被自己的控制欲控制了一切，他最終會發現，自己無法控制生老病死，反而被「控制」控制了，就像佛陀的國王父親盡最大努力不讓他看到落葉、老者、病患、亡者，最後還是徒勞。

「控制導致自毀木馬程式」如果情況嚴重，還會衍生成**「控制導致毀滅別人的木馬程式」**，他會想消滅掉不符合「完美、純種、純粹」的人事物，而且偏執到很難叫醒他，日劇電影〈不能犯〉就是這樣的例子，宇相吹正以眼神一一殺死逍遙法外的犯罪者，唯一阻止他的方法就只能殺死他，因為他不認為自己的信念有問題，甚至認為這樣做是對整個世界好。也就是說，「控制導致自毀、毀人」模組，眼前所有不符合他「標準」的都是敵人，獨孤求敗、求被殺死，一旦他成功消滅了周圍的眼中釘，所向無敵之後，最大也是最終的敵人就是自己——先問自己是否有能力偵測到這種「自毀性」的意圖？不讓自己進入有如電影〈分歧者〉、〈饑餓遊戲〉那樣「排隊跳樓」的集體無意識自毀？這個已經嚴重到無法自救的大腦神經病變，可以藉由生理治療來緊急處理，輕微者則可以透過心理諮商、心靈修行來解決，或是讓自己放鬆去旅行、去冒險來轉移偏執的焦點，有覺知地把這組木馬程式強迫中斷！

第三個特徵：有競爭與評比標準，讓人變得有壓力，感覺能量萎縮、不開心、扭曲本貌、自責自己不夠好，讓他以為有一個「更好的自己」在未來。所以當事人會抓著木馬程式不放、也不願改變的原因，是因為他以為這是可以激勵讓自己更好、不斷前進向上的信念。

如果把霍金斯意識能量層級圖表從200來做區分，200以上屬於**愛、信任、勇氣的正向頻率帶**，200以下屬於**恐懼、懷疑、憤怒的負向頻率帶**，木馬程式就是在**負向頻率帶**中起作用，**解除木馬程式就是把能量頻率轉往正向頻率帶**。所以當我們在選擇佳句、座右銘來激勵自己的時候，我們可以用**「問自己」**的方法來掃毒：

「這是不是自己的木馬程式？」

我們舉**「成為更好的自己」**為例：當你選用「成為更好的自己」做為你的座右銘時，請問你是否覺得現在的你不夠好，所以才要激勵自己成為更好的自己？「你覺得現在的你不夠好」是在**霍金斯意識能量層級圖表**中的哪一個層級？是不是落在第13－17這個區間：「恐懼焦慮、憂傷懊悔、冷漠絕望、罪惡譴責、羞愧恥辱」？攜帶這區間的頻率，只會創造與這頻率相符或相應的結果，如果以〈量子躍變其實很簡單〉文中科學專業術語來解釋：「介質連續的一致性：漣漪的波動投射，總是在重複共振先前選擇的念頭（意識走向＝頻率應和），最終形成了自己創造的現實、世界、宇宙。」

所以當你帶著「覺得自己不夠好」的焦慮頻率時，就像木馬進到你心城中的洞缺，它會利用「你覺得自己不夠好」來創造出接下來各種讓你花錢、花時間、花生命……的開始。如果你看到有一家美容整形公司以「愛上更美的自己」做為廣告時，你就可以很快地掃描出這廣告正在吸引「對自己不滿意、想讓自己變美以贏得愛戀」的人前來，這也就是為何一旦中了「覺得自己不夠好」木馬程式的人，要不就是一直整形、瘋狂地健身瘦身讓自己變得更完美，或是讓自己不斷去上各式各樣的課程、考各式各樣的資格考試……想讓自己「從別人的角度看起來」變得如此成功完美，她們的座右銘通常是：「沒有最好，只有更好」，結果經常看到的是：永無止盡整形的女子，或是一直上課、自責沒時間消化、還沒弄懂、然後再繼續去報名上課到無窮無盡，真是路遙知「木馬」力……我還見過因不斷整形、或是不停去上課而導致負債累累的例子，我給他們的建議是：**請立即中止這個行為**，因為這就是永無止盡焦慮的木馬迴圈，**這些無意識的行為背後，通常可以看到一個共同根源：覺得自己不被愛**，不被父母愛，不被情人愛，不被周圍的人愛，所以以為要讓自己變得更好才會有人愛，但這就是緣木求魚，因為愛不是從別人那討來的，如果自己都無法「無條件接受並愛上現在的自己」，做再多「成為更好自己」的外在努力，都無法填補內心「愛」、「自我存在的意義價值」之匱乏與空洞。

有個學生問我：「老師，當我在想『成為更好的自己』時是開心的、充滿自信的，這樣的頻率不是可以創造『開心、自信』的實相嗎？」

我的回答是：「一個已經覺得自己夠好、很愛自己的人，需要去想『成為更好的自己』嗎？當妳想要成為『更』好自己的前提就是覺得自己不夠好，這個前提才是真正的頻率發射器。我換個方式來問妳，如果妳已經做了很多『妳認為讓自己會更好的事』之後，如果看到別人比妳更好、更美、更優秀、更成功時，請問妳感覺如何？」

她說：「我會很挫折，覺得自己還不夠好。」

我說：「這就是讓妳永無止盡逼自己要更好的木馬程式，因為永遠比較不完，而妳也不可能有『終於成為最好自己』的那一天，因為沒有人永遠在『顛峰』，山外有山、人外有人。所以當妳又跑出『我只要做……我就會更好』的木馬關鍵詞時，就直接切換成『**我已經很好了，我本自俱足，完全不需要跟誰比較、不需要再做什麼自己才會變得更好，我以全然無條件信任自己、愛自己的頻率，感謝我目前的一切**』，這頻率在『第3級：寧靜喜悅／540』，遠比焦慮自己不夠好的頻率在『第12級：渴愛欲望／125』、『第13級：恐懼焦慮／100』，在能量層次與維度上都高出太多吧。」

我常說，網路朋友圈與修圖軟體就是「不自信模組」的兩大幫凶，人們可以藉著「修出最美的自己」、「展示美好幸福生活」來虛構完美的自己、炫耀自己的假象生活，為的只是贏得身邊親友們的按讚與羨慕，**在這個完美與真實之間的縫隙，就是自己空虛焦慮所產生層出不窮痛苦的所在**，因為當她在修圖時，當下也正反映出「覺得自己怎麼這麼胖、這麼黑、這麼醜」，不能接受自己現貌的嫌惡頻率，也就是說，問題不在這些行為上，而是那個「不喜歡真實自己、把自己與生活修美以贏得別人喜愛」的頻率，才是造成一連串身心與人際問題的起因，就像我們在心情好或心情不好時，照鏡子反映的樣貌就是天壤之別。我還見過有人一天花上數小時在修圖，這些時間可以拿來運動、看書、創作、旅行都綽綽有餘。試想，如果我們拿修圖軟體在修大自然界的動植物，那就會看到大眼鳥、苗條象、白臉猴、粉肌花……。

「成為更好的自己」這句話，如果我們要抓出這組木馬程式的關鍵字，就是**「更好」**，凡是有「更」這個字，絕大部分都已經中了木馬程式，例如：更好、更美、更優秀、更富有、更有名、更健康……無論是跟自己比還是跟別人比，只要是「比較」就有標準，這**標準本身就是造成壓力（焦慮頻率）的木馬程式**，就像把人分成「勝利／菁英組」或是「失敗／魯蛇組」，這就是無止盡焦慮的來源，讓我們以為有一個「更好的自己」在未來，其實就像是驢馬矇眼在原地推磨、或是西西弗斯（Sisyphus）推石上山進行永無止盡又徒勞無功的任務，這就是木馬程式的第三個特徵，也是中木馬程式的人會抓著木馬程式不放、也不願改變的原因，因為他「以為」這是激勵自己向上更好的信念，若就這樣一路無覺知地「人往高處爬」，總有一天健康崩盤的身體會拖著他墜落人生谷底，被迫休息。

我記得有一次，我轉發一篇學生的文章在我的微信公共號上，不到半天就有六千多次點擊瀏覽，我很開心地跟她說，她卻很失望地說：「啊！才六千啊……」

我才驚覺原來**人們不快樂的原因是被「數字」綁架了**，例如：忘了寫文章、寫書的初衷是為了分享自己的體悟，而不是衝點擊閱讀量或是銷售排行榜；忘了畫畫的初衷是想把心中的意境畫出來，而不是拍賣會上的銷售金額；忘了彈琴是為了自娛娛人，而不是為了在競賽中得獎（可以參看電影〈那才是我的世界〉（Keys To The Hearts））；忘了健身是為了健康，而不是別人眼光中的完美三圍與肌肉線條；忘了房子是用來凝聚家人感情與朋友聚會，而不是用「大坪數豪宅」向外人炫耀……**有競爭、有數字的評比標準，就會讓中木馬程式的人變得有壓力，感覺能量萎縮、不開心、扭曲本貌、自責自己不夠好，這樣的頻率就是產生問題的根源**，因為在大自然中本無數字，我們也可以想像一下若這世界沒有度量衡的好處是什麼：沒有體重三圍可以焦慮、沒有分數業績進度需要衝刺、沒有目標方向所以可以有發散式的創意與想像力、沒有時間壓力導致過勞、沒有財富榜可以比較……有了數字、度量衡之後，我們視野變得更窄、變得更不自由，馬拉松跑道窄化了其他條路的可能性。再換另個角度想像一下，如果大自然有人類的時間、比較、數字、標準、競賽會怎樣？太陽若沒在這個時間上升就代表遲到了、魚沒游到這個地方就代表不夠努力、花沒開到這個廣度代表不夠美、能超過這個體重就代表太胖、樹沒長到這個高度代表不夠優秀……所以要隨時**注意那些引發我們負向情緒的念頭，其中是否有競爭、比較、數字的木馬程式**窄化了自己的人生視野與版圖。

第四個特徵：這個人想要達到的目標，與內在潛藏的木馬程式衝突卻不自知，就像一支箭無法同時射向兩個靶心，內在所欲與外在行為來回拉扯的「矛盾性」，以至於夢想永遠不會聚焦成真。

木馬程式另一個非常明顯的特徵就是**「矛盾」**，往往就是這個矛盾會耗費人生百分之九十以上的能量時間。在三谷幸喜〈了不起的偷拍〉對話中，「妳可千萬別說讓我喪氣的話呀，絕對不行，絕對不許說！」與「但我想讓妳說實話，比如說，妳有沒有覺得這電影好無聊之類的？」這兩句話很明顯出現矛盾，他的心口不一、言行不一，就如同電腦一旦中了木馬程式，木馬控制端與電腦使用者之間的指令也會產生矛盾，**人一旦中了木馬程式，他內心真正想要的，與木馬程式內建的方向目標會形成相違相反的狀態**，但當事人渾然不知。

有個一直想懷孕未果的女學生，她與先生去檢查身體卻沒有任何問題，我問她一句話：「如果現在有了孩子，妳最害怕什麼？」她完全不假思索地說：「我怕失去自由。」她一說完，自己也很震驚地說：「啊！我懂了！我現在才發現自己內在還沒準備好，謝謝老師！」她才瞬間意識到自己的矛盾點，這矛盾點就是兩個不同頻率之間來回擺盪與拉扯，就像一支箭無法同時射向兩個靶心，以至於夢想很難聚焦成真。所以**「如果你的願望成真了，你最害怕什麼？」**這句話就是**搜出卡在你與願望之間木馬程式的強力掃毒軟體**。

關於想要小孩的還有另一個例子：有位學生說她想懷第二胎，試了很多年卻一直還沒懷上，我問她微信頭像下寫的那句話是什麼，她說她的頭像是跟兒子的合照，照片下的那句話是：「對你的愛獨一無二，無人可取代」，我接著問她：「如果妳是那個要來投胎的孩子，妳看到這照片與這句話，會想要來投胎嗎？」她想了想說：好像不會，會怕自己不被愛。所以我跟她說：「妳要把『愛』的能量範圍擴大，大到可以讓新成員進入妳愛的家庭圈，當然也要好好愛妳的老公！只要妳對愛不設限，眼前每一個人都是妳可以付出母愛、或是無條件愛的對象時，有沒有第二胎其實對妳來說已經不再重要了，因為這個頻率才是妳真正想要體驗的。如果我們再更深度地去探索，妳想再要一個小孩，或許潛意識妳希望重生、有個全新的自己、想讓自己重新回到『無條件的愛』的狀態！」也就是說，**願望不是在未來遠方，而是轉向聆聽內在真正渴求的聲音**，以後遇到自己又有「願望」時，問自己：**我真正的動機是什麼？我到底真正想要什麼？我能先調整成自己已完成的頻率狀態嗎？**

你可以拿出一個空白記事本，或是用我們隨書附贈的《21天快篩清除木馬實用手冊》，隨時記下電影、電視、書、文章、別人對你說的話……有哪一句你很有共鳴？然後看一下與妳內心真正想要的狀態是否有矛盾之處？也可以用我們上述表格的分析法，找出家人、朋友、同事的話語中真正想要表達的意思、能量、頻率，以及木馬程式的矛盾點為何？這樣你就不必再被他們的話引起暴怒、沮喪、不悅的負向情緒，也就是說，你不會再被木馬程式拉轉著鬼打牆。

此外，木馬程式最喜歡藏匿在「目標」、「願望」、「夢想」中，因為這就是木馬程式能見縫插針的所在。你可以把歷年來寫過的夢想願望列出一張清單，然後以**霍金斯意識能量層級圖表**一條一條比對，當你在許這個願望時，你潛在的頻率是落在200以下的哪一級？舉例來說，如果你想要環遊世界，假設現在就有一個讓你免費去環遊世界的機會，你最害怕什麼？有人會說：「若現在請假，怕失去工作。」也有人會說：「怕家裡沒人照顧。」……事實上就是**這些「害怕」的理由，才是卡住你無法旅行的真正原因**，就像是有人因為怕沒伴所以許「希望有伴」的願望、怕沒錢所以許「要有財」的願望……這個**「害怕沒有」**的能量，就是與**「夢已成」**喜悅能量相反的**「矛盾點」**。所以面對這些「害怕」的原因時要真心問自己：是真的嗎？還是只是你的「以為」？這部分大家可以運用**拜倫・凱蒂《一念之轉》四個問句：「這是真的嗎？我真的知道這是真的嗎？當我一直持有這個想法時，我會得到什麼？如果我沒有這個想法時，我會怎樣？」**來幫自己釐清，這也是清除木馬程式的方法之一。也就是說，**最終讓你沒去旅行的原因，跟「害怕」有關，跟有沒有錢、有沒有時間反而關係不大**，這就是為何〈Lonely planet〉創始人托尼・惠勒說：「當你**決定**出發時，旅行最困難的部分已經完成了。」

你因為害怕而不去做哪些事？這些事就會列入死時的遺憾清單。你現在就可以列出**人生最想要完成哪三個願望？當你在想這三個願望時，你帶著怎樣的頻率？**是愛？焦慮？還是恐懼？**如果完成了這些願望，你最害怕什麼？**會產生什麼問題？如果願望沒有完成，你的頻率會落在哪？這都是檢查願望中是否藏有木馬程式最徹底的問法。

舉一個我在木馬程式課上與學生深度問答為例：

學生：「我的願望是想要公司每年讓我們旅行四個月！」

我說：「你爲什麼想要旅行？」

學生：「因爲想要增廣見聞。」

我說：「增廣見聞不一定要透過旅行，平常用不一樣的創意眼光看原來生活，就能讓你『增廣見聞』，現在就可以做到！你現在就可以把頻率調到『正向頻率帶』上，與這頻率相應的人事物自然會來！舉例來說，我以創意觀點寫了一本《14堂人生創意課》，後來有許多單位（飯店、旅行社、企業）願意付機票、食宿、還有稿費，讓我免費去旅行，也就是說，『願望』是你以爲自己現在沒有，但其實是你『不注意視盲』，沒看到資源早就在你裡面；頻率沒調對，許願就等於在家門外找自家裡的寶藏，也像是在錯的地方挖礦，只會徒勞與失望而已。只要你把視野轉向內而不是向外，就能一目了然你的本自俱足，於是頻率就能自然而然調成『肯定、信任、樂觀』，這些頻率都在200之上，你就不再需要『許願』，這也就是『心誠事享』的頻率：整合焦點、眞誠入心，自己能誠實面對自己，這頻率會讓事情自動完成它自己，你只要信任與放鬆地享受這個『流』就行。若照你原來許願的方式：你希望公司提供你旅行，等於把主動創造權交給了公司，頻率落到了匱乏的頻率125：渴愛欲望，頻率不同結果也會不同。」

關於「釐清自己願望」的源頭頻率，我再舉兩個我與學生問答的例子：

學生A：「我的願望是想要收入穩定。」

我說：「你想要收入穩定，你的主要木馬程式是『沒有安全感』、『控制』，你想要『穩定的收入』才有保障，但大自然界沒有『穩定』的概念，陰晴圓缺、氣溫氣候每分每秒都在變，萬物也活得很好——安全跟自由根本上是相牴觸的兩個概念，就像動物園裡的動物很安全穩定，每天有人餵食，生病有醫生，連交配對象都會定時送過來，根本不用爲生活發愁，但是牠沒有自由。很多人選擇安全地待在籠子裡，卻老是眼巴巴望著外面想要自由，殊不知從『安全』到『自由』之間，有很大一部分是我們必須相信自己的能力，拿回自己的決定權，並對自己百分之百的負責，你才有辦法自由。所以你要解除『沒有安全感』、『控制』這兩組木馬程式，否則你會不允許『不穩定』的資源、金錢流向你，而且就算再多錢也無法填補你的沒有安全感。」

學生B：「我的願望是帶家人出國玩。」

我說：「你家人喜歡出國玩嗎？」

學生B：「他們好像不喜歡出門，喜歡待在家。」

我說：「所以你的願望可以調整成『多陪陪家人，以他們喜歡的方式』，而不是『出國玩』，因爲『出國玩』是你的願望，你可以先弄清楚再重新聚焦。我現在再問你，你爲什麼想出國玩？」

學生B：「因爲工作與生活太無聊了，平常假日都待在家看電影、看書，久了就無聊，所以想出國玩。」

我說：「你的主要木馬程式就是『**內在空虛、失去自我的生存價值感**』，所以你無法跟自己『完全獨處』，你總是拿書、電影，現在則是想以旅行來填補你的時間，擋在你與眞實自己之間，以逃避你跟自己完全獨處的機會。也就是說，如果讓你完全閉關，什麼事都不能做，也不能看書、看電影、看手機、與人聊天、旅行……你一開始會非常焦慮這個時候該幹嘛？這才是你內在眞正的洞缺，你必須去自我填實它，不是透過外在的人事物，否則你做再多事都塡不了內在的空虛，你只是浪費時間躲避眞實的自己，這樣你身邊的人也會有壓力。所以解除你的木馬最快、也最根本的方法就是去找個地方完全閉關面對自己，把頻率從焦慮調到寧靜，只有『頭腦寧靜清楚、內心安詳喜悅』才是你最好的頻率，否則如果還是這樣『心不活在當下、頭腦永遠都想逃到未來』的頻率，等你出國玩時，你會想回家，等你回家了又想出去旅行，一直在路上，一直找不到自己。」

學生B：「請問怎麼區分『逃避現實』與『勇敢出去冒險』的差別？」

我說：「差別就是看你是否帶著焦慮的頻率，當你想出去旅行，若一時半刻出不去你會很焦慮，那就是逃避，把這個焦慮頻率帶出國去旅行，會創造一連串讓你更焦慮的狀況，我之前在網路上看到一段話：『對抗不安最好的方式，就是學習和旅行』，事實上是：只要你原有的『不安』頻率沒有改變，就算是生活、學習、旅行……都將會是充滿了各種的『不安』——想藉著學習與旅行逃避內心的不安是緣木求魚，因爲行為無法改變頻率，**行為是從頻率而來的，不僅無法解決問題，反而還會『增生問題』**。若是『勇敢出去冒險』，就算目前無法馬上成行也完全不會焦慮，因爲他把『旅行前』也視作是旅程的一部分，他已經開心地規劃旅程、打包行李！」

透過你的願望夢想清單，以你最在乎的事為線索，找到你最弱的空缺處，填實它，自然就不會再投射虛幻不實的目標，做為無止盡追求的木馬程式——電影〈奇異博士〉也有這概念，當有人一直換版本想要到特定的結果結局時，這個「執著」就是遊戲輪迴永不終止、鬼打牆的動力來源，因為馬上又掉回「渴愛欲望」頻率，然後又綑進了木馬程式，直到你如電影〈一級玩家〉那樣逆轉方向，你才能找到跳脫遊戲關卡的出口。

第五個特徵：木馬程式被內建成功之後，當事人會無意識、不經思考，或不假思索地直接反應、説話、動作、行為，而偏離自己真正想要的越來越遠。而且中了一個主要模組之後，會導致自己的關係、家庭關係、伴侶關係、人際關係、工作事業、財富資源、身體健康……全方位都一起連動出問題。

透過科學實驗我們已經得知，在我們做出「外在決定」前的十秒鐘，潛意識、無意識已經幫我們做好決定了，意圖、意念早在行為之前，就能先被偵測到其頻率與能量，一切都無所遁形。

《任何人都會有的思考盲點》（You Are Not So Smart）書中提到幾個重要的名詞，我們先來簡單認識一下：

- **肯證偏誤**（confirmation bias）：每個軀體內的每副腦袋，都充斥著先入為主的想法，以及既定的思考模式。人們傾向於搜尋贊成自身看法的訊息，忽略唱反調的意見，這稱之為「肯證偏誤」[7]，你書架上的選書，和電腦裡放進「我的最愛」書籤，就是明證。
- **生產線神遊**：指的是生產作業員重複著機械式動作時的精神抽離狀態，在這個時候，意識開始游移，某項大腦活動進入自動導航模式。
- **觸發效應**：當過去的某個刺激影響了思想或行為，或是改變了你後續對於某項刺激的感受，就稱為「觸發效應」。每一次感覺，都會在神經網路誘發

7. 也就是不注意視盲、耳聾。

一連串相關的念頭：鉛筆讓你聯想到原子筆，黑板讓你聯想到教室。觸發效應只有在你未意識到它的情況下才能收效。

只要是對未到的未來預設「負向頻率」都是木馬程式。一旦木馬程式內建完畢，往往會造成當事人以「快速且自動化無意識處理」方式，即是上述的「肯證偏誤」與「生產線神遊」，這也就是木馬程式開始「自動化」運作的過程。除非當事人覺察並中止，否則他就會往這個「木馬程式所發射的頻率」為聚焦目標，**來建構他接下來的實相——我們的習慣就是我們自身推定的結果**。

但為何中木馬程式的人，很難覺察自己已經進入「快速且自動化無意識處理過程」？因為他們多半以為**「一切都是自己自主且清醒地做決定」**，就如同《我們真的有自由意志嗎？》書中提到：「我們都覺得有一個統一的、有意識的我，以自己的目的在行動，而且我們可以自由做出任何選擇，幾乎毫不受限。」但為何每一次的「自主性」選擇，卻導向「自己不想要的結果」？可見中間一定有環節出了問題，如果當事人可以**暫時中止目前慣性的生活軌道，清醒地拔高維度視野，俯瞰從頭至今的過程**，應該就可以找到那個一直製造錯誤的思維頻率程式碼，也才能揪錯木馬程式，把人生導回到自己真正想要的方向。

有一個剛失戀的學生來找我，跟我說了她的痛苦之後，她突然冒出一句「我再也找不到比他更好的男人了！」我跟她說：「親愛的，未來都還沒來，妳就設了

『再也找不到』的結局，請問這真的是妳想要的嗎？這是妳對未來投射木馬程式限制性的高牆，它將會阻隔愛再度流向妳。」所以再次提醒：**只要是對未到的未來預設「負向頻率」，都是木馬程式**。

此外，在我見到絕大部分的個案都有這樣的現象：中了一個主要模組之後，會導致自己的關係、家庭關係、伴侶關係、人際關係、工作事業、財富資源、身體健康……全方位都一起連動出問題。舉一個才剛遇到沒多久的實例：有個學生來找我，說她的原生家庭造成她非常沒有安全感，到哪都希望家人在旁邊，距離不要超過五百公尺，所以造成家人、人際關係上很大的困擾，我跟她說她的主要木馬程式就是「恐懼、害怕」，她必須優先處理的是這組木馬程式的頻率，然後她又繼續說：「老師，我怕自己的錢會突然不見，不知道要把錢存在哪個銀行比較安全……我的視力不好，我怕會瞎掉……（以下省略十分鐘她一連串的『我怕』）」，我跟她說：「親愛的，妳中的就是『恐懼失去』的木馬程式，它就是投影源，投射到『家庭』妳就會害怕家人不見，投射到『財富資源』妳就會擔心錢不見，投射到身體妳就會擔心失去視力……以此類推，妳擔心『會突然不見』的人事物多如繁星，就像若是妳的眼鏡上有個大黑點，妳看哪個方向都會有這個黑點，只有把這個眼鏡摘掉，把妳的恐懼移除了，妳才能看清周圍本無障礙。我們不需要去處理恐懼如麻的每一件小事，如果有一個人感冒了，就只要把感冒治好，不必一一去解決流鼻水、咳嗽、發燒、全身痠痛、四肢無力、胃口不佳……的每一個小症狀，對症下藥就能一次解決，不必浪費龐大的時間去一一療癒。妳人生全方位的問題就只要『把恐懼的頻率轉為愛』就行。」

第六個特徵：讓這個人從這組木馬程式，開始啟動一連串「追逐虛幻不實目標」的過程，無窮無盡直到崩盤或精疲力竭為止，這會浪費非常多的生命時間，甚至嚴重到自棄自毀。

一旦這個人中了木馬程式，他會開始進行一種自動化生產線神遊的狀態，然後啟動一連串「追逐虛幻不實目標」的過程。剛才在第二個特徵已經提過「控制導致毀滅木馬程式」的例子，現在我再舉另一個實例來補充：我有一個學生，她很小的時候父親過世，為了怕別人瞧不起她，所以她自小就非常努力讓自己學業成績保持在全班前幾名；等她長大畢業出了社會，她非常積極工作、學習，幾乎是檯面上所有能學的課她都上了，而且每年都幫自己設立非常多、也超級滿檔的學習目標，但她的目標太多，以至於整年度都在上這個課、上那個課，根本沒有讓自己有停下來休息與消化的時間，直到她終於生病躺進醫院裡，我去醫院看她時，她居然還在病床上網路課程，認為自己不夠好的她，已經中了**「打造最優秀自己」**的木馬程式，就像馬頭上綁了一根吊著胡蘿蔔的棍子，再怎麼奔跑，都永遠無法追到那根胡蘿蔔，直到筋疲力盡也永無「最好的自己」那一刻來臨。

所以我問她：「妳最早是什麼時候開始覺得自己不夠好？所以需要拚命學習？」她想了一下：「爸爸離家出走的那一天吧，我認為一定是自己不夠好，爸爸才會離開我！」我問她：「妳上了那麼多課，妳覺得自己有變好嗎？」她說：「上完課後都會覺得自己變得比沒上課前好，但是過了一陣子之後，就又回到『自己不夠好』的狀態，然後再去找課來上……」我再問：「當妳一上完課感到自己有變好，妳覺得父親會因此不再離開妳嗎？」她想了一下：「好像也不是這樣，好像父親離家跟自己好不好沒有關係……」於是她才明白，自己**內建了一個錯誤的木馬程式：「自己不夠好（不信任自己）↓父親離家（不信任親人、不信任愛）↓自己要努力上各種課（不信任自己），讓自己變得更好↓父親才會回家繼續愛她」**，如果不是經過這一段對話，她可能很難發現自己已經被這組木馬程式鎖死了十多年，她

浪費非常多的時間「無意識」地報名上各式各樣的課程，上完課自我感覺良好幾天後，看到別的課程招生廣告又打回原形：覺得自己不夠好，然後再繼續報名……**無窮無盡的鬼打牆旋轉木馬程式，浪費她百分之八十的生命時間與金錢**，這組木馬程式讓她經常不相信、懷疑、指責自己身邊的人、合作夥伴，她也不相信愛情，認為「愛」會早逝，她愛的人總有一天會離開她……無意識地創造出更多不信任的局面，這是《任何人都會有的思考盲點》書中提到的：「當人們在『自動駕駛狀態』時，最容易接受暗示。」這也是許多互聯網平台引發**「你不夠好、你還可以更好」**的焦慮感做為招生訴求的原因——若她能把追逐虛幻不實目標的時間，拿來做自己喜歡的事，以自信、喜悅的頻率取代焦慮渴欲，人生會從此不一樣。

如果你察覺到自己或是別人，又再重複「鬼打牆」般的話語與行為時，請先用**「是愛？還是恐懼？」**來做初步篩檢。舉例來說，當我看到有學生又開始報名上一堆課程，或是我的同一課程他已經連聽三場，我就會問他：你又來報名這個課，是出於愛還是恐懼？如果他的回答是：「怕自己落後」，那麼「怕」就歸屬於「恐懼」的頻率，那就是木馬程式；但如果他「不假思索」的回答是：「上這個課很好玩，讓自己很開心，而且可以學到許多自己還不知道的事物」，只要是潛意識與無意識層也是一致的，那麼初步「快篩」就沒有木馬程式。但因為「潛意識」與「無意識」層很難察覺，所以還有另一個**深度快篩法**就是問他：「如果你不來上這個課，行嗎？」若他會因為不上這個課感到不安、焦慮或是不開心，那麼這也算是中了木馬程式，因為他已經過度倚賴這個課給他的「開心學習」，逃避自己從內在找尋「開心學習」的根本源頭。

在未清除自己的木馬程式之前，所有的「努力向前」都在強大你的木馬，直到你被木馬耗光你的能量、直到完全被鎖死。所以請大家辨認好以上六個木馬程式的特徵，隨時發現就按下警覺鈴，暫停並重新調頻，從此時此刻覺醒，以更高維度重新決定，不要再讓木馬程式繼續為你運作你不想要的人生！

第二篇

辨識四大種類的人類木馬程式

剛才提到：霍金斯意識能量層級圖表從200來做區分，200以上屬於**愛、信任、勇氣的正向頻率帶**，200以下屬於**恐懼、懷疑、憤怒的負向頻率帶**，木馬程式就是在**負向頻率帶**中起作用，解除木馬程式就是把能量頻率轉向**正向頻率帶**。也就是說，如果用一種最簡單辨識、**快速篩檢木馬程式**的方法就是：**「你現在的這個念頭，以及準備要做的這個行為，最源頭與最底層是出於『愛』還是『恐懼』？」**愛與恐懼無法並存，就像是電燈on跟off的開關，你不可能同時開燈並同時關燈，也就是說，**「愛、信任、勇氣的正向頻率帶」**與**「恐懼、懷疑、憤怒的負向頻率帶」**只能二選一。

舉一個大家都知道、引自《論語．衛靈公》的座右銘為例：「人無遠慮，必有近憂」，這句話的原意是：「人如果沒有長遠的考慮、憂慮、思慮，預防可能發生的事態變化，一定會出現眼前的憂患。」但如果我們以霍金斯意識能量層級圖表來仔細分析，這個對未來「慮」的頻率若落在100：恐懼焦慮，那表示現在就已經是這個頻率了，這「焦慮」的頻率只會產生一連串的焦慮，這焦慮讓人不在高維信任的狀態，也就會自動產生「近憂」。以能量頻率學來看，這句話應該改為「人『**有**』遠慮（擔憂、憂慮）必有近憂」，這就是北京大學校長曾說過的：「焦慮與質疑並不能創造價值，反而會阻礙我們邁向未來的腳步，能夠讓我們走向未來的，是堅定的信心、直面現實的勇氣和直面未來的行動。」

類似「人無遠慮，必有近憂」的例子還有：

● **害人之心不可有，防人之心不可無**：可以很明顯地看到這句話的關鍵字是「害」，對應關鍵字為「防」，並不是要大家不做任何防備或防護，而是要注意抱持這樣的信念背後，如果帶著「恐懼」的頻率，後續會對自己造成怎樣的影響？電影〈天下無賊〉是這句「害人之心不可有，防人之心不可無」的反例，大家可以用這角度看這部片。

● **零極限：「對不起、請原諒我、謝謝你、我愛你」**：這是修．藍博士用來清理自己與環境場的四句話，我有個學生說她唸了這四句已經長達幾個月之久，卻不見效果，我後來仔細幫她分析，發現是她在講這幾句話時的頻率不對，特別是她在說「對不起、請原諒我」時帶著「自責、愧疚感」，這頻率已經落到了「30：罪惡譴責」、「20：羞愧恥辱」，如果以《未來預演》的說法就是：「當你產生一個內疚的想法，就會號令你身體產生特定化學物質來構成負罪感，內疚成癮。如果你經常這麼做，會讓你的細胞泡在內疚的海洋中，最後造成身體需要更強烈的負面情緒才有活著的感覺，就像習慣在噪音中的人，需要更大的噪音才能引起他的注意。」也就是說，如果你帶著罪惡感、羞愧的頻率來說這四句話，投射出來的也只會是一樣的頻率結果，**木馬程式不清理，你所做的事沒有一件是你最後想要的狀態**。所以我們可以修正**「零極限頻率校準法」**：當我們在說「對不起、請原諒我」的時候，你的情緒與內在畫面頻率要調整在「350：寬容原諒」、「400：理性諒解」，以大愛的頻率來感覺心中的畫面，重新覆寫舊的記憶軌跡、腦神經連結、潛意識故事模組，這樣才能用新的頻率做為未來「反應與劇情的生成器」，就像是你把舊的連結之路封了，但沒建新的路與橋，你很有可能會再回到原軌道。

● **樂極生悲**：如果你被內建了「樂極生悲」這個木馬程式模組，最有可能會產生的問題就會是：你不敢太快樂，因為你怕太快樂的結果是「悲」，因為「愛、信任、勇氣的正向頻率帶」與「恐懼、懷疑、憤怒的負向頻率帶」只能二選一。類似的「矛盾頻率」還有——

離苦得樂：想要「離」苦的執念，帶有「判斷」何謂苦、「恐懼」苦的頻率，本身就是痛苦的來源。

苦盡甘來：想要「甘」所以先設了「苦」。

趨吉避凶：想要「避凶」的執念，帶有「判斷」何謂凶、「恐懼」凶的頻率，本身就是痛苦的來源。

既期待又怕受傷害：這句話已中了「害怕」頻率的木馬程式。

陽光總在風雨後：這句型跟「吃得苦中苦、方為人上人」有異曲同工之意，就是會潛意識創造、或選擇「風雨」的狀況、頻率、路徑，因為他把陽光設在「風雨」後。此外，讓我們來深度探討「**樂**」的頻率。奧地利神經學家、精神病學家維克多・弗蘭克（Viktor Frankl），他是一位納粹屠殺下猶太人倖存者，他說：「正是對快樂的一味追求，阻礙了人們得到快樂，因為追求快樂相當於

『索取者』，但過有意義的人生比快樂更重要，就是把自己全部力量和所有才能用於超出自我的事情，當人們沒找到超越自我的人生意義時，他再怎麼追求快樂、財富都不會成功[8]，而過有意義的生活則是要做一位『付出者』。」也就是說，「索求」的能量頻率是「渴愛欲望」，與「喜悅、極樂」的頻率天壤之別，就如同沙蓮華老師說過：「只要『**你**』想『**要**』和平，和平就離你越遠。」

如果大家有去過寺廟，可以看到平安符多半有保佑「財源滾滾」、「心想事成」、「學業成就」、「身體健康」、「闔家平安」、「愛情姻緣」、「世界和平」……可以問自己特別想要求哪一個平安符？你所求的就是你匱乏與後續會產生問題的頻率，然後反問自己內在是中了哪組人類木馬程式而不自知？

接下來我把人類木馬程式分成四大類別，來詳述之。

人類木馬程式的四大種類：

- 第一類：自我與人際關係的木馬程式。
- 第二類：感情的木馬程式。
- 第三類：關於天賦、夢想、金錢的木馬程式。
- 第四類：導致身心疾病的木馬程式。

第一章　自我與人際關係的木馬程式及解法

木馬程式的原型，最早是從人出生進入家庭人際關係開始，所以原生家庭就是形塑木馬程式的第一關。在親子關係中，如果孩子「感到」沒有充分被愛，他就會開始扭曲自己的本性本然，開始揣測與思考怎樣才能讓父母（或是教養者，以下統稱為父母）關愛他。若父母本身有「不自信、覺得自己不夠好」的木馬程式，那麼他們就會把焦慮、擔憂的頻率直接帶入親子關係中，這也就是所謂的「望子成龍、望女成鳳」的木馬程式模組，其關鍵字就在「望」，也就是「期望」孩子比他們「更好」，這個「期望」就是框在孩子們身上的馬鞍、鞭策孩子的馬鞭，孩子得照著「期望」走，因為他們害怕會得不到父母的愛與生活照顧；倘若他們不願意照父母的要求做，親子之間就有數不盡的衝突。

在親子教養的方式中，父母最常使用的方式就是跟孩子談條件：如果你不先×××，你就不能×××。例如：如果你不乖乖把作業做好，你就不能玩遊戲、看電視、出去玩……殊不知這已經建立了**「不能自由做自己」**的**木馬程式**，以下是我依據觀察學生們的狀況，歸納出**木馬程式的基本模組**（題型）：

8. 欣頻註：這就是「追求快樂與成功的虛幻高崖」。

父母對孩子說：除非你先做「我要求你必須做」的事，否則你「不能」隨心所欲做你喜歡的事。

←

孩子內建成：我沒辦法完全自由地做自己，我得先做完自己不喜歡做的事，才能做自己喜歡的事。

←

經常導致孩子：我必須先去念父母要我念的科系、做他們希望我去做的工作。

↓**順應：**我順利考上他們要我念的學校科系。

↓**爭贏模組：**請見後面模組7。

↓我繼續往下走，若這條路我實在走不下去，但我也已經不知道自己能做什麼？

←

我順利進入他們要我做的工作單位。

↓**茫然模組：**請見後面模組1。

↓**不順應**：我沒考上他們要我念的學校科系，我沒進入他們要我做的工作單位。

↓我再試幾次，若還是不行，就認為自己是loser。

←

↓**失敗模組**：請見後面 **模組2**。

↓**害怕模組**：請見後面 **模組3**。

↓**不自信模組**：請見後面 **模組4**。

↓**反叛模組**：請見後面 **模組5**。

規矩是拿來打破的

決定走自己的路，導致親子關係緊張

↓堅持己見終於**成功模組**。

↓堅持己見卻**不成功模組**。

以下，我初步整理出「關於自我與人際關係木馬程式」並詳細解析：

（一）主要狀態：對自己不自信、對外在環境不信任。

呼應Alexander Loyd博士所說的，**人類的問題只有兩種根源：一個是感到自己不重要，另一個感到自己沒有安全感**——人類百千萬億種問題，都不出這兩類範圍，而且前者問題男人為眾，後者問題女人為多，於是衍生出一連串的感情問題、親子問題、金錢課題、身心健康問題……療癒的方法千百萬種，但其實只需要「直接修復」這兩個核心議題（生命地基）就行了，只要人恢復自己原廠設定的「自信」（自我價值的認同）與「安全感」，所有問題會瞬間消失。

（二）起因：

覺得自己不被愛，包括：存在感不足模組。

↓

所以懷疑自己不夠好↓懷疑並放棄自己之失敗模組：茫然，自暴自棄，擺爛過一生，包括：茫然模組、失敗模組、害怕模組、不自信模組。

← **懷疑並控制自己之成功模組：**

包括：搶快／搶先模組、爭贏模組、反叛模組、控制狂模組、因孤獨木馬程式而形成的鶴立雞群，高處不勝寒，救眾生，救世界模組。

← 嚴格控制、鞭策自己到達成功。

← 以為成功到達目標之後，自己就變好，就值得被愛。

← 發現成就與名利填補不了內心的空缺。

（三）自我與人際關係木馬程式的十種模組與解法：

模組1 茫然模組——不知道自己喜歡什麼？能做什麼？

有一部影片〈你經常管不動小孩嗎？〉裡面有一段：本來小孩坐在母親的腿上好好的，一旦母親把他抱緊不讓他亂跑，他就開始哭鬧，想要掙脫，想要逃離開母親，可是本來小孩坐得好好的呀！所以當父母親想要控制、抓緊小孩，小孩就會努力脫離父母的控制，無論是當場反叛離家，或是先乖順等長大再想辦法遠離家，一旦脫離了父母的控制，自己也不知道要跑去哪裡，茫然沒有目標，也不知道自己喜歡什麼、能做什麼，因為之前的生命時間都被「必須做什麼」占滿了，於是他們潛意識會吸引另一個控制他們的伴侶或合作夥伴，再一次重複這組木馬程式！

這就是非常典型：高度控制的父母、教育很容易造成孩子「茫然模組」：無法自己做決定，不知道自己喜歡什麼？能做什麼？

舉例1 我有位學生，她說目前遇到的主要問題是：在高壓力的科技業工作，已經缺乏熱情與行動力，很想辭職，但又怕離職之後會找不到工作。

我問她：「妳父母親經常對妳說的話是什麼？」

她說：「爸爸常對我說：妳抗壓性夠強、遇到困難別放棄。媽媽則總是常跟我發脾氣，總是對我不滿。」

我說：「因為妳做什麼媽媽都不滿意，時間久了妳也不知道自己真正喜歡什麼，加上爸爸跟妳說『妳抗壓性夠強、遇到困難別放棄』，所以妳潛意識就會去找『困難度高、壓力大』的工作才讓妳有『存在感』。現在妳要不要辭職不是問題，問題是妳還沒找到自己真正喜歡做什麼、想做什麼，**離開舊版本不是問題，問題是妳要去哪裡？**所以妳要花時間去探尋自己的天賦，重新找回妳自己。」

舉例2

我有個學生，她說在一場大病休養好之後，好不容易離開工作十多年、人人稱羨的銀行出來創業，之前試了幾種行業都做不久，都不怎麼成功。她問我究竟她能做什麼？問我的意見。

我問：「妳幾歲了？」

她回答：「三十五歲了！」

我問：「小時候父母對妳做過哪件事，讓妳印象特別深刻？」

她回答：「記得小時候有一次正在看電視，看我最喜歡的卡通節目，爸爸突然走過來，二話不說就拿起遙控器把電視關掉，說：妳的作業還沒做完，先去做完功課才能看電視！」

我問：「妳知道這件事，與妳到現在還不知道自己喜歡做什麼、能做什麼有關係嗎？」

她問：「為什麼有關係？」

我說：「當妳正在做自己喜歡做的事時，突然被打斷，有人要妳去做別的妳目前還不想去做的事，幾次下來之後，妳就被內建：『自己喜歡做的事做不久，很快就被逼換到別人覺得我該做的事』，這就是妳搞不懂自己喜歡做什麼，創業也都做不久的原因，因為妳絕大部分的時間，都拿來做別人要妳做的事、父母要妳做的事，沒時間去探索自己喜歡做什麼，這就是『**茫然模組**』。如果妳聽他們的，將來若過不好就不能怪他們，現在妳已經成年了，妳得對自己的選擇與決定百分百地負責，不能把責任推給原生家庭。

解法↓所以妳現在要重新來過，想像接下來才是妳真正要過的人生，從此沒有人會干涉妳、給妳意見，妳自己說了算，就像小孩抓週，自己慢慢探索妳喜歡做什麼？究竟自己在做什麼事的時候，妳會樂此不疲、廢寢忘食？然後在那件事上花時間，很享受地去做，不需要去問任何人意見，也不需要告訴父母，最重要的是，請先不要想成敗！」

這個**茫然模組**非常普遍，經常起因於「不自信」，一旦自信心不足，就會不知道自己想做什麼、能做什麼，茫然無方向感；而且「自信」是一個人的核心，若地基沒建立起來，在其他面向例如人際、事業、金錢、愛情、健康……全都會連動出問題，只要把自己拉到高維度，一次處理最核心的自信問題就可以解決。

模組2 失敗模組

這個例子是《療癒密碼》（The Healing Code）作者亞歷山大．洛伊德（Alexander Loyd）在課堂上提到的個案（大致的意思是）：有一個女子去找他，她說總是在公司即將有一筆資金進來時，不知為何居然將之拒於門外，對於追求她的人也都拒絕為多。

作者問她：「之前是否還有其他印象深刻的事？」

她說：「有一次在重要的小提琴比賽前一天，她瀉肚子無法出席比賽。」

他再問她：「小時候對父母親印象最深刻的事是什麼？」

她說：「有一次我跟姐姐在吃飯，媽媽拿了一根棒棒糖對我們姐妹說：誰先把飯吃完，這根棒棒糖就給誰。結果姐姐搶先一步吃完，所以贏得了棒棒糖，我雖然已經盡了我全力，但我還是晚了一步！」

他說：「這就是妳從此中下『**失敗模組**：無論再怎麼努力都會失敗』的起因，所以在之後的人生，總在最關鍵的時刻讓自己失敗：比賽前一天身體出狀況、拒絕求愛、拒絕資金……」

我們從以上的例子可以推測，或許姐姐也因此中了「**搶快模組**（**模組5**）：**只要搶快，就會贏**」。

解法1↓妹妹必須解除「自己無論再怎麼努力，都註定會失敗的模組」，把過去那個「棒棒糖事件」**改寫或重新詮釋**、**重置**挫敗的**版本**，不要把那件事直接定義成「自己永遠都會失敗」，可以用創意換一個有趣的新版詮釋（改劇本），例如：「吃慢點對胃比較好，沒吃到棒棒糖對牙齒好……」，否則她已內建這組木馬程式，會一直無意識地在破壞自己的人生。

解法2↓把自己拉到高維度，與過去小時候的自己對話、把當初那種感覺不被愛、不被肯定的挫敗、恐懼、憤怒的頻率，調回到「愛」與「信任」，就像電影〈視界戰〉那樣重新編輯回顧視角、感覺、與記憶版本，現在就是自己命運的改寫者。

解法3↓完成**解法**2後，往後若遇到有人跟過去的自己面臨類似的問題時，可以無條件幫他，因為你幫「過去的自己」解決問題，未來的你就會遇到會在關鍵時刻出手教你脫困的貴人。可以參看日本電影〈解憂雜貨店〉。

模組3 害怕模組

恐懼有三個層次，包括：第一個層次是恐懼事情本身。第二個層次是害怕面對恐懼背後的創傷。第三個層次的恐懼是內在的投射：缺乏安全感，內在的匱乏，它是你靈魂功課的真實寫照。（引自：大風號、靈魂覺醒之旅網站）

通常管教嚴格的父母，若小孩不是叛逆型，很容易形成另一種極端：完全溫馴，久了就無法自己做決定，因為父母都會幫他做決定。於是在這些孩子身上不僅容易出現「茫然模組」，有時也容易出現「害怕模組」，就是他們的口頭禪就是「我怕……」。

舉例：有一次我跟一個學生約在一個入口很多的商場吃飯，我們之間不知道該在哪個入口跟對方見面，因爲我們都是第一次去，我們以手機微信來回溝通了很多次，後來終於見著了，她一見到我，就開始一連串地說：「我**怕**找不到妳、**怕**妳等太久、**怕**妳還沒吃飯會很餓……」才講三句話，就接連出現三次「**怕**」。

我跟她說：「親愛的，妳的關鍵木馬程式就在『怕』這個字，妳爲何那麼『害怕』別人不開心？或是害怕別人不喜歡妳？」她才發現自己原來被鎖在「害怕」這個木馬程式大半個生命時間了！

解法→平常要聆聽**自己經常重複在說**的詞是什麼？可以用錄音筆錄下今天的所言、所思、所行，回放一下就能輕易發現，或是問身邊密友或家人，自己的口頭禪是什麼？就能很快地找到你關鍵的木馬程式是什麼！

「害怕」是人類木馬程式中最常見的模組，因為絕大部分的父母都有這個木馬程式，特別是母親：怕自己沒法懷孕、懷了孕怕沒生出來、生出來了怕不健全、怕孩子生病、怕孩子出意外受傷、怕失去孩子、怕孩子在學校跟不上、怕老師同學不喜歡孩子、怕孩子被欺負、怕孩子將來沒人照顧、怕孩子過不好……這些無止盡的焦慮頻率讓孩子不敢冒險，躲在安全的地方不敢自由做自己、不敢太優秀以免樹大招風，久了沒自信也沒價值感。也就是說，許多父母的愛已經被木馬程式轉成恐懼頻率，以嘮叨、威脅、恐嚇的方式逼孩子聽話——曾有孩子發訊息跟母親說「媽媽，我愛妳」，媽媽非常緊張地回訊說：「發生了什麼事？你可千萬別想不開啊！」，這位媽媽已經把愛連結到恐懼上，除非她解除，否則這無止盡的焦慮會造成身邊家人的緊張與壓力。

巴夏講過一句很經典的話「恐高並不是怕高，是怕摔下來」，當我們已經是成年人時，我們要試著把恐懼看深一點，大膽面對它、轉換它，你現在就可以寫下**你怕在誰面前失敗、出糗**？同時也寫下**有哪十件令你害怕、恐懼、擔憂、感到自己**

受局限的人事物？然後深究這些是從哪來的？當你想到這些時，你的能量頻率是如何？有感覺到壓力嗎？舉例來說，有學生說她很怕黑，當然每個人怕黑的深度理由有千百萬種，但其中一種就是「怕未知」，因為「未知」不可見也不可控，這恐懼的頻率會導致不敢冒險、不敢對未來敞開所有的可能性，所以打破這木馬程式的一句廣告語是：「怕黑，那你豈不是白白地活著？」（紅舌狗黑啤酒）。有的人怕黑是因為小時候父母以將他關進黑暗中做為懲罰，所以黑暗連結到了恐懼。如果你怕高，可以請你信任的人陪你走玻璃天橋或是坐摩天輪，以開心冒險替換擔憂恐懼的頻率。所以請現在就**找出自己害怕的人事物，這些都是圍困你已久的木馬程式之牆**，以電影〈分歧者〉的一指點破玻璃法，瞬間脫困！

模組4 不自信／自卑模組

在所有的木馬程式中，最多人中的就是不自信模組，這也是最能製造各種限制與問題的木馬程式。

中這組木馬程式的人，他們的口頭禪是：**我可以嗎？我真的可以嗎？我不行吧！我試試慢慢跟上**……此外他們對自己所做的一切很沒信心，所以會把想到一半的夢想、做到一半的計畫或是作品拿給別人看，潛意識想要從別人那得到支持與肯定，試問如果別人不看好，你就不做了嗎？

還有一次學生跟我說，他也是老師，他的課學生們都很喜歡、很認同，我跟他說，學生喜不喜歡、認不認同、肯不肯定你真的不重要，當你有自信、自我負責時，你真的不會在乎別人的評價，就像我從沒想過要去跟我的老師說「我的學生很喜歡我」，我也不需要跟老師說這個以獲得肯定，因為自己肯定自己是最重要的，而且已經足夠了。

渴求別人認可的這個頻率才是問題的根源，因為自信往往是這件事成不成的關鍵頻率，沒有自信，作品還沒出去就被自己否定了，就連霍金斯意識能量層級圖表正向頻率帶最基本的標準200：勇氣肯定都達不到。

要辨認出這個模組很簡單，若常覺得別人很驕傲、總是遇到「看不起你」、「瞧不起你」、「不尊重你」的人，或是怕自己被別人洗腦，表示你內在有「不自信」、「恐懼失去自己」、甚至是有「自卑」的木馬程式，因為如果一個人的底氣夠，知道「尊重」是來自於自己而不是別人、尊重自己就不需要別人的尊重時，別人的態度不會有任何傷到你自尊的可能。

有時別人的自信也會刺激出「不自信/自卑」者的木馬程式，被他們認為這些人太「驕傲」，他們也經常覺得「自己被瞧不起」，但自我的價值應由自己來決定，與別人無關。

通常這個「不自信/自卑模組」來自「控制狂」父母或老師的對應影響，小孩在這樣的教育影響下，會覺得：「反正我說什麼他們都不聽，什麼都是我的錯，反正他們永遠都覺得我什麼都做不好，他們決定就好。」久了就沒有自己的主見，你說東他也說對，你說西他也說對，想要討好大家，怕身邊的人不高興或是生氣，一個想討好每個人的人，大家會感到「有所求」的壓力，結果反而讓大家都不喜歡他，因為他也不喜歡自己，有部泰國賣座電影〈把哥哥退貨可以嗎？〉裡面有句經典台詞：「我不是討厭你，我是討厭『在這麼優秀的你』面前的自己。」這也是「不自信/自卑模組」的人經常會惹對方生氣的原因：因為他也討厭自卑的自己。

比較嚴重的自信不足、自卑者，甚至不敢看對方的眼睛，那是因為他們也怕被看到（他到底想藏什麼不被看到？），這樣模組的人很容易造成惡性循環，因為他們的不自信，讓別人也不放心把事情交給他來處理，就像如果有一位外科醫生跟你說，他的手術動得不太好，你會覺得他很謙虛所以放心讓他幫你動手術嗎？如果你一直遇到不信任你的人時，你要問自己是否信任自己？

我還看過一些學生的案例：生在父親家暴母親的家庭之中，孩子會覺得是自己能力不足無法保護母親，於是內建成「不自信、自卑、感覺自己無能、不信任別人」的頻率，自責久了有的還會觸發免疫系統低下等的問題。比較麻煩的是，帶著這模組不自知的人，到學校有時會成為被霸凌者繼續這個受害模式，或是反轉為霸凌者想要拿回權力與自信。

等到他們有了伴侶或是小孩後，也會不自主地變成言語或是行為的施暴方，藉打罵身邊的人，讓潛意識發洩累積已久的不平衡、憤怒與暴力。我曾在機場看到一個小男孩打自己的妹妹，媽媽看見就馬上一巴掌打過去，對他吼著「你怎麼可以打人！」我那時真希望她前面有一個鏡子，看到她自己也正在打人。家暴對孩子造成的影響，韓國影集〈當你沉睡時〉（While You Were Sleeping）裡有案例可參看。

這個「不自信／自卑模組」，比較嚴重的會變成「覺得自己不值得活下來」模組，電影〈下女的誘惑〉就是這個案例，她出生後母親就因為難產過世，父親怪她的出生害死了她的母親，所以她潛意識就覺得自己不應該出生，於是她吃飯時是一粒米一粒米地吃，將父親對她的暴力轉為對自己的暴力。而同樣是母親難產的案例，佛陀的父親對待他的方式是以愛、而不是恐懼與憤怒時，其結果完全不同。

模組5 「存在感不足」模組

因為感覺自己不被關愛，所以存在感不足，常見的外在行為有：

- 自己連思考都沒思考，就直接拚命搶著提問，以贏得父母、老師、講者的關注，我稱為「勤學好問」模組。

解法→如果遇到中了這模組的學生，我會反問他：「如果你拿這個問題來問自己，你會怎麼回答？你為何想要問這個問題？你為何覺得這問題你無法解答？你覺得自己沒有能力回答的頻率才是問題，從現在起你遇到問題不要急著問人，試著自己去思考、為自己解答，以後你就不再是等待答案的提問者，而是自找答案幫人解答者，這兩個頻率差很多。」畢達哥拉斯要求他的學生在去找他之前，要先靜默五年，不能跟別人說話，專心思考問題，想明白了再到他那去學習。

- 怕被忽視、被遺忘，如果有人沒回你訊息會讓你很生氣，就要注意自己是否中了「存在感不足」的模組。〈可可夜總會〉電影中，那些已經過世的祖先最害怕「自己被遺忘」，這個焦慮與恐懼是一代傳一代——所以我們要仔細觀察自己的祖父母、外祖父母、父母、叔伯姑姨親戚們的共同模組，他們都在害怕什麼？焦慮什麼？擔憂什麼？自己有被影響到甚至被植入相同的頻率嗎？可以透過家族史的探索、家族排列來幫自己找出並解除木馬程式，否則就會如〈可可夜總會〉裡的劇情：當愛變質為恐懼，愛人變仇人，家人變敵人。
- 到教室時會搶在最前排的位子，可以離老師近一點，有機會被老師關注。或是盲目追求偶像、老師、上師，以對方的肯定做為自己生命的地基，一旦對方沒看到自己，或是不被理會，就會感到空虛無助、無價值感。印度電影〈瘋狂粉絲〉就有這樣的案例。

解法1↓偶像就是鏡子，把自己喜歡這個人的特質寫下來，這就是提醒自己可以發掘的潛能。

解法2↓老師、上師都只是為你引一小段路的路燈，重點在你自己的目的地。你當然可以問他們你人生的意義、使命、目的，但你為什麼要問別人「你家怎麼走」？

● 離開餐廳、飯店時會把桌面、房間弄得很亂，潛意識想要留下自己「存在」的痕跡。

● 總是遲到，潛意識想讓全場看他。或是沿路掉東西，讓後面的人不停地撿拾拿給他。

解法↓離開這個空間時，以服務生的角度看一下（比較不會掉進慣性的不注意視盲），是否遺漏了什麼忘了帶走。

● 跟人講電話，一講就是好幾個小時不停，對方完全找不到中斷他的機會；或是一直在自拍、要別人幫他拍很多張照片；或是老愛「欲拒還迎、等人家三顧茅蘆」來刷存在感的；或是需要透過別人跟他道歉來建立優越的存在感，往往會創造出很多別人出錯、然後必須要跟他賠不是的事件……這些都是特別需要人家關注的「存在感不足」木馬模組。

● 愛抱怨、挑剔、找服務生、工作人員麻煩，或是講話特別大聲以引人關注他。如果需要別人關注，就會花很多時間在別人身上，哪來的時間創造？存在感越高的人越低調，不會打擾環境。有位南美的薩滿，從他進入叢林到他出來都沒被發現，那是因為他的存在感很「大我」，完全與環境合一，不需要突顯自己的存在感，其頻率在第2級的安詳極樂，與外在一樣低調的自卑（第17級：羞愧恥辱）的頻率天壤之別。

● 努力追求高學歷、高成就、高名利，忘了其實最重要的是天賦、熱忱、實力。或是想辦法當上老師、主管、老闆，以更多頭銜來贏得更多的尊敬、關注與存在感，有時也會轉為變成「控制狂」模組。我們可以看到有些人，在人前越成功，內在就感到越失敗；越多人包圍崇拜，心靈就越空虛；比較與競爭不是動力，是逃避真實自己、困在競技場中無法有更廣大自由。當人們陷入不快樂的泥沼中，表示離真實本源越遠，這就是種下未來自我挫折的種子。

解法→頓悟一切如晨露、如夢幻泡影，不再追求成就來逃避真實的自己。

● **能者多勞模組**：因為存在感不足，自我價值低落，所以透過工作來建立自己的價值感。我有個學生找我做一對一個案，她說無論到哪個公司、哪個部門，不到一年的時間，該部門的同事就一一走光，所以她經常得一個人做很多人的事，甚至是整個部門的事。我問她的座右銘是什麼，她說：能者多勞！我回答她：「妳為了證明自己是能者，所以自願多勞，如果沒有事讓妳做，妳就會覺得自己不是能者，就會覺得沒有價值感。所以妳自己創造了『獨攬所有事』的能量場，來增加妳的價值感、存在感，別人就無用武之地了。結果妳累到再也做不動，『能者多勞』變成『能者過勞』，未來無論是妳離職或是在家休養，妳還是會回到『無價值感』，所以好好重建自己的存在感，不是透過工作，而是透過自我認可，即使未來沒有工作、沒有頭銜也沒有任何問題。」

模組6 反叛模組

相對於順從父母，「反叛模組」則是不服從父母的意見，堅持要走自己的路。這會有兩種情形：

1.反叛之清楚模組：

他知道自己喜歡什麼，所以會堅持到底。

↓堅持己見，終於**成功模組**：父母也可能因此而改觀，原來當年自己堅持的不一定是對的，這也可以同時解開父母的木馬程式。

↓堅持己見，卻**不成功模組**：父母可能會就此更加深自己的信念：「誰教你當初不聽我的？」但事實上應該允許孩子去試自己喜歡的事物，因為這是孩子的人生，父母無法代為選擇與負責，成功或失敗也只是暫時的，都是難得的人生經驗，況且也沒有所謂的「成敗標準」！

2.反叛之茫然模組：

他其實還不知道自己喜歡什麼，只是為了讓自己的自主權不被剝奪，為了證明自己是有主見的，或是為了吸引父母額外關注，所以一路反對父母到底，甚至於為反對而反對，為破壞而破壞，就算玉石俱焚也在所不惜。

這樣有時會導致出兩種木馬程式：

(1)**「獨裁模組」**：完全不認真、不用心傾聽對方真正在說什麼，也不聽別人的意見，即使這個意見是對他是好的，反正他都不信任、也不想聽。這種人往往吸引到「自責模組」的人與之對應功課。

解法→由他自己全權做決定、並全權負責，假使最後結果他不滿意，若願意自己檢討修正就沒問題，如果他轉成「抱怨別人、怪罪別人模組」，解法請參見「抱怨模組」。

(2)**「抱怨模組」**：有的小孩一跌倒，爸媽就會衝過去扶起來，還會作勢打地板，怪地板害他們跌倒，這些小孩長大有可能會養成「怪罪別人、責怪外在環境」的抱怨模組。

中「抱怨模組」的人，無時無刻幾乎都在抱怨，在〈熟能生巧〉的影片中提到：我們把時間花在哪裡，就是把自己的振動頻率定在哪一版本上，於是就會顯化成為怎樣的人，因為怎麼用時間，決定了我們是誰——我們在生命中練習什麼，我們就精通什麼，如果我們練習抱怨，我們就會成為抱怨的高手。

一句話破解木馬程式的方法↓你只需問他：「這個世界上有誰是你不抱怨的？」，以這一句話打醒並中斷這組木馬程式，而不是聽他一直抱怨發洩以贏得你的關注，因為他會創造出更多抱怨的癮頭。

一般解法↓如果有人在抱怨，你仔細觀察他到底想要什麼、或是想要別人幫他解決什麼問題？法國動畫片〈嘰哩咕與女巫〉就是在講一個小男孩把女暴君背後的刺拔掉之後，她就不再找大家麻煩了。

我是怎麼從負向愛抱怨的悲觀人格，瞬間轉成正向創造人格？我以一台電腦做比喻：如果你現在手上的電腦中了木馬程式，你會怎麼做？大部分的人會做的是：全面掃毒並逐一清除中毒的檔案；若檔案受損嚴重，就只能犧牲掉裡面有毒的檔案，直接恢復原廠設定；但若是電腦本身效能太低，就直接買一台全新版本的電腦是最快的。所以如果當我生活開始陷入壓力、不開心、無法自由伸展的情緒時，我不會帶著這個頻率繼續我的生活，我會直接做「置換高階生命版本」，瞬間脫離作繭自縛的困境，所有因「木馬程式中毒」的一連串問題，就能乍然中斷，與我無涉。

如果是你自己中了這「抱怨模組」，老覺得全世界都對不起你，你可以用章成建議的方法：「最有智慧的態度，就是藉由別人的行為產生自己的反省，你的人生就會因為有他們的出現，反而幫助你更往上走；如遇到服務不周的商家，別只是生氣，你就自問：以後我該怎樣留心，做生意才不會變成那樣？開車被人家擋了，就自問：我要怎樣才不會變成擋人家的路而不自知？你可以藉由這樣做打開你的眼界，若再遇到覺得討厭或困擾的事時，你就會自然而然沒有什麼抗拒的情緒產生，不抱怨的生活就是這樣做到的。」而這方法也是瞬間能從「150：憤怒仇恨」、「30：罪惡譴責的頻率」，拉到「350：寬容原諒」。

記得只要一跑出「抱怨」，注意自己不要以「抱怨」做為跟別人要脅額外補償、或是好處的手段，那只會讓其他人敬而遠之。

解法→立即強行把**焦點從「抱怨」轉為「反省」與「感謝」**，可運用巴夏AAA三步驟：認可（Acknowlege）、感激（Appreciate）、允許

（Allow），將頻率調到勇氣肯定、希望樂觀、愛與崇敬，資源不會被「抱怨」的排斥能量彈走。可參看《不抱怨的世界》（A Complaint Free World）。

模組7 搶快／搶先模組

有人的個性比較急、快，總是會搶在別人前面去冒險、嘗試，然後把經驗分享給後面的人、跟隨者，這樣的人具有領袖型分享人格，這是搶快／搶先模組的特質。剛才舉例中，那位搶先一步把飯吃完的姐姐，相對於妹妹的失敗模組，她很容易中的就是**「搶快／搶先模組」**，以為什麼事只要搶快就會贏，導致她在人生中反而忽略了很多重要的細節而挫敗連連，沒耐心等到比較晚出現的更好機會，或是很難與比她步調慢的人合作。

這個「搶快／搶先模組」，最經典的例子就是電影〈出神入化〉第二集，當對方想要活捉這群很厲害的魔術師們，就只要在魔術師準備逃脫的管道前面幾步，再放個一模一樣的管道就行了，因為「魔術師」的特質（優點）就是「快」，他們一定只會看到最近的，沒注意到後面還有個一模一樣的逃脫管道，所以「快」既是他們的**特點**、**優點**，卻也是他們的**盲點**、**弱點**、**致命點**。

解法↓把眼前窄化衝刺的跑道拉寬、拉高維度，用全景、全息、鳥瞰、複眼、多重視野的方式來破解盲點的侷限。

你現在可以寫下自己有哪些特點，同時也是優點、缺點、弱點、盲點、致命點？有哪些地方需要改善？這些特點形成了你的哪些優勢？造成了現在或過去哪些問題？

此外，有些人口擁擠的城市，居民到哪都要搶排隊，因為如果沒有搶進這班車、這部電梯、這批貨、這個課、這間餐廳……下一輪可能又要等上好一陣子，即使他們到了步調緩慢的鄉間、國家，他們的「搶快模組」還是沒辦法改，容易因為快食、躁動，產生消化不良、腸胃問題，或是焦慮症、躁症、自律神經失調等。

中這組木馬程式的人很沒耐心，總覺得自己動作很快，覺得別人動作太慢，優勢是自己的事可以很有效率地做完，問題是與別人無法配合，越催別人做得就越不好，老是吵架，造成人際的緊張。

解法↓讓自己隨時隨地保持有覺知的慢慢深呼吸，動作盡可能地放慢[9]，每天花一點時間穩住自己內在的生命核心地基（保命保本），讓自己保持更高的彈性、更深的寧靜、更高的智慧、更多的愛，更少框架與束縛，內心強大無懼，身體隨時維持純淨平衡，從低頻調到高頻，讓自

9.可參看日本順天堂大學外科教授小林弘幸的《自律神經健康人50招》。

己跳脫惡性迴旋圈，這就是你新創造的週期、新的能量頻率、新的生命時間，於是外在的紛亂風暴都將自動與你保持距離，你安住在暴風圈的中心無恙，沒有人事物能打擾到你內在深度的寧靜；沒有比較，也不必讓自己變成什麼，所以不會有焦慮的頻率帶著你搶先衝快，只要將與生俱來的能量釋放出來，就能夠成為有力量的自己。

有一句話講得很好：在撒哈拉沙漠上，我們對於跑在別人前面不感興趣。跑太快，把整個人生都落在後面跟不上了，所以讓自己慢下來，每天養成曬太陽、運動、瑜伽、靜坐、冥想的習慣，每隔一段時間去度假或是禁語閉關，是破解**搶快/搶先模組**的方法之一。

模組8 爭贏模組

他們以「贏」別人來建立自己的存在價值感，所以他們會跟父母爭寵、與兄弟姐妹、同學、同事、好友……競爭，甚至還會跟自己的伴侶競爭誰賺得多、誰付出得比較少……這就是「競爭的心魔」。有這組「爭贏模組」的人，最會無事生非，小事化大，星火燎原。只有解掉了這模組後，才能大事化小、小事化無。

這通常是前幾代將生存焦慮傳下來的木馬程式，經常出現的關鍵詞有「適者生存、不適者淘汰」、「贏在起跑點」、「步步為贏」、「愛拚才會贏」、「出人頭地」、「光宗耀祖、光耀門楣」、「人死留名、豹死留皮」、「人生勝利組」、「嚥不下這口氣、要爭一口氣」、「一定要爭取自己的權益」……

有個學生他的主要問題是事業正遇到瓶頸，他的座右銘是「愛拚才會贏」，這也是他設了「愛拚」，所以潛意識不斷選擇、創造出「瓶頸」的競技場，他才有拚搏的機會。

「爭贏模組」最容易產生「不注意視盲」，他們潛意識只會關注人多的地方，或是大家都在搶的東西，比方有店家門口大排長龍，他們就會不自主地想過去排隊，因為他腦袋中已經被植入：「我怎麼能沒有別人正在搶的人事物？只要是有人在搶的，我一定搶得到」，他只是要那種「我贏了」、「我搶到了」的片刻快感，即使那是他完全不需要的東西。

舉個真實的例子來說明這個部分：有一位成績優秀的學生，聽家裡的話去考醫學院，等醫學院七年畢業、也拿到了醫師執照後，到醫院正式工作時才發現自己並不喜歡當醫生，於是重考去念ＥＭＢＡ，但他已經浪費了七年——也就是說，他被「優秀的人第一志願是醫學院」的木馬程式鎖住了，他沒看到這程式以外更多的可能性，等到他到達目標之後才發現自己跑錯跑道了，於是再折回重來，這就是前面一再強調：木馬程式會造成的問題就是「浪費無謂的時間」去追逐木馬設的虛幻目標，等自己到達該目標後才恍然大悟地問自己：跑這麼快、跑到這裡到底是要做什麼?

所以我常會跟學生們說,先把「考好大學、選第一志願、考研、然後進大企業拚到高階主管」的目標先按暫停,往這條跑道以外全方位再看一下,自己真的喜歡走這條路嗎?周圍還有哪些可能性?請把自己拉出井底視野,想像自己在高空俯瞰全局,就會發現版圖之大、路徑也很多元,不必全部的人都擠在同一跑道上爭得你死我活,就算爭贏了但如果是你不喜歡的,你也沒熱忱撐太久,很快就感到無聊無趣無動力,然後進入茫然期。

這種「爭贏」模組,有時會在身陷在三角關係、特別是好爭之事業女強人型的第三者身上看到,她過去在學校、工作職場、生活總是搶贏資源,所以她必須透過「爭贏」這份感情,來證明自己「更」好、「更」美、「更」值得被愛,但通常力爭未果、求不得苦的居多。若是順利爭贏為正式妻子,只要頻率沒有改變,接下來的婆媳問題、與女兒吃醋、老公外遇問題……就是後續的考題。

爭贏模組有時也會透過不停的「考試」、「戰鬥」、「闖關」方式,以建立自己的存在感、價值感、優越感。我曾看過有個人,他專門搶很難買到的演唱會門票,當他搶到了就非常開心,若沒搶到就會想盡各種辦法、各種管道非要弄到票不可,有時荒謬到:當他搶到票,那個高難度挑戰的快感消失後,他就不要了,把票送人或是原價賣掉,他只是喜歡那種「別人沒搶買到,但只有他拿到了」的優越感,或是專門爭取VIP票或卡的特權,會讓他覺得自己高人一等,所以只要他沒爭搶到或無法擁有「稀有且限量的特權」，他就會馬上掉進「焦慮不安」、「惶惶不可終日」的狀態。

所以中了「爭贏」模組的人，經常浪費了人生絕大部分的生命時間，在不停地重複循環這模式，這也是木馬程式的第六特徵：從這組木馬程式，開始啟動一連串「追逐虛幻不實目標」的過程，無窮無盡直到崩盤或精疲力竭為止，這不僅浪費非常多的生命時間，而且忘了在鬥獸場、競技場之外的世界有無限資源的，往往不想在公司鬥得你死我活的人出來創業，有時規模還比原公司大。

另外的案例是，他的主要問題：「孩子不聽話、老婆太強勢」，他微信頭像下的一句話是：渴望命運的波瀾。我恭喜他：很好啊，你身邊有兩位固定會引起你「命運波瀾」的助手！

類似的例子還有另一個學生，她說目前人生最大的問題就是常和她那青春期的兒子老是鬥嘴、吵架，我問她微信頭像下的一句話是什麼？她說：「人生難得幾回搏。」她一說完，全班都笑了，她自己一時之間還沒搞清楚這兩者之間的關係，於是我說：「很好啊，妳已經找到可以人生難得幾回搏的對象啦！」

解法↓她問我該怎麼破解？我說：「只要妳每一次又遇到想『搏』的狀況，妳就問自己：**我究竟是要爭贏，證明自己是對的，還是讓自己快樂，讓大家都快樂？**」

這讓我想起了詩人木心寫的一段話：「我不是好鬥，我是好勝」，就像有些賭徒其實不是怕輸，而是認為自己會贏。關於「爭贏模組」，有三部非常經典必看的電影：

1.〈生命中最抓狂的小事〉的第三段故事：

有一部車想超車，因為前面的車開得實在太慢了，但前面車駕駛不爽被超車還被羞辱，於是兩個車主開始相互廝殺，最後彼此抓緊對方的脖子扭打，車子爆炸起火，兩個人都被燒死在車上，但因為彼此還緊抓著對方，所以前來驗屍的警察還以為他們是殉情，他倆可能都忘了，開車原本是要去哪裡、本來是要去做什麼了。

也就是說，**「爭贏模組」木馬程式，會讓人為了「爭」而鬼遮眼地忘了自己原本要做什麼？忘了什麼才是最重要的事**，甚至「必勝、必贏」、「面子」比時間、生命還重要。

這讓我想起以前我去上過一堂課，聽到有學生正在跟主辦方吵架，說他是第一個報名的應該坐在第一排，為何被排到第四排？然後兩方吵得不可開交，最後他負氣離去，他「忘了」自己是要來上課的，不是來「坐第一排」。

2.〈我不是潘金蓮〉也是「爭贏模組」的經典範例：

一個非要告前夫不可的女子，後來連同相關的官員一併告進去，長達數年完全不放棄。當她知道前夫過世，不必要再打官司時，她頓時失去「戰鬥爭贏」的目標與生命動能，她居然也不想活了，想找一棵樹自盡，這就是中了**「爭贏模組」**木馬程式，**會讓人忘了自己原本最重要的事：自己的生命與時間**。

解法↓如果遇到這種「非爭不可、不爭會死」的人，你就問他：你究竟是要花這麼多時間爭贏對方，還是要把這些時間，做自己更重要的事？別忘了時間比面子貴！

3.〈你只欠我一個道歉／羞辱〉（THE INSULT）**這部電影，可說是「爭贏模組」的最佳教材：**

工頭Yasser在街道施工，被樓上凸出來違法水管裡的水給澆得滿身都是，便主動到樓上詢問該住戶Tony是否要幫他修繕水管，卻被他嚴厲拒絕，於是Yasser主動幫他將水管處理好，但Tony無法接受自家陽台水管被這樣擅自更改，就當Yasser的面把他剛處理好的水管敲掉，Yasser很生氣對Tony罵了一句髒話，Tony憤而去找Yasser的老闆逼他道歉。當Yasser為了保住工作，不得不去找Tony準備道歉，Tony卻當面罵了Yasser一句污辱他是巴勒斯坦的難民的話，激怒了Yasser當場刺傷

Tony，後續開始無法收拾地擴大衝突，從法院上兩個種族支持者的衝突，演變到兩派街頭暴動對戰，兩人的家庭生活也因此兩敗俱傷，這就是各自都帶著從小的家庭創傷，擴大成種族仇恨的木馬程式，「星火燎原：小事化大、大事變成無法收拾」的自毀毀人過程，讓我們看到「爭之木馬程式」最壯烈的結果是什麼！

一旦中了「爭贏模組」，就會把焦慮失敗、焦慮落後、渴望被關注、非贏不可的頻率帶到生活中，爭奪資源權益，等於把自己困在競技場內忘了外面的世界很廣大，視野縮到只有敵人對手、沒有朋友，認為爭贏比自己的時間更重要的頻率才是問題。有一段話講得很好：「如果你想要跟人們競爭，你將會付出代價，你會變得越來越沒有愛，一個競爭者，無法既有野心又同時有愛。」

除了前三部電影之外，〈決勝女王〉也是這個模組可參看的電影：「喜歡贏、喜歡瞬間爆富以證明自己是聰明有能力」的癮頭，就是「爭贏模組」的動力。如果遇到對方中了這組「爭贏模組」，你下次可以試試無條件禮讓他，有時對方會跟你搶著「讓利」。網路上有一段〈如何中止霸凌〉的影片也是運用這原理，當有人辱罵你，你就無條件認同對方，讓他一路贏了之後沒多久，他就會感到無趣然後離開，你就能順利脫困了。

模組9

因孤獨木馬程式而形成的鶴立雞群、救眾生、救世界模組

這是我在巡講〈木馬程式〉課時，一個學生的提問，讓我發現了這個模組。

她問：「老師，我是一名學校的校長，同時也是老師、心理諮商師、網路節目主持人，我覺得我的人生沒什麼問題。我現在只想要救人、救眾生、救地球，我該怎麼做？」

我說：「妳經常覺得孤單嗎？」

她說：「是啊！咦？老師妳怎麼知道？」

我說：「妳知道真正需要救的其實是妳自己嗎？妳想要幫助很多人、救別人，其實是妳的內心在跟妳求救，妳需要幫的就是自己。妳無法透過外在行為來轉移妳內在孤單的感覺——**內在空虛孤單感，就是妳目前最核心也是最主要的木馬程式**，它逼妳要變得很優秀，努力要成為老師、心理諮商師、校長、網紅……只有『好為人師』才能被學生、病人、粉絲尊敬，拿回被控制型父母拿走的自主權力，也只有把自己逼到『**高處不勝寒**』，**讓自己『鶴立雞群』，妳就可以掩蓋自己孤獨的窘境**，這就是『內在空虛、外在虛張聲勢的空城計』，因為妳可以跟自己說：是自己太優秀，身邊的人都配不上妳，遠遠把別人拋在後面，妳看不上別人，所以繼續孤獨——中這個孤獨木馬程式的人，有時會無意識地討厭、嫌惡『追求者』，對自己不理不睬的人反而

引起愛慕，那是因為內在深處覺得自己不夠好，所以也看不起『愛上自己的人』，反而會愛慕那些『不愛自己的人』，這就是造成孤獨的產生器。」

這組木馬程式造成問題的真正原因是：「孤獨」，與「信任」、「愛」的能量是相反的，所以從孤獨發出來的頻率，勢必會有與自己、與他人關係的課題。就像香奈兒說的：「我沒時間討厭你」，也是讓自己在頂峰忙到可以有理由不必理會其他人來掩飾孤單；木心有一首詩也表達過這類的木馬程式：「樂團的指揮孤獨無助，那是他自己要這樣的。」比較麻煩的問題就是，一旦妳沒有學生、病人、粉絲關注妳，妳會頓失自我價值就會崩盤。

解法↓心越真實，就越有力量——所以妳要跳出這個迴圈，以幫忙者的角度，幫自己解決內心孤獨的問題，問自己：妳從出生到現在，這個孤獨感最早是怎麼來的？妳真的孤獨嗎？**孤獨本身就是木馬程式**，不是事實更不是本質，人本自俱足，所有妳因為怕孤單、怕無聊、怕自己沒有價值感所去做的事，只是為了要填補並逃避面對自己空虛的時間，但永遠無法填滿內心匱乏愛的孤獨感，就像妳家地板有洞，但妳都在外面忙著填別家的洞——並不是要妳不去幫助別人，妳當然可以繼續幫助其他人，但妳不能逃避妳內在孤獨感的核心問題，否則妳「害怕孤獨」的頻率，只會吸引更多孤獨的實相，妳想要透過「幫助學生、救人、救地球」來產生自我價值感，填補自己內心空缺，外在做再多事也填補不了；一旦妳內心空洞不紮實，妳在幫忙別人的時候，潛意識其實想要的是別人的讚美、肯定、愛、感謝與尊重，以來填滿妳內心的洞缺，妳的幫助帶有潛在目的性，倘若對方沒有回饋足夠給妳，妳又會掉回空虛，妳會很挫敗，覺得沒有價值感，沒有愛。或是如果有另一位跟妳一起幫助大家的人，她得到的讚美與感謝比妳多，妳一樣會感到受挫，因為妳把填洞的主權交到別人手上了。

所以妳必須先幫助自己恢復愛與豐足的頻率，這樣的頻率才能幫助大家一起好，也就是說，只要妳充滿愛與豐足，這頻率就會自動分享給很多人，完全不需要「刻意、努力」為之，這就是「花若盛開，蝴蝶自來」的自然律：**花與蝴蝶之間，沒有誰在幫誰，也就沒有幫助者與被幫助者之別，更沒有強者幫助弱者的概念**，如果妳想透過「幫學生、救人、救地球」讓自己感覺是個「幫助弱小的優秀強者」，這就是虛假高台，是在霍金斯博士意識能量層級圖表「第12級：渴愛欲望／125」的頻率，破滅了頻率就會隨時摔下來。只有在第4↓1級的頻率：愛與崇敬、寧靜喜悅、安詳極樂、開悟正覺的頻率，才能真正讓身邊的人能夠「大家一起好」，而且這樣的人根本沒覺得「自己在幫人」，他們只是正在做自己開心的事，光給予就很開心，完全不需要任何人的感謝、肯定……甚至不需要任何人知道他們的名字——孤獨如水滴，回到大海就不乾涸。」

還有一種狀況，如果你發現自己經常在扮演「和事佬」、「中間調停人」，你也要注意自己是否也中了這模組：透過兩派對立、兩方都要「主持公道」來突顯你的領袖地位，那你的潛意識就會「創造」出無數次的紛爭，只要你不再當判官、不選邊站、不搞派系，就不會當夾心餅乾捲入風暴！

此外，Robert Augustus Masters,phD有一種說法叫做「靈性逃避」：有人想要被關注、被尊重、想要權力也想要金錢，所以讓自己藉著修行往上、幫助別人來逃避現實，也是屬於這個模組的。

我們如何察覺自己是否中「孤獨」的木馬程式？可以問自己以下這些問題：

●什麼情況下你會感覺到孤單？
●當你覺得孤單時，會怎麼做來解決孤單感？
●自己對這世界有哪些不滿？
●會想離開世界的原因（事件）？
●以上對你現在造成哪些正、負影響？
●這些會對你的未來造成怎樣的影響？
●如果現在關閉LINE、FB、Instagram，你怕失去什麼？

這個「因孤獨木馬程式而形成的鶴立雞群、救眾生、救世界模組」，經常會在「拚命賺錢、努力讓自己有名、有成就，以掩飾孤獨」的優秀之人（特別是老闆、老師、明星）身上發現，也就是說，假如這個人沒有中這組**「因孤獨木馬程式而形成的鶴立雞群、救眾生、救世界模組」**的木馬程式，他就算有一天沒有任何粉絲、不被任何人認識也不會恐慌；或是日後完全沒有機會再幫助任何人，也不會覺得空虛或是感到生命無價值感；就算台下沒有半個學生聆聽他，他還是會非常熱忱地分享（花不會因為沒有人聞它就不開花），即是：**沒人認得不焦慮、不恐慌，很多人認得也不驕傲、不恐懼。**

模組10 控制狂模組

目前看到許多屬於「控制狂模組」的個案，絕大部分是因為有個控制狂的父母，他們總會對孩子說「你**應該**要如何如何，因為我**都是為了你好**」，**「應該」**與**「為了你好」**都是**木馬程式的關鍵詞**。控制狂的父母經常會導致孩子有兩類極端，一種是**自暴自棄**（茫然模組、不自信/自卑模組、存在感不足模組），反正自己說什麼、做什麼父母都會反對，反正他們永遠都是對的，雖然想要自由自主，但卻也已經失去自我負責的能力；另一種會讓孩子「繼承」控制狂，由於父母對於自己的不信任，所以長大後也高度控制自己，這就是所謂的「嚴以律己」，但「嚴以律己」的人不可能「寬以待人」，因為這是兩種不同的頻率。

舉例來說，「嚴以律己」的人，會把自律甚嚴的原則推己及人，也就是擴大「己」這個範圍到身邊的「自己人」，他們最常說的話就是：「我都做到了，你怎麼做不到？有這麼難嗎？天下無難事，只怕有心人，是你沒用心吧！」所以他們對自己嚴格，對待周圍的家人、公司團隊的同事們也一定不寬鬆，因為他會將家人、公司團隊也視為代表自己的外在形象，於是周圍的人就得伴君如伴虎似地戰戰兢兢，動輒得咎，而且常犯有「君主病：忠言逆耳、不喜歡聽真話，朝令夕改」以顯示自己的權威。也就是說，如果「自己人」沒符合自己的標準，引發的情緒頻率極可能落在霍金斯博士意識能量層級圖表的「第11級：憤怒仇恨」、「第13級：恐懼焦慮」、「第16級：罪惡譴責」、「第17級：羞愧恥辱」。

一般人也會怕「自律甚嚴」的人，如果他從不遲到，萬一你遲到了，壓力一定很大，因為他拿來自我要求的標準，也會讓身邊的人感到緊張、壓力與害怕，都是同一種頻率。所以這樣的人經常會「主動斷交」，因為別人會隨時不小心踩到他的「原則、底線、地雷」，他的口頭禪是「你這樣太超過、太過分了」，對方往往也搞不清楚他的線到底在哪裡、自己是怎麼「被斷交」的。

解法1↓放掉對別人的「要求」，因為控制是「不信任」的焦慮能量投放出來的，所以會讓對方感覺到不被信任，他也就沒有信心與動力主動把事情做好。隨時提醒自己放手不控制，破解這組木馬程式的關鍵語就是：**信任生命、信任愛！**

解法2↓「凡是你想控制的，其實都控制了你……人活得累，一是太認真，二是太想要。在這個社會，凡是你想控制的，其實都控制了你。[10]」不苛責自己，對自己好，百分百接納自己、愛自己，這樣愛與喜悅的頻率，才能讓人如沐春風；如果讓自己如北風般嚴厲，大家也只會把大衣抓緊：一方面讓自己周邊的親友產生巨大壓力之外，控制背後「怕失控、不完美」的能量會產生一連串禍不單行的問題，對身心健康也是一大威脅。

解法3↓我自己以前也中過「控制狂木馬程式」很多年，因為當時我的老師有高度控制狂，規定寫字不能出框、塗色不能出線，加上自己是長女，莫名其妙就要承擔比弟弟還要多的責任，並且必須優秀才能成為榜樣，所以我被後天教育塑形成了控制狂，座右銘是「有志者事竟成、天下無難事只怕有心人」，總是想完美掌控全局不許出錯，問題就是很難看到控制範圍以外的可能性與機會、設立的原則很多所以缺乏變通與彈性、很難與人合作，因為一旦失控就會暴走抓狂。

舉例來說，我是一個不喜歡遲到的人，所以當遇到別人遲到時，我就會

10. 引用自何念慈。

特別生氣、特別不耐煩，有時是因為交通堵塞的原因自己遲到，自己也會自責很久。後來我仔細分析，我討厭「遲到」，一方面是我的「控制」模組，另一方面是我討厭浪費時間「背後」怕時間不夠用的「焦慮」模組，所以不只是遲到，包括冗長的官僚程式都會讓我暴怒，結果我的生氣或是與人吵架，反而讓我浪費更多時間，甚至於事情都結束了，我還在繼續生氣，這就是木馬程式浪費更多生命時間的範例。

這個模組是因為後來我到了印度，那裡的無序、混亂、不守時讓我不得不放掉控制，所以大家可以找個時間到印度旅遊，把自己當成印度人，那裡會讓你不得不放掉控制，放過自己。還有一次我在森林中冥想時也領悟到，在**大自然裡根本沒有「浪費時間」的概念**，沒有一朵花在搶誰先開花，沒有一隻鳥在爭誰飛在最前面，在草原上動物大遷徙時也沒有誰在抱怨前面走得太慢……自己的焦躁才是讓自己動不動就生氣的地雷！

案例：以前有位企業家找我諮商，他說他的員工都很被動，說一才做一，喊二才做二，完全沒有積極主動性，無趣而且死氣沉沉的，他問我該怎麼恢復公司裡的士氣與元氣？

我不回答他的問題，直接問他：「你很怕失控，對吧?!」

他很驚訝地說：「對！」

我問他：「你過往人生中，最大的一次失控是在什麼時候？讓你失去什麼？」

他說：「我大學的時候，我在一個喜歡的女生面前喝多了，結果她從此就很討厭我，後來她跟我的哥兒們跑了。」

我問：「所以你之後就不允許自己『失控』，甚至嚴格克制自己，對嗎？」

他說：「對！」

我說：「這就是你的公司員工都很被動、不積極、沒元氣、沒創意的主要原因，因為一切都是你說了算，他們哪來的空間發揮自己的創意？因為你會經常責怪他們不負責任——你沒發現你身邊的人都被你嫌『不負責任』嗎？」

他說：「對！我常覺得我特別討厭的員工，包括我很疼愛的兒子，都不懂得怎麼負責任。」

他這段話，給了我另一個**如何找出木馬程式的靈感：只要列出你討厭的人與喜歡的人的共同特質，其相反就是你的木馬程式。或是換個方式來說：**你會在自己喜歡的人身上，發現到自己討厭的特質，那是因為那些「討厭的特質」就是你眼中的木馬程式，你看誰都會看到這枚眼中釘。

以這位企業家為例，喜歡與討厭的人共同特質：「不負責任」，不負責任的相反詞：（過度）負責任↓嚴重狀態：控制狂。

解法↓所以我給他的初步建議是：「試想一下如果你有個不信任你的老闆，你會放手去發揮創意嗎？只要你還繼續發出『擔憂、恐懼、不信任』的能量，只會創造更多的『擔憂、恐懼、不信任』的頻率，在這樣的狀態下，再厲害能幹的員工都會變得無能，亦會被你貶成聽命於你的機器人，怎麼可能會有生命力與創造力？不信任模組的人，往往會引來『沒自信』的人與之對應功課，放掉『標準、原則』，才能解除『控制』，在大自然中如果你開始『控制』，萬物就無法自由生長，也就沒有生命力，就像孕婦無法控制胎兒成長。所以先鬆綁你自己，允許自己每天去做一件自己以前不敢嘗試的事，允許自己失控，也允許別人完全自主，對周圍的人『不給標準、不期待、不掌控、允許試錯』，自己與周圍自然就會恢復生機。」

有一個案例，與上述有異曲同工之妙：有個學生說她對工作感到倦怠，她的座右銘是「自律即自由」，我說就是這個「律」框住了妳的熱情，一匹帶著馬鞍的馬是無法自由奔放的。

解法↓只要清除「自律控制」的木馬程式，不需鞭策出更好的自己，**現在就是原初最好的自己**；不需計畫，在最高維度的層次中，一切都已完美。

關於控制狂的電影有三部：

〈霓裳魅影〉（Phantom Thread）：一個高度控制狂的服裝設計師，要打破他的工作狂慣性，唯一的方法就是讓他突然重病到無法工作↑**被動地由他的妻子幫他打破木馬程式**。

〈新東方快車謀殺案〉：一個有控制狂的偵探到最終領悟到：正義的天平無法平衡，只有與不平衡共處。↑**由自己的覺察主動打破木馬程式**。

〈享宴Hold不住〉：一個完美控制狂的新郎，在婚禮籌備前一直遇到踩他底線的各種狀況，徹底失控後反而意外有無預期的奇蹟美好。

↑**被動地被失序的婚慶公司徹底瓦解他的完美控制**。

關於控制狂「母親與女兒」關係的電影有：〈喜福會〉、〈相愛相親〉、〈血觀音〉。

以上就是自我與人際關係木馬程式的十種模組與解法，你可以用以上的方法，繼續幫自己、身邊的人找到木馬程式。**「愛」比任何「標準、原則」還重要，不要以「理」傷「情」才是解木馬程式的關鍵。如果你發現了別人的木馬程式，除非是他自己來跟你求問求助，否則請不要以你發現的木馬程式來做為評斷、評價、批判別人的依據，**或許他想要靠自己的力量從惡夢中醒來，所以你不需要去打擾、干擾別人，把自己的狀態處理好就好，這樣的頻率一樣也會潛移默化感染別人。

第二章　感情的木馬程式與解法

關於感情的木馬程式，我在《愛情覺醒地圖》書中已寫的概念，這裡就不再贅述，大家可以找那本書來做為補充對照之用。

一旦中了感情木馬程式，例如**「焦慮單身模組」**、**「懷疑對方不愛我」**、**「疑心對方出軌」**、**「覺得對方看不起我」**……只要當事人沒有察覺，就會開始產生一連串「無意識」損己、也損害與他人關係的劇碼，產生日夜折磨自己、刁難別人的心魔，嚴重甚至會造成自毀或毀人的社會案件，所以大家要對自己、伴侶、家人、朋友，以及周遭的人有辨認並打破感情木馬程式的能力。

第一節：感情木馬程式常見的模組

模組1 焦慮模組：焦慮單身、焦慮不被愛

因為來自父母與社會集體的催婚，經常給單身者很大的壓力，父母都有無法陪孩子到最後、怕孩子沒人照顧的擔憂與恐懼，所以愛就變質成了負向壓力。

有人怕「嫁不掉」，有人怕「娶不到老婆」，所以到處相親，拚命找愛：有錢人的愛、帥哥美女的愛……殊不知這種「找伴的焦慮、催婚」的能量，往往會把對方嚇跑，你可以試著把自己放進對方的視野（或是自照鏡子）看一下焦慮的自己是什麼狀態，如果你是對方，你會有怎樣的感覺？

有個找我做一對一個案的學生問，怎麼樣才能找到伴侶？

我問她微信頭像下那句話是什麼？

她說：「一個人好好走自己的路！」

解法→我問她：「那妳到底是想找伴侶？還是想好好走自己的路？」她瞬間啞口無言，這就是**一句話破木馬程式「矛盾點」的方法**。

還有以下這個問句，也可以快速篩出**「單身焦慮」模組**：

我曾問過一個急著想找伴侶的女生：「妳如果現在馬上結婚，妳覺得在生活中立刻會出現的問題是什麼？」

她不假思索地說：「會失去自己、自主及自由！」

我再繼續接著問：「妳覺得單身的好處？」

她說：「一個人很自由，要做什麼都不必跟老公報備。」

我說：「這就是妳的木馬程式：妳其實是想要單身享受自由，但妳卻想要有伴侶，妳得整合好自己真正要什麼，否則這狀態會讓妳在原地拉扯，將來進入婚姻不僅讓妳自己不開心，也會連累到先生與孩子。如果更深度的分析，愛的本質是自由，妳『以為』進入關係會失去自由，那是因為妳對『愛』的定義與範圍太狹隘了，只要愛夠廣大，你們雙方都可以無條件支持對方做自己，就像英國哈利王子與梅根就是最好的例子，彼此沒有誰委屈誰、或是誰變得不像自己。妳若沒調整好，一旦進入關係後，妳與伴侶之間的課題就是『自由』。」

我為什麼會這麼提醒她呢？因為排在她之前的個案B剛好就是這個模組的：B有個大概三歲多的兒子，她說她主要問題就是忙於家務與工作，完全沒有自己的時間，她很希望小孩趕緊長大，這樣她才能恢復自由——她不敢離婚卻又想自立，這兩個想法就有矛盾。其實如果後面這位學生能跟前面這位聊一下，或許就能幫她釐清自己的狀況。

解法↓不必繼承父母的焦慮，你有選擇適合自己生活方式的自由，但你可以理解他們的愛，穿越他們的焦慮。其實**有沒有伴都不是問題的根源**，就像在大自然中，無論單隻或成雙都不會是問題，如同住在大樓中單號與雙號之別，各自有各自的選擇，無好無壞，重點在自己的頻率上。如果自己的頻率有狀況，就算有伴也不過就是把問題影響給另一個人，對方沒有義務解決你的問題。

如果你的頻率沒問題，本自俱足，就算單身也一樣可以泉湧出龐大的愛的磁場，一樣可以將愛給予周圍身邊需要關懷的人，一樣可以圓滿、開心，與幸福。所以**破解這組木馬程式的關鍵語是：「你究竟是要真正幸福？還是表面上有伴就行？」**

我也見過有人是抱著「再不結婚就沒人要」的「焦慮、恐懼」頻率，匆匆地進入婚姻：我有個學生條件非常好，人很漂亮、工作能力也強，但因為父母催婚，她也中了「焦慮單身的木馬程式」，怕再晚就嫁不掉——其實她財力充裕，但中了木馬程式之後，就產生沒結婚就無法生存的謬誤，所以就帶著「焦慮」的頻率快速地嫁給一個有錢人，不安全感也帶進雙方關係中，但卻不幸遇上丈夫家暴，她不敢離婚（不自信模組允許別人這樣對她），怕離婚之後就更沒人要、自己與孩子沒人照顧，她帶著「焦慮」的頻率，產生了更多的焦慮：害怕父母擔心、害怕牽累到孩子，也就是說，焦慮無法透過某一個外在行為解決，只能透過自己醒來親自解除。

害怕孤單的能量，會創造出更多孤單的實相——有時我們也會看到這樣的例子：如果抱著「焦慮單身」的頻率進入婚姻，婚姻往往無法解決這個焦慮，這焦慮有時會變成我們即將要解說的第三個模組：「**懷疑對方不愛我模組**：焦慮自己變老變醜變胖、老公會不會哪天愛不愛我」、或是因自己「**不自信模組**（認為自己不夠好、不相信自己值得被愛）」衍生出第四個模組：「**懷疑對方出軌模組**：懷疑老公背著她，愛上別的更年輕貌美的女人」，其實這些都源於**對自己沒自信**、或是因為父母失和離異，所以**對愛情婚姻沒信心**的木馬程式，這兩個模組會把本來很愛她的老公逼瘋逼走（誰受得了天天被疑神疑鬼地拷問），然後自己親手破壞了這感情而不自知，這就是「焦慮」木馬程式的殺傷力，讓她又「回馬槍」地重回到孤獨的狀態。

兩人若真心相愛，不一定非要婚約保證，結不結婚與愛的品質無關；若必須靠婚約保證的就不是愛，事實上婚約也保證保障不了愛的永恆不變，因為沒有人永遠不變，問問自己是否真的能做到「永恆不變」就知道了。所以結不結婚不是主要問題，擔心嫁不掉、或是娶不到老婆的那個「焦慮自己不夠好」頻率才是問題的發源器，這頻率帶到婚姻裡不僅不會被解決，往往還會與另一半舊創傷所形成的木馬程式對決，這就是從一個人受苦擴大到兩人共苦的狀態。

如何知道自己是否中了「焦慮單身、焦慮不被愛模組」？你可以列出「單身會有怎樣的問題」，這問題就是目前存在於你之內的木馬程式，例如：覺得單身老了以後會沒人照顧你，無論你結婚與否，都會隨時擔心害怕「如果自己或對方老了、病了、走了時該怎麼辦」的焦慮與恐懼頻率。

你現在就可以重新決定你對愛情的態度：恐懼？還是愛？所以千萬不要受到「結婚焦慮症」的影響，毀己也毀人，也正因為這股集體的「結婚焦慮症」間接導致離婚率的升高（因誤會而結婚，因了解而分開），這也就是**木馬程式的特徵：會浪費很多寶貴的生命時間，然後又回到原點**。所以請把自己的感情木馬程式清理完，讓自己調到「愛」的頻率，**一旦有愛，獨處也不會孤單，也只有愛才可能吸引跟你一樣頻率的人一起共處**，否則只會產生更多問題與課題。

模組2 孤獨模組

有一位學生在感情上屬於「孤獨模組」，他的主要問題是：感情與人際關係不好。

我問他：「你小時候印象最深刻的事是什麼？」

他說：「記得以前因為常搬家，幾乎每兩年就轉學一次，每次轉學到新的環境，想跟新同學們一起玩，但每當我走過去，他們就一哄而散，一點都不歡迎我，感覺去哪都被孤立。」

我問：「這就是你目前感情與人際關係產生問題的主因。你能不能試想一下，如果你把自己放進那一群同學裡的其中一位，看到你走過來，你第一個念頭是什麼？」

他說：「那個走過來的我，看起來有點害怕，不開心，想躲開……」

我問：「是啊，現在你知道原因了，跟自己有關，跟他們無關。你再想一下，每次知道馬上又要轉學，你當時的感覺是什麼？」

他說：「第一次轉學時很傷心，哭了很多天，想到要跟自己最要好的同學分開，感到很無助，離別很痛。之後就比較不會那麼傷心了，因為我後來就不再投入太深的感情，以免再次受傷。」

我問：「你每一段友情或感情大概維持多久？」

他想了想：「大概兩年。」

我說：「你已經形成了**恐懼感情分離的木馬程式**，過去平均每兩年就因為搬家被迫轉學，被迫與身邊的朋友分離，所以你現在每到兩年就會『自動、主動』抽離感情，與對方斷交、分手，這就是你目前感情與人際關係產生問題的根源，你可以看電影〈小玩意〉（An Impossibly Small Object），在講一個小女孩因為最常玩在一起的青梅竹馬要轉學，她開始形成『孤獨』木馬程式的過程。」

解法↓你把從出生到現在幾次很傷心的分離寫出來，然後以更高維度的生命視角，以及正面的能量、態度、頻率，再次看待並重新詮釋這些「分離」帶給你哪些很珍貴的成長與體悟？以新的腦神經連結取代舊的連結，以愛的頻率「第5級：理性諒解／400」取代與愛隔絕的頻率「第15級：冷漠絕望／50」，這才是改寫自己人生劇本的第一步！

模組3 「懷疑對方不愛我」模組

若覺得自己**缺乏愛**、**渴求愛**，那麼這個焦慮頻率就是感情的木馬程式，因為就算有伴侶，也會隨時擔心對方變心，害怕總有一天被拋棄、失去對方。

通常這是由**「不自信模組」**變形而來，其中一個常見的原因是父母以「如果你（學業）不夠好，我們就不愛你」造成的影響，於是被內建成了：「我得聽對方的話↓我才能贏得對方的愛」。所以我們經常聽到這樣的抱怨：「我對他這麼好，什麼都聽他的，我這麼愛他，他為什麼要這樣對我？」殊不知一個失去自我的人，就像是一個沒有地址、沒有定位的房子，別人想寄包裹（愛）給你，都不知道要寄到哪給你，因為你連你自己是誰都不知道，別人怎麼找得到你、怎麼愛你？

我有個學生說，她微信頭像下的一句話是「大多數人都在自己之外流浪」，她最喜歡的歌是李宗盛的〈山丘〉：「越過山丘才發現無人等候」，這句歌詞就是她的寫照：因為找不到自己，所以無人等候。

解法→在《愛情覺醒地圖》裡有一段話，是這模組的解藥：「**會讓人受苦的，從來不是愛本身，而是人對於愛的信念出了問題。愛情是讓我們體驗『自己究竟是誰』的心靈之旅。」在所有的關係中，最重要的就是與自己的關係**，如果你為了要對方愛你，所以你什麼都聽對方的，而忽略自己真正的需求與感受，這個頻率在霍金斯博士意識能量層級圖表中屬於「第12級：渴愛欲望／125」，甚至是到了「第13級：恐懼焦慮／100」，都是低於200之下，在這樣的頻率，怎麼可能會達到你想要的「第4級：愛與崇敬／500」、「第3級：寧靜喜悅／540」，或是更高的頻率呢？就像是你按了通往地下層的電梯，永遠也不可能到一〇一樓是一樣的道理，所以覺察自己在面對感情這個議題時的頻率所在，就是「解鈴還需繫鈴人」的破解之道。

模組4

「懷疑對方出軌」模組

若父母關係不佳，有一方懷疑另一方出軌，對孩子較容易產生負向影響：「不相信愛情」。如果是由孩子發現父親或母親出軌，那孩子還會產生憤怒與無力無助的情緒。我曾看過一個案例，就是小時候他發現自己母親在跟情人偷情，他心想如果讓父親知道就會導致他們吵架離婚，所以他隱忍不說，但他內心既同情父親、又同時恨著母親，等到長大，他開始出現莫名的後天肌肉萎縮無力症，醫生也檢查不出他的病因，而且只要他一談戀愛，懷疑對方在外面有別人時，肌肉無力就變嚴重。

要如何知道自己有沒有「愛情疑心病」？只要問自己一個問題：如果你打電話給伴侶（若目前沒有伴侶的，也可以假想成未來的伴侶），他/她如果沒接電話，你第一個念頭是什麼：對方在忙？手機掉了？跟別人在一起？如果是最後一個答案，那就是**「愛情疑心病」**了。

正因為對自己的不自信，所以導致不相信對方會愛他，懷疑伴侶身邊的異性、同性友人，有時還會跟孩子、寵物吃醋，這種「愛情疑心病」會讓對方非常抓狂，也會是兩人之間破壞愛情的心魔，日本電影〈不能犯〉其中就有一個父母離異的女子，在被別人挑起「懷疑」的心魔後，開始懷疑自己即將結婚的未婚夫跟同事搞曖昧，甚至開始產生「幻覺」把未婚夫刺成重傷。這幻覺其實就是「亡鈇意鄰」的概念：有人懷疑鄰居的孩子偷走了斧頭，因此看他的動作、態度，越看他越像是個竊賊，但等到找到斧頭後，怎麼看也就不覺得他是竊賊，所以如果中了「懷疑」的木馬程式，就會創造出自己所「相信」的證據出來。換位思考一下，如果你一天到晚被另一半懷疑外面有別人，你會不會有一天實在受不了，乾脆真的找另一個人然後離開他、她算了？

模組2、3、4都是**「對愛沒有安全感」**的狀態。

解法→所以之後如果你的「愛情疑心病」又再度發作時，自己先暫停不要把這頻率發射給對方，先把自己從原本的角色跳出來、置入進對方的身體裡想一下：若有人拿懷疑的事來質問你，如果此時你面對這樣的質疑，你會感到如何？你會不會想躲離對方？唯有跳出自己的盲區，才能看清自己為何一直無意識地在創造自己不想要的未來，這就是《心經》所說：無罣礙故無有恐怖，遠離顛倒夢想。

模組5 「嫌伴侶不夠好」模組

有這個模組的人，也很大部分是因為小時候自己也被父母、老師、親友嫌過不夠好的經驗所形塑的**「不夠好」模組**，所以等到自己有了伴侶、孩子，也會無意識地投射這模組給對方，往往會伴隨**「控制」模組**造成家庭關係的緊張。

我有好幾位女學生都中了這個「嫌老公不夠好」的模組，往往會造成先生覺得太太看不起他、老是管他、命令他、教育他、找他麻煩的緊張狀態，久了，他就可能想去外面找別人來肯定他，有不少外遇就是這樣引起的。

我問她：「妳有小孩吧！」

她說：「有，一個兒子，已經八歲多了。」

我問：「將來孩子長大，妳希望他被老婆嫌棄他不夠好嗎？同樣的，妳先生的父母也不希望妳這樣對他，妳能否換一個方式看他？因為他也是別人的孩子，妳想像一下他是怎麼出生、怎麼被疼愛、怎麼長大？就像是妳現在愛妳兒子一樣，妳先生只不過是一個長得比較大的男孩，而妳是以自己『父親』的範型去看他，覺得他『應該』要這樣、要那樣，才算是一個好父親、好先生，但**木馬程式**

就是躲在『應該』這兩個字下面，『應該』背後就是妳預設的一連串標準，這些標準就是讓妳與他關係產生緊張的主因。換位思考一下，如果妳先生也以他母親為範本，拿一堆『好老婆應該要如何如何的標準』來檢核要求妳時，妳會覺得如何？」

解法→所以當妳又開始嫌棄他的時候，妳試著把他當成妳孩子的角度來看他，這樣會多一些耐心與愛，而事實上，**「愛」比任何「標準、原則」還重要，不要以「理」傷「情」才是解木馬程式的關鍵。**

我還看過一個很誇張的例子，有一個女子對於愛犬在家裡亂大小便都不會生氣，若哪一天狗沒大小便她反而擔心牠是不是健康出了問題，但她的老公亂丟襪子她就大發雷霆連罵了好幾天，她對狗無條件的愛與對老公的嚴苛形成強烈對比，她忘了愛比維持家的整潔標準更重要。如果她決定解除「好老公應該如何如何」的標準，她日後應該會過得比現在更快樂，她的老公也是。

模組6 「愛情控制狂」模組

關於愛情控制狂，有一部電影很值得大家參看：

〈喜歡你〉：

一位事業成功的企業家（金城武飾）有高度完美主義控制狂，遇上一個自由揮灑人生與料理創作的女主廚（周冬雨飾），他所有的愛情控制木馬程式都被她一一顛覆與打破，因為「控制」屬於霍金斯博士意識能量層級圖表的「**第13級：恐懼焦慮／100**」，與「**第4級：愛與崇敬／500**」的頻率天差地北，這也是為什麼看到許多事業成功的人，他的感情往往出問題的原因就在此：「控制」用在事業上或許可以成功，但放在感情上就鐵定出問題，因為「控制」是出於對自己、他人、環境、未來時間不信任，但愛情的前提就是「彼此信任、不可控制、無法量化的自然狀態」，在能量本質上就已經背道而馳，我稱這為雙面刃課題：金錢事物能被控制，人的情感不行。

解法→強項平移弱項法：就是用自己強項的能力，對治自己的弱項。例如：事業成功或是金錢富裕且沒有木馬程式的人，如果遇上感情的課題，可以這樣做：先列出自己與其他「有金錢課題的人」對於金錢看法之別。

舉例來說：

自己	有金錢課題者
不會浪費時間省錢，也不會焦慮沒錢，因為要賺隨時都有，覺得錢是無限的。	會花很多時間研究怎麼省錢，經常焦慮沒錢，覺得錢有限。
敢花錢，不會計較小錢，不會跟人殺價，對周圍的人很大方，敢承擔較大的風險，就算賠掉了錢也不擔憂。	不敢花錢，會計較小錢，總是跟人殺價，怕被對方占便宜。不敢承擔金錢損失的風險，怕錢不夠用或是突然消失。

然後再列出自己對待**金錢**與**愛情**態度上的差異：

金錢觀	愛情觀
不會浪費時間省錢，也不會焦慮沒錢，因為要賺隨時都有，覺得錢是無限的。	會擔心自己付出的愛比對方多，擔心對方劈腿愛上別人，希望對方是百分百專情，因為愛是有限的。
敢花錢，允許失控，不會計較小錢，不會跟人殺價，對周圍的人很大方，敢承擔較大的風險，就算賠掉了錢也不會太擔憂。	會計較對方給的愛夠不夠，不允許自己失控，害怕在愛情中受傷，無法承擔失戀被傷害的風險，每次失戀都幾乎崩潰到想去死，所以不敢輕易愛上別人，不敢付出自己的全部，有所保留才不會讓自己受傷。
能量層級： 第9級：勇氣肯定／200 第8級：中性信賴／250 第7級：希望樂觀／310	**能量層級：** 第12級：渴愛欲望／125 第13級：恐懼焦慮／100 第14級：憂傷懊悔／75 第15級：冷漠絕望／50

當這個表格一列出來，你一眼就能看到對待**金錢**與**愛情**的態度頻率差別如此之大，也就是說在「愛情」上有很多木馬程式，在「金錢」上比較沒有木馬程式。既然金錢是「強項」，「愛情」是弱項，就以對待「金錢」的態度，「平移」到「愛情」這部分。

舉例來說：當有一個追求者到面前，你又開始產生一連串的擔憂、焦慮、恐懼、沒安全感、害怕失去、害怕受傷……就思考自己對錢是什麼頻率：不焦慮、不恐懼、不計較、不害怕失去……然後把這正向的頻率平行轉移到對愛情的態度，就像有的人數學比較弱，音樂比較強，就可以在做數學習題時放自己喜歡的音樂，在演算時彷彿自己在寫樂章般的快樂，如同愛因斯坦是在莫札特第三號小提琴協奏曲（Violin Concerto No.3 in G Major）的音樂下寫出「質能互換」的公式、在舒伯特A大調鋼琴五重奏〈鱒魚〉（F.Schubert：Piano Quintet in A Major "The Trout"）的音樂下寫出「時間膨脹」的公式、在巴哈無伴奏小提琴奏鳴曲（J.Bach Violin Sonata No.4）的音樂中寫出「佈朗運動」的公式——用**強項頻率平移到弱項**的方法，反之亦然，也就是如果愛情是你的強項，金錢是你的弱項，就平移你的正向頻率到弱項吧！

這裡舉四部電影來解釋「愛情控制狂」的概念：

(1)〈以你的名字呼喚我〉（Call Me By Your Name），在這部非常棒的義大利電影中，父親對正在苦戀的孩子說這一段話非常動人，大意是：「你有一段美好的情誼，我羨慕你。就我的立場來說，許多父母會希望整件事就此煙消雲散，或是祈求兒子很快重新站起來。但我不是這樣的父母。就你的立場來說，如果有痛苦，就去關照；如果有火焰，也不要掐熄，不要粗暴地對待它。讓我們夜不成眠的退縮可能很糟，但眼見別人在我們願意遺忘前先忘了我們，也好不到哪裡去。為了用不合理的快速治癒問題，我們從自己身上剝奪了太多東西，**以至於不到三十歲就已經破產。每次重新開始一段感情，能付出的東西就變得更少**。為了不要有感覺而不去感覺，多麼浪費啊！我從來沒有擁有過你所擁有的，總是有什麼制止或阻撓我。我們的心靈和身體是絕無僅有的，**許多人活得好像是自己有兩個人生可活，一個是模型，另一個是成品**，甚至還有介於兩者之間的各種版本。但你只有一個人生，在你最終領悟之前，你的心已經疲倦了。至於你的身體，總有一天沒有人要再看它，沒有人願意接近，現在的我覺得很遺憾。我不羨慕痛苦本身，但我羨慕你會痛。」這段話就是給愛情控制狂最好的一段「努力控制不讓自己受傷」的箴言。

(2)**〈哈佛沒教的幸福課〉**：智商185、十八歲就從哈佛畢業的天才凱莉，在人際戀愛上可以說是完全無法進入狀況，她父親請一位曼哈頓名醫佩特洛夫教她怎麼快樂，他給她一份必須在年底前完成的快樂清單：

- 養一隻寵物。
- 讀自己最喜歡的書。
- 交一個朋友。

● 找到人和你一起跨年。
● 與一個對象約會。
● 做一件你小時候最喜歡的事情。

為了證明醫生是錯的，凱莉決定隨便做一做交差，但沒想到這每一項都是破解她高度控制狂的利刃。

解法↓如果你也屬於**「鶴立雞群、高處不勝寒」**的愛情控制狂模組，你可以幫自己開處方箋，列出年底前你覺得最「無意義、最浪費時間」的十件事，或是：你想做，卻被自己、家人、父母、學校、醫生禁止做的清單，然後一定要完成，這就是「解控制」的方法之一。

(3)**〈無問西東〉**：

電影中的許師母，以優渥的經濟條件綁住了先生，她的高度控制狂讓夫妻感情逐漸冷淡，她想盡辦法去找外在原因，去虛構一個情敵想把她弄死，她以為這樣就可以挽回先生的感情，當這情敵從眼前生活中消失，她再也找不到感情失和的代罪羔羊，她終將面對自己無法控制感情的事實，於是只能自殺，這也是之前提到的**「控制導致自毀、毀人之木馬程式」**。

解法↓除非當事人及時醒來或是被旁邊人敲醒，否則她就會宛如一台煞車失靈的車子，失速墜崖是遲早的事。

(4)〈來自星星的你〉：

這也是經常看到的戲碼：「英雄救美」愛情童話模組，也可以說是人間的遊戲設定：女孩忙著在畫公主、用修圖變臉軟體，把自己變萌、變美、變公主，期待英雄王子救她（救美）。有些男人則透過漫威電影把自己設定成英雄，想保護、救女生才能獲得英雄的價值感，女生會潛意識自陷於各種「需要被保護」的困境中，召喚對方來救她——拯救者依賴被拯救者所給的存在感，這很明顯是一對控制與被控制的模組。若這樣公主病女孩一旦獨立自主，中「拯救模組」的男人會覺得自己不再是英雄，他會轉向找另外一位「待救的落難公主」來尋建自己的價值感。

解法↓除非兩人中有一人醒來，否則兩人的英雄救美戲是永遠演不完的。

結論：每個人的生命都是有限的，總有一天我們會失去身體、名字、身分、財產，如果因為害怕受傷而不敢去談戀愛，久了無傷無感但也開始麻木冷漠無情，就像是買了車但怕被撞壞，所以都停在車庫不敢開出門是一樣荒謬：忘了車子本來就是要用來開出門去體驗遠方精采的生活。

簡言之，沒有感情木馬程式的狀態是：「沒伴不恐慌，有伴不焦慮」，愛是一種能量流動的狀態，從你心中而生，所以一定會先經過你、再流到其他人身上，這也就是「先愛己、方能愛人」的道理，如果不愛自己卻聲稱愛別人，那個愛是假的，那只是拿來愛人為了獲取別人愛你的交易手段。也就是說，你想要體驗愛，你先把自己變成愛的頻率本身，與有伴或無伴都沒有關係。如果你焦慮沒伴、嫉妒別人有伴、懷疑對方愛上別人、想與別人爭奪同一個情人……這些都是與「愛」頻率不相符、在霍金斯博士意識能量層級圖表200之下的感情木馬程式，所以要快篩出這些感情木馬程式很簡單，任何一個因感情的議題而起的念頭，直接問自己：這是愛、信任、勇氣的頻率？還是恨或恐懼的頻率？

第二節：感情木馬程式藏在哪裡？

（一）你的夢想、理想伴侶清單上，逐條藏有你的「感情木馬程式」：

如何找出自己的「感情木馬程式」？其實很簡單，無論你現在有沒有對象，只要拿出一張紙，根據你心目中的重要性，依序列出「理想伴侶應具備的條件」，然後思考兩件事：

- 這些條件你自己做到了幾項？
- 請將每一條比對**霍金斯博士意識能量層級圖表**，如果每一條都去找出對應200以下的**負向頻率帶**，你能搜到木馬程式嗎？

舉例來說，如果你希望伴侶「負責任」，你先問自己「負責任」嗎？如果不是，你就必須先讓自己做到，只要你做到了，也就不需要要求對方「負責任」。如果你覺得自己是負責任的人，你所謂負責任的「標準」有哪些？你為何要列這幾項做為你理想伴侶的標準？你是出於擔心、憂慮、恐懼、害怕什麼才列出這些條件？那麼這些「擔心、憂慮、恐懼、害怕」的頻率才是造成現在、或是未來兩人關係緊張的「感情木馬程式」。

我有個朋友W，她在跟前男友分手後七年又再度見到這個男生，當初她跟他分手的原因是覺得他「不夠負責任」，七年後再見到他，覺得他轉變了，感覺他變成熟有擔當了，於是兩人重新戀愛、並且很快就結婚。我們見面時問她：「你們現在感情還好嗎？」她說兩人還是經常會為「理念不合」吵架。

我說：「是為了『他怎麼這麼不負責任』吵吧?!」
她很驚訝地說：「妳怎麼知道？」
我說：「很簡單啊，因為妳看他終於『負責任』了，所以才跟他復合並結婚，也就是妳期望對方『負責任』背後，其實是妳『希望他對妳負責任』的木馬程式還沒解除，正因為你們彼此對於『負責任』的定義不同，光為了這定義不同就有得吵了，之後還會不定期地發作。」
她說：「對啊！我生病的時候請他幫忙照顧小孩，他卻要到公司加班？妳說他是不是很不負責任？」
我說：「對他來說，假日到公司把重要的任務完成才叫『負責任』，妳要負責照顧小孩才叫負責任——是你們彼此對於『負責任』的定義有差距，你們兩個都中了『**負責任木馬程式**』，只要有一方解除了，不再拿自己『負責任』的定義與框架套住對方，問題就解決了大半，自己也能先從痛苦中解脫；但如果對方繼續拿他的標準套向妳，妳只需看穿他內心究竟在害怕什麼？直接打破這個恐懼的幻象就行了，不必跟他一起進入鬼打牆的迴圈，爭辯誰對誰錯。」

所以現在請列出你心目中理想伴侶、真愛的條件，依重要順序列下來，以及填好其他延伸的深度問題，然後逐一找出各中了什麼木馬程式：

	1	2	3	4	5
心目中理想伴侶、真愛的條件					
你為何想設這些條件的理由？					
你自己做不做得到這些條件？					
如果對方拿這些條件來要求你，你感覺如何？					
你的夢中情人是誰？例如身邊哪個人，或哪位名人、明星？					
一旦你遇到這樣的對象，你覺得自己配不上對方的地方在哪？					
你從這些問題中找到了哪些木馬程式？					

當你在列「理想伴侶」條件時，你同時也正在暴露你內在的匱乏與渴欲（頻率第12級：渴愛欲望／125）**，有可能缺的就是愛、自信、安全感**，例如覺得自己不夠好所以找更好的人，一旦你列了這個尺度（例如：高富帥、白富美、高學歷、負責任、忠誠愛我……），這標準與對方之間的差距，就是彼此痛苦與爭吵的來源。透過你自己寫下來的表格，好好清理隱藏在你的夢想、理想伴侶清單上的「感情木馬程式」，不要讓它們繼續破壞你的愛情關係！

舉例1：我找出幾個觀察周圍的實際案例，分析整理如下：

當初擇偶的條件與後來產生的問題	真正產生問題的木馬程式
她覺得自己沒什麼學歷，所以就找個高學歷的科學家，結果婚後嫌老公無趣。	她覺得自己（學歷）不夠好才是問題，這個覺得自己不夠好的頻率，也會投射到對方，覺得對方不夠好
他覺得自己不好看，就找個高顏值的美女，等到婚後就一直懷疑她會跟帥哥偷情。	他覺得自己不好看的自卑頻率才是問題，不僅對老婆身邊比他帥的人產生恐懼與懷疑，對於老婆看他的眼光也充滿了猜疑，因為外在都是他內心看自己的鏡子。

當初擇偶的條件與後來產生的問題	真正產生問題的木馬程式
她當初因為男友「很了解她」就嫁給他，等到七年過去了，她卻覺得老公越來越不了解她，正在考慮是否離婚。	事實上是她也不了解她自己，她沒意識到自己也會變、會成長，同樣的，她也不了解老公——這個想要「了解」的想法本身就帶有「控制」的頻率，愛是無法透過頭腦來了解的，在大自然界沒有誰要了解誰才在一起的狀況。
因為家境貧窮，父母經常為錢吵架，所以找個有錢人嫁了，結果婚後為了用錢方式（例如：錢要花在旅行還是投資）吵架。	覺得自己錢不夠的焦慮匱乏頻率，才是產生問題的發射器。只要自己經濟獨立，不倚靠或框限對方，並清除完自己「愛情與金錢木馬程式」，這問題才能解決。
她想找一個離家近的伴侶，也好幫忙照顧母親，找到了符合這條件的男人結婚後，他因升職必須要被調往外地，她正在煩惱該怎麼辦，她又不能限制老公的發展。	愛無法被數字標準化，離家近就是框限住對方發展的枷鎖，況且不要期望對方一起負照顧母親的責任，因為對方也會要求你照顧他的父母。愛無法「責任化」、「條件化」，拿掉所有的「條條框框」，讓兩人的愛恢復本然，沒給對方自由自主空間的愛會出問題。

過去曾被男友劈腿過，所以找個忠誠、忠厚老實的老公，婚後自己卻愛上了健身教練。	當初想找忠誠的伴侶背後有「不信任愛、對愛沒有安全感」的頻率，這就是木馬程式。她對「愛」的不信任頻率，創造了一連串「愛無法被信任」的事實。
她是外貌協會，非帥不嫁，等到婚後生完寶寶，自己身材發福，嫌棄自己又胖又醜，也開始懷疑老公會外遇。	把「外貌」的標準拿走，彼此用心、用生命真實地相處，這組木馬程式就會被破解。
她事業成功，對錢沒有匱乏的焦慮，她的男人經濟能力遠不如她，她不在意，所以結婚。婚後他希望她拿錢出來幫他創業，不到半年錢全部賠光，兩人爭吵不斷，目前已分手。	她並不是對錢不在意，事實上兩個人都還有木馬程式，他想要事業，她想要愛。
她當初嫁給他的原因是覺得他心地善良，結果婚後他為了在路邊幫助昏倒的人而沒準時參加父母的六十大壽而吵架。	不是說不要找善良的人，而是不要對「善良」下定義，並成為你對他要求的標準。
他想找一個像母親一樣對他無條件付出愛的女人，婚後光是嫌對方哪些地方做得不如他媽媽就吵不完了，而且老婆也拿他跟自己的爸爸在做比對與抱怨。	愛是從自己而來，不是向外索求的，只要想從對方「要」愛，註定會出問題。而且每一個人的愛的方式都是獨一無二的，無法做標準與類比。

當初擇偶的條件與後來產生的問題	真正產生問題的木馬程式
她要求伴侶要「誠實」，任何想法、任何事都要跟她說，不能有祕密。婚後老公跟她坦誠自己已經沒那麼愛她了，她才發現自己受不了也不想聽真話。	她要求伴侶要「誠實」是出自於她的控制欲，但「愛」是無法被控制的，於是她的控制會給她出最大的考題。
他要求伴侶要溫柔，婚後最常被老婆抱怨的，就是他不夠溫柔體貼。	他所求的就是他所缺的，自己做不到卻外求，對方也會拿這個標準來要求你。
她的理想伴侶條件是「懂得感恩、感謝」，結果婚後為了怎麼沒在情人節收到卡片與玫瑰花而生氣，卻忽略了老公那天特別上市場買菜做飯給她吃。	感恩、感謝不是腦中的定義，而是心的頻率，對方不一定會用你「想要的方式」表達感謝——你想要的方式，就是你日後受苦的原因。
她當初因為男友對她非常大方而感動地嫁給他，婚後這個優點馬上成了缺點，她開始抱怨他亂花錢！	沒有所謂的優缺點，只有特點。當你只看到對方的優點，表示你沒看到它正是你所謂的缺點；當你只看到對方的缺點，表示你沒看到它正是你所謂的優點。
她希望找對自己好的男人。	她非常有可能中的木馬程式就是「對自己還不夠好」，所以還期待別人對她好。

舉例2：我在網路上搜集男人列出關於「好女人」的標準，初步找到隱藏的木馬程式如下：

	男人心目中好女人的標準 引自：《MF變型男》網站、亞瑟等	隱藏的木馬程式 爭吵的地雷或未爆彈
1	聰明有話聊。	如果有一天兩人沒話聊，或是對方想安靜休息但你很想繼續聊時，怎麼辦？或是日後遇到另一個「更有話聊」的人怎麼辦？
2	尊重我的不同。	「需要別人尊重你的不同」本身就是木馬程式，表示你的自我認同與自信還不夠，對方永遠也無法無止盡地幫你填洞。
3	覺得我很帥。	「需要別人覺得你很帥」本身就是木馬程式，表示你很在意別人對你外表的看法。
4	懂得傾聽。	請先問自己是否也能做到這點？
5	有自信、個性獨立，經濟獨立、不依賴我而活。	請先問自己是否也能做到這點？另外你害怕伴侶會拖累你的擔憂頻率，將會是未來兩人爭吵或是疏離的未爆彈。

	男人心目中好女人的標準 引自：《MF變型男》網站、亞瑟等	隱藏的木馬程式 爭吵的地雷或未爆彈
6	有心與我的家人朋友相處。	請先問自己是否也能做到這點？
7	讓我想成為一個更好的人。	表示現在你覺得自己還不夠好，這就是木馬程式。
8	願意給我空間，充分信任，相對自由。尊重我的隱私，不隨意跨越我的領域。	請先問自己是否也能做到這點？未來光是定義何為你與對方的隱私界線，就有得吵的了。
9	懂得保護我。	在哪些時候、哪些場合，以什麼方式「保護你」？就會是兩人要磨合的地方。此外，對方如果也對你做出同樣的要求，你有辦法完全做到嗎？
10	永遠都在成長，甚至比我更迅速。	這個「成長」、「迅速」的定義與標準，就是兩人日後吵架的所在。
11	識大體，很開明，非常地尊重我，會給我面子。	「需要人家尊重你、給你面子」就是你的「不自信」木馬程式。

12	對我一心一意。	這個「一心一意」的定義與標準，就是兩人日後吵架的原因。
13	很勤快，能吃苦，對家盡心盡責。	這個「勤快、吃苦」的定義與標準，就是兩人日後吵架的根源。
14	很知性，有情趣，對生活很用心。	請先問自己是否也能做到這點？況且「知性，有情趣，對生活很用心」的定義兩人若不同，請問以誰的為準？
15	心眼好，脾氣小，能包容，能吃虧，不去計較誰在愛裡付出比較多。	請先問自己是否也能做到這點？
16	沒有過多的物質欲望。	這個「過多」的定義與標準，就是兩人日後吵架的起源。
17	身體健康，並懂得養生之道和基本醫學常識。	請先問自己是否也能做到這點？

舉例3：你可以問自己這個問題：**「愛對我而言代表什麼？」**我的關於**「愛」的定義是什麼？**這方法可以為自己找到愛的木馬程式。以下舉學生們的回答為例：

愛的定義	可能隱藏的「愛」的木馬程式
愛＝家	離開家就沒有愛？ 鳥的家在巢還是天空？ 魚的家在哪？ 你對於「家」的定義，決定了你愛的自由度。
愛＝付出	難道接受就不是愛？被愛也是需要智慧與勇氣的，沒接受對方的愛，等於沒給對方付出愛的機會，愛無法分「給」與「受」，一旦企圖分辨「給」或「受」，就是頭腦創造痛苦的開始。 另外，關於「付出」的定義，究竟送花、給錢、還是做飯給你？哪一種「付出」對你而言是「愛」？這也是對「愛」的框限之木馬程式。
愛＝包容、忍耐	在大自然有誰在包容誰？忍耐誰？山在忍受水？雲在忍受太陽？花在忍受蜜蜂？……把包容與忍耐這樣的概念放在大自然界很怪，所以也不需要把它放進愛之中，造成問題。

當你對愛設標準，這每一條的「理想、夢想」條件，都將變成「現實殘酷」的考題，也同時變成框限住兩人的狹窄牢籠，變成雙方吵架與痛苦的來源。這份由你列出來的「理想伴侶」的考題，考的就是「無條件、無標準」的愛。如果你已經有伴侶，你可以回溯當時為何選擇對方為伴侶的「理由」，想一下這些理由是出於愛還是恐懼的頻率？其中是否有導致你們之間相處問題的木馬程式？所謂的愛，就是當一見鍾情、激情、蜜月期、存款、美醜胖瘦、名利成就、健美好身材、年輕臉蛋、烏黑茂密的頭髮……統統拿掉之後，你仍然珍惜對方（改寫自范可欽的facebook），我們也可以反其道而行，既然知道答案是「無條件的愛」，遇到任何問題時就以這個「最終答案」來思考自己該怎麼選擇、怎麼面對、怎麼做。

（二）你認同、收藏關於感情的文章、喜歡的歌詞與戲劇，也藏有你的「感情木馬程式」：

木馬程式最常透過媒體、特別是透過互聯網滲透式的傳播形塑而成，以至於每一個人幾乎多多少少都中了「感情的木馬程式」，只需要透過**深度分析你所認同、轉發在LINE、FB、Instagram或微信朋友圈，甚至收藏進「最愛標籤」中關於「感情」的文章中就能發現**。但我們之前提過，中木馬程式的人會有「盲點」，所以自己可能一眼看不出來是哪裡中了哪組木馬程式，通常是與自己持相反看法，或是與自己感情狀況不同的朋友比較容易看得出來，因為他們的視點可以看到我們的盲區。

1.你印象最深刻的戲劇對白、書或網路上的佳句或座右銘：

舉例來說，如果你認同「先謀生、再謀愛」這句話，那麼你就要深究自己到底「在怕什麼」所以認同這句話？這句話為何要用「謀」這個字？而且為何要有先後？換個方式來說，如果有一個人跑過來跟你說：我要「謀」你的愛，你敢跟對方談戀愛嗎？「謀」這個字本身就與「愛」的本質相違背，「謀」代表謀略、謀算，這是屬於「頭腦」而不是「心」，愛無法用「謀」來的，因為愛的本質是信任、敞開，就如同母親在哺乳孩子時不可能在「謀」愛吧。愛是一種很自然流動的能量，不分給予者與接受者，所以光**「謀」**這個字就是感情木馬程式的關鍵字之一；另一組感情木馬程式則暴露在「先……再……」，當你覺得謀生比謀愛重要，表示你已經有**「生存的焦慮與恐懼」木馬程式**，而且把謀生放在謀愛之前，表示生計比愛更重要，那麼在未來的兩人關係上，關於生計、生活費、財務問題將會是破壞兩人感情的矛盾點，例如：如果你認為要先有房有車，再談愛、再論婚嫁，那麼婚後想換什麼房、想換什麼車就是吵架來源，因為欲望永無止盡。

我有個學生問過我一個問題：「我付出這麼多，難道不值得更好？」問題就出在覺得「有付出必有收穫」的潛在木馬信念，以及估量「多」、「值得更好」的算計心，愛無法衡量、計量、計較，把尺度與量秤放入愛的關係中，鐵定會產生一連串的問題，對方也一下就能感覺到你對愛的匱乏、評量、與索求的壓力。類似的例子還包括：「若無相**欠**、怎會相見」、「你愛我？我**更**愛你！」，粗字的部分就是隱藏的木馬程式關鍵字。

我們現在可以來檢查一下，自己腦中存放的訊息有哪些？或是翻看在臉書上收藏分享的文章、書櫃裡的書或影片、搜尋引擎搜過的關鍵字……看一下這些為現在的自己創造什麼優勢（你抓著不放的原因）？同時也創造了哪些問題？對於自己過去、現在、未來可能有哪些影響？

2.你最喜歡的情歌歌詞：

請你寫下你最喜歡的情歌歌詞，就是那種你現在就可以直接唱出來，或是去KTV想點的情歌，請你列出來之後再往下看分析：

	你喜歡的情歌歌詞	從中發現到的愛情木馬程式
1		
2		
3		
4		
5		

我有個在雜誌社做主編的朋友，她正面臨到老公外遇總是不回家的苦惱，有一次她約我去唱卡拉ＯＫ，她點的第一首歌居然是〈愛上一個不回家的人〉，我問她怎麼會想點這首？她說自從她高中起就很喜歡這首歌……她沒意識到這首歌正暴露出了她的愛情木馬程式，然後這頻率開始創造出生活中的真實。

另外還有一個經典例子：有位學生的問題是她的感情很難維持長久，我問她關於「愛情」這兩個字，第一個跑出來的句子是什麼，她說：「妳值得更好的人」，所以每段感情都會被她內建的木馬程式推翻，為的是要創造出自己下一個「值得更好的人」。其他類似的歌詞例子還包括：

	歌詞	從中發現到的愛情木馬程式
1	愛是恆久忍耐。	以和為貴，不敢說出自己真正的想法，怕說真話對方會生氣，選擇不說話或是說善意的謊言，這個隱忍的能量就是木馬程式發作的頻率。
2	愛一個人好難。	不敢愛、不敢接受別人的愛，對親密關係有恐懼。
3	就在今夜我要離去，就在今夜一樣想你。	把愛直接連到「分手、分離」的木馬模組。

3.你印象中難忘的戲劇對白、劇情？

至於如何從戲劇中找到自己的感情木馬程式呢？有一位老是身陷在兩個男人感情之間的女子，我問她最喜歡的電影或戲劇是什麼？她完全不假思索地說〈歌劇魅影〉，她從沒想過自己一再重複的感情劇碼：三角關係，就在這齣戲上有了呼應。還有另一個學生很迷〈後宮甄嬛傳〉，導致的問題就是：她對於男友身邊的女同事、女主管、女客戶……總是猜疑，她中了**「愛情疑心病：懷疑全天下女人都忙著跟她爭搶男人」**的木馬程式，老是無意識地在她們面前想要打扮得更美，以為要與所有女人爭奇鬥豔才能抓住這個男人，這就是入戲太深、草木皆兵、無處不情敵的後遺症。所以我自己在看電影、影集、戲劇時會**開啟兩個視點：一個是進入劇情，另一個是在旁邊觀察自己對哪些劇情角色入戲（認同）**？有助於我深搜出自己隱藏的木馬程式。

4.小結：

從自己喜歡的歌詞、戲劇、電影中找到自己沒察覺的「感情木馬程式」是很重要的，看看自己特別喜歡哪一句話？對哪部電影有共鳴？被哪一段劇情中箭落馬？想一下跟自己目前遇到、或是過去的感情問題有沒有相關？你當然可以繼續聽歌、看戲、追劇，但請打開探照燈，同步搜查出自己的木馬程式，然後再清醒地決定還要不要繼續被影響下去。

（三）解決矛盾點

網路上有個短片〈暗戀真心話〉（@陳茂源美拍），裡面都是呈現愛情「矛盾點」的獨白，看你對以下哪一句話有共鳴、或心有戚戚焉的那組，就是你中的木馬程式：

獨白	矛盾點，以及隱藏在話裡未說出來的真實頻率
暗戀你，是我演得最**成功**的一場**獨角**戲。	兩人還沒開始，就已經設定為「獨角」戲，他到底是希望跟對方好好戀愛，還是真的只想要暗戀？
我們**不會有未來**，只要妳過得好就好！	兩人還沒結束，就已經設定「不會有未來」。
也許再也不會再見了，但我還是會愛你。	兩人都還在進行式，她已經預設了分手的結局，但還愛著他的她，到底是想要在一起還是分開？

獨白	矛盾點，以及隱藏在話裡未說出來的真實頻率
我發現是我**勉強**妳了，以後**不會**了！	對方不照他所想的方式發展感情，於是他就認為是自己「勉強」了對方，他的「期望」才是問題的主因，這核心點若不解決，就算換個人也是一樣的。「以後不會了」也代表放棄溝通的狀態，這句話的能量是負向地背離愛，但他內心其實是想要這份愛。
我**再也不想去喜歡**不喜歡我的人了，我現在只想找個喜歡我的人，**不想再暗**戀別人了。	她已經設定「她愛的，都是不愛她的人」，她覺得自己不夠好到可以配上自己喜歡的人，或是她會去找她愛的人「不愛她的證據」，這就是木馬程式產生問題的所在。
既然不喜歡我，為什麼要做這麼多令人誤會的事。	「既然不喜歡我」是她的設定，她也會很快把它變成「結論」。
妳還是**別理我**了吧，不然總讓我覺得還有可能。	請問他到底是要她理他？還是不理他？其實他是希望她理他，而且要照他的方式（有點威脅意味），但他的語言與他內心想表達的完全相反，對方也無所適從。

她讓我覺得，我們的關係不只這樣，**卻又只是這樣**！	「卻又只是這樣」是他的設定，也是愛無法進入他內心的高牆。
怎樣都行，就是**別讓我再看到妳**的消息！	其實他還是很關心對方，但又怕受傷，對方或許沒有想要傷他，是他不自信與恐懼的能量把愛擋在外面，這就是矛盾點。
我**沒有等你**，我只是還沒辦法喜歡上別人！	面子擋住心，自尊擋住愛，怕自尊受傷的恐懼能量，把愛擋在外面。
我還在努力，**你能不能慢一點**再喜歡別人？	她已經設定「對方最終會喜歡別人」的結局。
我變得更好是因為你，但不是為了你！	意思是「我為你變好，那你呢？」**這句沒說出來的話，才是她真正想表達，造成對方壓力的真正頻率。** ↓怕自尊受傷的恐懼能量。

獨白	矛盾點，以及隱藏在話裡未說出來的真實頻率
妳知道嗎？妳的約，我總是全力以赴！	意思是「所以我的約，妳也應該要全力以赴」。 **這句沒說出來的話，才是造成對方壓力的真正頻率。**
妳知道嗎？我一直瞞著所有人喜歡妳！**只有上帝**才知道我有多想妳！	↓怕自尊受傷的恐懼能量。
你知道嗎？你是我**第一個想把自己交出去的人！**	「所以你要對我專情、對我好」。 **這句沒說出來的話，才是造成對方壓力的真正頻率。**
妳知道嗎？妳說什麼我都能聽進去。	「那我說的妳都聽進去了嗎？」 **這句沒說出來的話，才是造成對方壓力的真正頻率。**
妳知道嗎？我**嫉妒**妳身邊那個人。	他的不自信導致懷疑模組，才是後續創造出兩人感情猜忌與爭吵的來源，也就是說，他的疑心病可以從懷疑她的同事、嫉妒她的愛犬、跟她的閨蜜吃醋……一路演到底！

妳知道嗎？我最討厭和最喜歡的人**都是妳**！	這句話真正的狀態是：他最討厭與最喜歡的人也是他自己，他焦慮的能量搖擺不定，而且把問題與責任都歸咎於另一方，讓對方很無所適從。
要嘛**一生**，要嘛**陌生**！	他到底要一生還是陌生？從這矛盾點可以看出他有很強的控制欲，若感情不照他的方式，就不必在一起，這個控制欲與矛盾，才是木馬程式的頻率，與愛、信任的頻率背道而馳！
我會喜歡到我**放棄**，妳知不知道沒關係！	↓他已經設定了「放棄」的結局。 ↓其實他是想讓對方知道他喜歡她，怕自尊受傷的恐懼能量，就是阻「愛」的木馬程式。
從此**不想起**、**不忘記**、不打擾。	不想起、不忘記，這兩句話就矛盾了。
我**希望**妳**孤獨**，而且長命百歲。	↓意思是：妳若沒跟我在一起，最好孤老到死。 ↓這個控制欲、憤怒、暴力，才是木馬程式的頻率，與愛、信任的頻率背道而馳！

我們從以上這個例子看到，一旦中了「愛情」的木馬程式，就會進入「害怕得不到、怕被拒絕、害怕失去所以不敢擁有＝永遠失去＝不給自己與對方擁有愛情的機會」，正因為他恐懼將來會「失去」愛人，所以選擇忍受孤獨的暗戀比較安全無傷，愛也很難進入恐懼防衛的高牆，往往劇情會直接往「單戀、暗戀、失戀」的方向或結局走。若他順利進入一段關係，也會因為「害怕失去」而努力討好對方，怕對方不高興、怕對方離開他，所以經常隱忍自己不同的意見，總是說「只要你覺得好就好」，往往這樣的狀態很容易吸引控制狂的人前來對應功課，而他內心壓抑、犧牲久了的不平衡總有一天會爆發出來。在《看不見的傷，更痛》書中提到：「佛洛姆曾說，服從和敵意是一枚硬幣的兩面。當他們習慣於順從對方，卻也同時抱怨對方，這就變成隱性的敵意，夾雜在不可說的衝突裡。」也就是說，這個「怕失去對方的焦慮與恐懼頻率，才是產生更多焦慮與恐懼、導致隔閡甚至貌合神離的原因——**不怕「沒有」，不怕「失去」，才能愛無懼**，能做到「無所謂」才過關，在愛情或是金錢議題上都是同樣的道理。

（四）從你對於男人或女人的分類，可以搜出你的感情木馬程式：

網路上流傳由Akin創作插畫的動畫片〈男人四種類型〉，將男人分為「男孩」（Boy）、「花花公子」（Player）、「困惑男子」（Confused Man）、「真男人」

（Real Man），影片詮釋這四種男人的方式，其實也充滿了各組常見的「感情木馬程式」，我這邊來做深度剖析：

(1)男孩：

①**影片上的定義**[11]：有一種男子，不管長到幾歲都是「男孩」，因為心智年齡與生理年齡永遠不會是同一件事，年紀漸長或許可以代表外在的成熟，但卻無關乎心智成熟與否。而這些內心幼稚的Little Boy，不在乎另一半的感受、不懂得如何組織一個家庭，甚至也不打算學習，因此身為這種男孩的另一半，必須處處包容並學習堅強。他寧願花錢打扮自己，也不願多花點心力增進自己的才能。他可能會跟朋友吹噓與另一半之間的親密事，甚至在遇到事情時，需要媽媽幫他下決定（媽寶），他沒有責任感（也不想要有），凡事都以自己為優先。

②**感情的木馬程式**：他們大部分有個控制欲強的父母，經常寵溺他，為他做決定，所以他也就不想長大，安於現狀。即使到了成年、中年都還在買自己喜歡的3C產品或是玩具，對理財沒什麼概念，想花就花。他不大想結婚是因為還不想這麼快長大負責，所以有時會是先有了小孩、後來不得不結婚的狀態。

11. 引自Akin Al-Ameen/NIUSNEWS。

他希望找到像母親那樣能給他無條件寵愛溺愛、但又不要太管他、也不要求他要負責任的伴侶。

與伴侶經常吵架的點：對方想固定下來、想結婚，但他不願意，因為他的童年還沒過完。

換個性別，如果是「女孩型」的女人，她們通常在找「爸爸型」的男友或老公：有責任感、不離不棄、無條件寵愛溺愛自己、能包容自己的任性、公主病，旁邊沒人時什麼都能幹，旁邊有人時立馬癱，等於為自己設了「英雄救美」的愛情童話模組：本來不需要被救，但為了要吸引英雄來，硬是把自己弱化，這本身就是一種「不真實」的狀態，被壓抑隱藏弱化的能量，之後會轉成向對方索求或是要求對方要變成更厲害英雄的壓力。

③**易吸引怎樣的女子前來與之對應功課**：他傾向找幫他打理好一切的「母親型」或「熟女型」的女友，所以易吸引控制欲強的女子跟他對應愛情功課，因為這樣的女子經常想要「教育、改變、管理好」男方，所以經常配對在一起修愛情的功課。

④**破解木馬程式**：

●**女方要學的功課**：

愛不等於上進、責任、義務，否則彼此對「責任、上進、義務」的定義就是吵架的根源。自己要學會放掉「控制欲」，放掉對方「應該」要如何才表示愛妳的標準，否則只有無窮無盡的自苦。

●女方破解這組木馬程式的態度：

把自己也當成孩子一樣，跟他一起玩樂、享受延長的童年、欣賞他不按牌理出牌的無厘頭，他正是可以破除妳「控制狂」木馬程式的最好伴侶。

(2)花花公子：

①影片上的定義：花花公子是那些能言善道、有才華、打扮舉止體面、外表通常在水平之上的男性，他們可能還常常「有點小錢」，很會討女生歡心。並不是說有以上特點的男性都是個Play Boy，但是許多Play Boy都有這些特徵。Akin表示，這些男子很懂女生心理，所以剛開始時會做許多浪漫事、說許多甜蜜話，讓妳覺得自己是全世界最幸福的女人，但等到他失去新鮮感後，一切就會立刻變調。

妳會開始找不到人、他會開始百般冷淡，以前他說過的海誓山盟瞬間都變成空，妳開始檢討自己是否不夠好、長得不夠美、身材有點胖，但其實這都不是重點，重點只是Player還是想玩，他還有很多妹在等他捕獲。

即便妳今天是史嘉蕾•喬韓森，花花公子膩了就是膩了，他只是想要新鮮感。

②**感情的木馬程式**：他雖然外表看起來很自戀，但其實他內心底層沒有自信，所以通常會過度在意自己的外表、成就、房子、車子、財富……等外在條件，以及別人對他的評價。

③**易吸引怎樣的女子前來與之對應功課**：易吸引對愛情有浪漫幻想，本身有「覺得自己不夠好、對愛沒有安全感、占有欲強、嫉妒心強」的女子跟他對應功課。

④**破解木馬程式**：

●女方要學的功課：

花花公子型的男人會給妳想要的，一旦他走了（通常他一定會走），他留下的空洞就是妳本來的空虛、空缺，他就是愛情「抓漏」考官。

妳通常也不甘心這麼快就放手，這也是日後求不得苦的來源。

妳可以想一下，如果打電話給他都沒接電話，妳腦中跑出來的念頭是什麼？如果妳覺得對方正在跟別人在一起背著妳偷吃，妳應該已經中了「愛情疑心病」木馬程式，疑心久了可能就變成真的。

此外，如果妳認為他們這種花花公子型的男人是渣男，那麼妳就要仔細檢查自己是否為「目標導向、愛立標準的控制狂」，因為如果妳懂得欣賞一個人的全部，而不是以某些特定「標準」來判定他是「好男」還是「渣男」時，妳自苦的課題就會瞬間解除。

●女方破解這組木馬程式的態度：

先處理好自己對愛沒有安全感的焦慮，不要將對方的行為視為是自己不夠好的原因，把重心拉回到自己身上，將自己的身心狀況調好，即使對方不在，妳依然可以過得自信愉快，有自己的好友圈與生活。

(3)困惑男子（遲疑模組）：

①影片上的定義：第三種男性是所謂的「困惑男子」，他們對於愛情或許很專一、很愛妳，也非常在乎妳的想法與感受，甚至沒什麼缺點。你們之間的相處沒有困難，但最大的問題是，他永遠不開口說要跟妳「結婚」。不是妳不夠好，只是因為他還沒有辦法確定，自己想要怎樣的人生。

當然，並不是說一定要「結婚」才能代表愛情的堅貞，但Akin告訴我們「容忍與無知」有很大的差異。若你身邊的那個他，並不知道自己要的是什麼，他就不知道自己的人生正在往哪條路上前進，去「容忍」這樣的男性只會讓人擔憂你們的未來，因為你也會被他影響，不曉得自己能往哪走。

②**感情的木馬程式：**與「男孩型」的男人有些類似，可以說是「男孩型」男人的分支，但是他們多了「不自信：覺得自己不夠好」、「害怕失敗」的模組。他可能也有個掌控欲很強的父母，所以他很少有自己完全做決定的機會，加上他有「害怕失敗」的木馬程式，以至於他有「選擇困難」的狀況。

他不論在自己的人生、人際、工作、生活上多半猶豫不決，害怕要承擔決定之後不好的結果，所以通常他們會問許多人的意見，但遲遲還是不敢做重要的決定或決策。

③**易吸引怎樣的女子前來與之對應功課：**易吸引強勢型、「爭贏模組」的女人與之對應功課，男人也經常為「自尊」而爭吵。

經常看到這樣的男人容易陷入三角關係，因為他也不知道自己究竟喜歡誰，也無法對既有的伴侶做乾脆的決定，但也一直給第三者承諾要她等他，所以經常讓第三者女子等到天荒地老，始終等不到他的離婚，在愛上面「求不得苦」正是「爭贏模組」女人的基本題型。

對應的第三者，潛意識覺得自己不夠好，怕對方與原伴侶離了跟她在一起後，會看到她的缺點。

如果妳正是這個「第三者」的角色，妳問自己：如果他終於離開原伴侶跟妳在一起時，妳最害怕什麼？擔心什麼？妳會馬上答應跟他在一起而毫不猶豫嗎？

我問過幾位正陷進三角關係的學生：「如果對方真的離婚跟妳在一起，妳最害怕什麼？」她說：「怕自己的缺點被近距離地看見。」所以她們潛意識想跟對方保持距離（她自己的表意識沒發現，卻還一直希望對方能離婚跟她在一起），所以對方通常也離不了婚為多。

④破解木馬程式：

●女方要學的功課：

學會放手，愛不是爭輸贏的標的物。對方是否跟妳在一起，與妳好壞無關，要深究自己是否老是陷入這種三角關係。

有個經典故事就是：兩個女人都堅稱孩子是她的，所羅門王說：那就拿刀劈了一人一半，真正的母親就喊說：沒關係就給她吧，別把孩子砍了。願意放手的才是真愛他的。這在電影〈瘋狂亞洲富豪〉裡就有這個例子。

三角習題考題考的其實就是如何在牢籠中學會「無條件」的愛，真正懂得愛的真諦者願意放手不為難對方、成全對方，放下恨也從愛的執念中放過自己，就如同把水滴放回大海，回歸更廣大的愛的海洋，早了悟就早解脫，這也是成全對方的大愛。電影〈離經叛愛〉裡有很精采的案例可參看。

●**女方的態度：**

不要為他做決定，也不要逼他做決定，專心處理好自己的部分就行了。

(4)真男人：

①**影片上的定義：**最後一種類型是「真男人」，真男人是成熟穩重的，無關乎是什麼年齡，他已經不想在外面拈花惹草、他只想要專一地經營妳與他之間的感情。他有肩膀、有責任感，而且在乎妳的感受，在各個方面都會為妳考量，並且尊重妳的決定。Akin說，所謂的真男人會言行一致，不會亂開空頭支票，他會用行動證明對妳的愛。這樣的男人，會與妳分享他所擁有的一切，你們會是彼此最親密的朋友、伴侶、家人。

②**感情的木馬程式：**真男人，或者也有近似「夢中情人」，或稱之為「白馬王子」、「完美男人」，是許多女人都會列為「標準」的典範。但如果女生自己帶著「懷疑」的木馬程式，就算對方再專一，還是敵不過她的疑神疑鬼；就算男方再有責任感，只要不符合女方自訂的「責任感」標準，就會瞬間從真男人、好男人、完美男人變成渣男。

但其實「真男人」就是最大的木馬程式，也就是說，如果妳希望對方如何，不只是要先問自己是否能做得到，而是要**問自己：為什麼要設這些標準？究竟自己在擔心什麼？害怕什麼？這些要求、標準背後的擔憂就是木馬程式**。

③**易吸引怎樣的女子前來與之對應功課**：易吸引「不覺得自己完美」的女人前來對應愛情功課，因為有時候那些別人覺得他外在一切都很完美的男人，內心有時會覺得自己不完美，所以要努力讓自己外在達到完美，於是他內心「覺得自己不完美」的頻率，很容易吸引相同類型的女子前來對應功課，考題就是：究竟是誰的完美才算完美？完美與真實之間的距離，就是彼此痛苦的根源。

④**破解木馬程式**：

●**女方要學的功課**：

女方要學的功課與態度：放掉真男人、理想男人的標準，讓他完全做他自己，否則妳就算一開始認定他符合妳「真男人」的所有標準，若有些標準別的男人做得比他更好，那妳豈不是要換人愛了？

每一個男人都是以上四種（甚至更多種）的混合，就看他對應在哪一個女生面前。我們經常看到這樣的例子：他在A女子面前被人家說「很渣男」，但在B女子面前卻變成了「真男人」，或是他在老婆、母親、丈母娘、女老闆、女部下、女兒面前的面貌完全不同，也就是說，**沒有人只固定屬於其中一種分類，就看對應方散發出怎樣的能量頻率——沒有永遠的好男（女）人或是壞男（女）人，當你帶著評斷、要求、索求的能量，對方只好逃開，於是就被你視為渣男或惡女**。我們也可以透過自己的對應模組，看看自己能怎麼調整頻率，往往只要你一變，對方以及對應課題、考題就會瞬間改變。

若你想找出你的木馬程式，如果你是男生，可以拿一張紙畫出「女人的四種類型」；如果妳是女生，要畫的是「男人的四種類型」，妳就可以**從這分類中找到自己的「感情木馬程式」**，然後就用上述示範分析的方式，幫自己深度掃描感情的木馬程式，因為分類的標準本身就是框架。

（五）小結：

格桑花說：「真正的愛是一種無為。它沒有要求，它裡面沒有任何恐懼的陰影，它不隱藏任何掌控的企圖。它像太陽給予萬物光和熱一樣，給出本性的能量。」愛情就是修行當下的道場，「遇見愛你的人，懂得感恩；遇見你愛的人，懂得付出；愛與被愛都很幸福！」[12]。如果再拉高維度，更進一步完整定義什麼是**「沒有感情木馬程式」**，那就是：**「沒伴不恐慌，有伴不焦慮，不怕孤單也不怕失**

去，有沒有伴都一樣活得很好」，因為愛不是透過頭腦的學習，而是要經過心，把所有「不當學習」的框架融散，這樣才有愛流進與呼吸的空間。

12. 改寫自〈一句話的力量〉。

第三章　關於天賦、夢想、金錢的木馬程式：無成本、無上限之天賦財富學

第一節：關於天賦的木馬程式

找到自己最核心、最獨特、最有熱忱、樂此不疲、光想到說到就很興奮、不在乎成敗或是否賺錢的天賦

在我長達二十年的教學經驗中，我發現人們之所以還沒找到天賦，不是因為他沒有天賦，而是被木馬程式的玻璃罩蓋上了，比方常被父母問：你怎麼不去找工作？你現在做這個會賺錢嗎？讓孩子沒有機會探尋自己的天賦興趣所在，加上自己的不自信，聽從父母找了一個只為了賺錢謀生但自己沒興趣的工作，他無法從中找到充電的活力，耗損久了就無力、而且食之無味棄之可惜，想轉業又沒勇氣，結果他不快樂，除非被迫辭職，逼自己去找喜歡的事，找到「天賦生存動能」才有機會解套——這類型的天賦木馬程式絕大部分遺傳自父母，其次來自學校的僵化教育。一旦天賦的木馬程式被建入，之後要脫困就得用之前提到的「類驚嚇解制約」或

「全消除並重啟」的方式來處理。也就是說，如果你現在還在找工作、考慮轉業、很想退休，表示你還沒在自己的天賦之泉上開花。

我曾帶過親子創意團，當時有個媽媽就問我：「我的孩子先是學小提琴，學沒多久就放棄；現在才剛學鋼琴，他又想要放棄，我到底是要讓他再繼續這麼隨性地探索別的樂器，還是要他堅持下去？」我的回答是：「先有音樂才有樂器，如果沒有讓他對音樂產生興趣與熱情，他是不會對樂器感興趣的，妳可以先協助他喜歡音樂，讓他找出自己喜歡的曲子，他就有動力去彈奏這首曲子，無論是選哪一個樂器都行。妳下次帶他去大自然時，讓他自己在森林水瀑中隨興哼出曲調，自己作曲，這樣他就不再只是個音樂彈奏者，而是一個創作者。」

如何知道自己是否有創意動力？如果你看到一幅你很喜歡的畫，你的第一個念頭是：

1. 拍照
2. 買下複製品
3. 努力賺錢買下原畫
4. 自己畫

你可以看自己選哪一個答案，就知道自己的創意動力層在哪。

我見過許多很有才華的人，無論是在繪畫、寫作、音樂上都很厲害，但對自己很沒自信，每當創作完一個作品、甚至有的連創作都還沒完成，就把作品交給別人請他給意見，這就是「不自信」模組形成的天賦天花板，也就是頻率落在霍金斯博士意識能量層級圖表的「第13級：恐懼焦慮／100」，比較糟的狀態還可能會落到最末的「第17級：羞愧恥辱／20」，覺得自己畫得很爛、寫得不好、彈奏得很差、口才與表達能力不佳……最後總是歸咎於自己沒有天賦（也可能是被父母或老師植入了**「自己不夠好」**的模組）。

人類大腦裡有一塊「安定領域」，會記憶自己說過的、或是聽進去的話並加以定型，因為這樣省腦工，但也會內化簡化成為木馬程式模組。例如，如果我們覺得自己沒天賦，我們也只會成為自己相信的人，結果本來會的事，突然就變成不會了，「以為自己沒有天賦才華」就是最大的幻象，於是就無法發揮真正的實力，電影〈大娛樂家〉、〈隱藏大明星〉有很棒的案例可參看。

試想如果一朵花覺得自己很醜，請問怎麼開花？如果在雞蛋裡的小雞覺得沒自信，也就沒有勇氣啄殼出來了。「自我肯定」是在霍金斯博士意識能量層級圖表**愛與信任的正向頻率帶中最基本的第9級**：勇氣肯定／200，沒有這點自信，再強大的天賦光芒，也都被自己的「羞恥／怕丟人」蓋起來。有些人已經發揮出天賦才華，但面對更大的舞台機會卻是退縮，問他們一旦出名會如何？他們的回答就正是限制自己未來的玻璃天花板：怕有名、有錢會引來災禍，但天賦才華一放光芒就是無限無邊界，會擋住的只有自己的木馬信念。

信任是創作者思想波強度的指標，信任自己、信任環境、不懷疑自己是最基本的。有信任，萬物才會交合繁衍，有信任才有生命的創造動力，讓創作者在宇宙的大子宮中繁衍一切。如果我們在恐懼中、對生存沒有安全感，就會縮起自己、防衛別人、隨時備戰、與別人做有限資源搶奪式的競爭，怎會有心思時間與自由空間發揮天賦與創造？

愛因斯坦說想像力比知識來得重要，因為知識是有限的，但想像力是無限的；他沒有與別人不一樣的天賦，他有的就是強烈的好奇心——就是這個好奇心才能打破木馬線，就像有人天生不怕沒錢，對錢沒有失去的恐懼，**對做自己喜歡的事有信心，無論有錢沒錢都會去做的熱忱能量，更多的錢都誘惑不了他去做非天賦的事**（對自己天賦的堅定自信），**沒有錢、沒有資源、被拒絕、失敗了也阻止不了他繼續完成天賦的決心**（不害怕匱乏的勇氣），因為他對自己非常自信，只要專注創造，自己做到最爽，它自然就會吸引注目與資源，所做的事自然就會創造價值。才華天賦就是人的礦源水源發電廠，在自己身上隨時都有，這就是自信不匱乏的能量，就像高爾夫球選手泰戈•伍茲、導演李安的例子。我很喜歡詩人木心曾說過的一句話：因為人生一直撞牆，所以畫牆。

天賦創造財富，需要無中生有的能力，而不關注在錢（數字），重點在於你要去哪裡。一個對自己有自信的人，就算是第一次拿起畫筆、樂器、稿紙、攝錄影機，也都會覺得自己的首部作品很棒，如果願意把自己融進純粹的創造之流，就會感到能量之大根本沒有「批判自己的空間」，作品會完成它自己，與創作人無關所以無權干涉，就像是父母生下孩子之後，他就有了自己獨立自主的生命與命運，不屬於父母——作品也是同樣的道理，它也是自己被書寫出來、被畫出來、被唱出來的，一誕生後就與創作者無關了，作者無可置喙，這就是在《打造創意版的自己》書中提到的「創作流」[13]。只有在這種狀態方能接近霍金斯意識能量層級圖表「第2級：安詳極樂／600」，把焦點轉進內在真我，就能發現取之不盡、清澈無礙的天賦源泉之流四溢無邊。

也就是說，**每個人都有所謂的「天才版的自己」**[14]**，都有屬於自己最獨特、最有熱忱、最樂此不疲、光想到說到就很興奮、不在乎成敗與否、不在乎是否賺錢、如花蕊般最核心的天賦，只要把頻率調對就行了**，因為這個喜悅、亢奮的頻率強大到可以開天闢地，人們做這事時是被灌飽能量，**所以這頻率是自帶強大的行動力，完全不需要逼自己去「刻意努力」**。資源天賦才華本自俱足，能點石成金、無中生有、自帶財富，可以幫別人解決問題或增加價值，帶給周圍的人更好的狀態——**無成本無上限、大家一起好就是創造者高維的層次**。

改寫愛因斯坦在相對論所提出的質能轉換公式：

$E=mc^2$→E＝能量（Energy）

M＝魔術、魔幻（Magic）

C＝創意（Creativity）

做自己喜歡的事，會有強大的專注與激情，其動能自然會超越沒有熱情的人；如果我們更精確地說，應該是：抱著好的創造頻率去做，這工作會蛻變成自己喜歡的工作，因為沒有任何工作可以限制你的想像力與可能性：保全人員可以寫小說，酒館服務生可透過觀察人來寫劇本；帶著不好頻率去做，例如被「目標」、「期望」綁死了活生生的興趣與熱忱，即使是自己喜歡的事，最後也會變成自己不喜歡的狀態，就像梵谷如果被要求畫出在蘇富比拍賣出高價的畫，他一定畫不好。

換一種角度來深度討論：其實**每一個「自己喜歡做的事」，都會綁著自己不喜歡的事**，就像有人喜歡料理美食所以開店但討厭算帳、查帳、有人喜歡唱歌但討厭演唱會前的冗長彩排……每一個打包在天賦禮物裡的木馬程式，我們都得概括承受。舉我自己的例子：我很喜歡寫作，也喜歡分享給別人看，但我很討厭緩慢且瑣碎的校稿過程，我的「搶快」模組、「完美主義控制狂」模組、「愛糾正別人」模

13. 肯・羅賓遜和盧・阿羅尼卡說：「進入神馳狀態就是進入天命深處的核心，當你心手合一，你的天命體驗立即轉化，讓你變得心無旁騖，專心致志，能夠活在當下、浸淫在當下的經驗之中，以你最佳狀態發揮所長。

14. 「下載天才版的自己」的導引，收錄在「李欣頻進階四堂課：連到腦雲端的高維靈感與直覺冥想」網路課，亦已收錄進「李欣頻的音樂超頻率」。欲報名請將課名、姓名郵寄到1308222000@qq.com，並副本到readers0811@gmail.com。亦可在網路上搜〈巴夏：天才的真正本質〉做為延伸閱讀資料。

組，讓我每次對書稿發現錯誤或錯字時，就成了我不耐煩抱怨編輯不夠細心的惡夢過程。我討厭的事還有：要接受媒體採訪、上台舉辦簽書會時，也是我無比痛苦的時刻，因為我只喜歡寫書，並不喜歡拋頭露面，我總會跟出版社的行銷同事抱怨我是出「書」不是出「臉」，後來我從中發現自己的木馬程式「怕出名」，回溯媽媽最常跟我說的一句話是「不要出名、出名會很危險、樹大招風」，我被種下這組木馬之後，我也信以為真，認為「**名**」＝「**災**」，我自己還加上了「**名**」＝「不自由」，所以我把「出名」賦予了「**恐懼**」的頻率，某方面我也限制了自己更大的可能性。但出版社不可能讓我不對稿、不宣傳，為了完成自己喜歡寫書出書這件事，我只好面對自己的木馬程式，想辦法把**討厭做的事的負向頻率轉為正向**，例如：校稿時就放自己開心的音樂，邊校對邊讀出聲音來，想像我正帶著愛的頻率唸給自己的好友聽；把上台面對讀者、採訪面對記者都當成是跟好友在聊天般地開心！

我們常見到**以好的頻率做事的人，到了可以退休卻捨不得退休，不是在自己喜歡的頻率下做事，一直想退休卻退不了休！**你有聽過想退休的作家、藝術家或電影導演嗎？天賦才華就相當於是這個人的先天血統、後天血骨，**再多錢也都誘惑不了他們轉行，再少錢也阻擋不了他們強大的創作欲**，因為他們光待在這樣的創造頻率就非常喜悅與滿足！

過去我在《創意天龍八部》與〈李欣頻的初階創意四堂課〉中，提過如何繪製自己的天賦開花圖[15]，這是我在十八到三十五歲突破自己天賦被木馬程式設限的

天賦開花圖

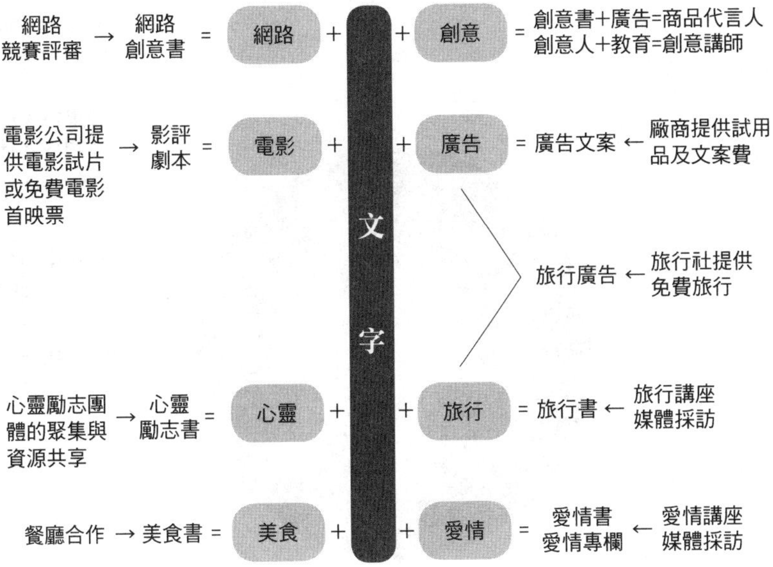

15. 天賦開花圖。如何繪製自己的天賦開花圖，可見〈李欣頻的初階創意四堂課〉。欲報名請將課名、姓名郵寄到1308222000@qq.com，並副本到readers**0811**@gmail.com。

天賦五圈圖

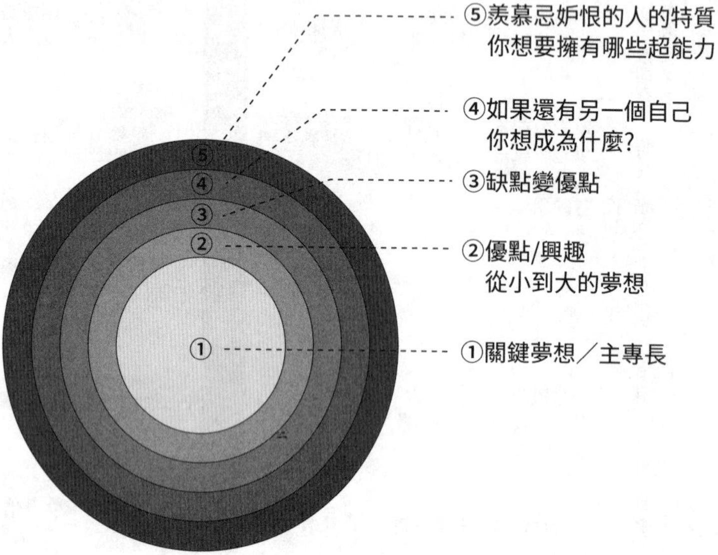
⑤羨慕忌妒恨的人的特質
你想要擁有哪些超能力
④如果還有另一個自己
你想成為什麼?
③缺點變優點
②優點/興趣
從小到大的夢想
①關鍵夢想／主專長

方法；我在三十五到四十二歲時則改以「天賦五圈圖」來擴展自己的可能性[16]，這些都是以正向頻率突破框限的路徑——正確來說，「限制」是自己選擇要面對的、甚至是自己設障的，是中性的，不是正面也不是負面，只要我們以積極、刺激好玩的態度頻率面對它，就像是撐竿跳、跨欄賽跑、籃球網、馬戲團鋼索的線、標靶……它們都可以激發我們的潛能與創意。

直到四十三到四十九歲半退休的這段期間，我發展出「**天賦才華轉為源源不絕財富資源的方程式：**重生、重開多維度平行版本自己」來擴展自己的天賦，就是先把自己現在的身分、工作、專長先移除，想像如果下輩子重新投胎時想要變成什麼？或是如果有五個以上平行版本同時在周圍[17]，她、他現在在做什麼？然後把這些「平行分身」分別疊加，串連演化在一起，看看會變成什麼新的可能？新的身分？新的職業？並把一天的時間分配給這些身分來發展各種自己。舉例來說，我希望其他平行版本的自己可以有的五個身分是：畫家、劇作家、天文物理學研究者、心理學研究者、小說家，所以我會每天分配時間畫一幅小畫、看一部天文物理或心理學相關影片、寫小說準備拍成電視劇，讓我的生命面向不被現有的身分受限，就像一個種滿各種蔬果的園地，永遠比只種一、兩種作物來得多元豐富、而且有應變局勢的彈性。這部分大家可以看美劇〈相對宇宙〉（Counterpart），會有很多跨界、跨借多元身分的靈感。

16. 天賦五圈圖，我暱稱為「天賦鑼」。如何繪製自己的天賦五圈圖，可上〈2016李欣頻的夢想藍圖課〉。欲報名請將課名、姓名郵寄到1308222000@qq.com，並副本到readers**0811**@gmail.com。

17. 我帶導引的「多維度平行版本冥想」，可見〈2018西曆跨年夢想藍圖〉網路課。欲報名請將課名、姓名郵寄到1308222000@qq.com，並副本到readers**0811**@gmail.com。

第二節：關於夢想的木馬程式

可以回想一下，前幾年的夢想你完成了多少？還有哪些是每年一直許願卻始終都沒完成？這些一直停滯不前的夢想，極有可能被木馬程式卡關了，如果沒有把水閘門移開，夢想永遠都會被擋在外面。**簡單的夢想木馬程式快篩法是：寫下目前為止你想要成真的願望，然後在每個願望後面標明：許這個願背後的自己深處，究竟是出自於愛的頻率（L）？還是恐懼或焦慮（F）**？特別留意那些很多年都還沒成真的夢想，其背後究竟是被哪一個負能量的木馬程式卡住？

此外，我在前面提過，木馬程式很容易躲藏在夢想願望清單中，建議你在往下看之前，**請先拿出紙筆寫下你「關於夢想」的座右銘**，寫好之後再看看這個表格——這是我在木馬程式課上請學生們寫下關於夢想的座右銘，我從這些「座右銘」就可以直勾出目前正發生在他們人生的主要問題，列表如下：

關於夢想的座右銘	直接顯現出目前的主要問題
夢想是要有的！	「要有」就是一個因「必須」而帶有焦慮的能量，換一個方式來說，如果沒有夢想，他會很焦慮，這也是「想要成為更好自己」的木馬程式模組。
有夢最美！	現在夢還沒成真就不美？或是：夢以後若沒成真就不美？表示以這句話為座右銘的人，很有可能帶有「不滿意現況」的頻率，一個「能安住當下，此時此刻就是最美最好的自己」的人，他「寧靜喜悅」的頻率，才是創造美好的發源器。
我們跟夢想之間，只差一個行動！	以兩隻毛毛蟲為例：一個拚命往前，努力地往另一棵更茂密的大樹移動，另一隻待在原地不動，靜靜地蛻變成蝴蝶，後者不必行動，只要原地調頻完就可瞬間飛到夢想之地，所以這句話應該是：**「我們跟夢想之間，只差一個頻率」**，這個**「聚焦」的頻率本身就會自帶行動**；或是可以修正成：「用行動來決定你的夢想頻率」。舉例來說，你最喜歡的美食就在門口，你會說「我們跟夢想之間，只差一個行動嗎？」當你一知道它在門口，你連想都不必想就奔出去了，也就是說，只要你頻率調對，就會不假思索地立即行動。

關於夢想的座右銘	直接顯現出目前的主要問題
為了夢想，雖苦亦甘！	如果正在做自己喜歡的事，或是正在「夢想」的頻率上，是一種全心投入的狀態，在這種狀態下是無法區分「苦」與「甘」之別。此外，若預設了「苦」的概念，自己也就排除了可以一路甜美完成夢想的途徑。
要小心自己的夢想，萬一實現了怎麼辦？	很明顯的對於「夢想」帶有「恐懼、害怕」的頻率，這就是阻隔夢想的木馬程式。
發光吧！小宇宙！	關鍵字在「小」，視自己為「小」宇宙，事實上宇宙一體不分大小，他很可能帶有「不自信」的木馬程式，這個不自信頻率才是夢想不成真的阻礙。也就是說，他目前還受限於「自己能力不足」的信念，覺得自己還沒發光，可以調整成「我現在就是光，如宇宙般地行動」。
我若發光，世界就有光！	你若沒光?世界就沒光?很明顯的主要問題是「不接受自己的黑暗面」，其實黑暗有其必要，可以停下來沉澱、靜思、休息，就像胎兒在母親子宮中反而是成長最快的，不需要有人幫他打燈。這也可能同時中了「要成為更亮、更好的自己」模組。

所以你現在可以分析一下你的「夢想座右銘」背後，有哪些你從未發現的木馬程式？它們「真實的」頻率帶在哪？若你想找出為何心想事不成的原因，可以參看《心誠事享》之外，另外還有一個**「快篩法」就是問自己「如果你的夢想成真了，你覺得現在或未來會出現什麼問題？」**我曾問一位正準備考律師執照的朋友：「如果你考上律師，你覺得會有什麼問題？」他完全不假思索地說：「考上之後一連串受訓與工作，會忙到過勞死……」這個「害怕」的頻率，就是夢想不願意被成真的原因。木馬程式在駕駛者的角度看來算是一種「煞車保護機制」，保護我們不會因為無止盡追求暴衝而過累過勞，但如果從跑道外看，就能一眼看到他依然往前衝，只是沒離開跑道，還在很累地鬼打牆。

當人們把沒時間沒錢掛在嘴邊久了就信以成真。不少人因為錢不夠所以無法完成夢想，其實這也是木馬程式造成的視盲區，所以你可以問自己：**「如果錢不是問題，你會想做什麼？你的夢想是什麼？你覺得你的夢想很貴嗎？到現在還沒完成夢想的理由是什麼？」**如果你覺得貴，表示你還沒看到這夢想的價值，也還沒發揮出自己天賦轉資源的能力。

舉個實例：我有個學生想去南極遊輪之旅，團費高達七十五萬台幣，她還是個碩士生，但她想去的意志堅定得不得了，於是她寫了一份企畫書，在網上眾籌她的南極計畫，很快就籌得到2／3的團費，另外1／3是她在遊輪上擔任翻譯工作換來的，再加上她還在英文網站眾籌了額外的資金，也就是說她不僅沒花半毛錢就去了南極，而且還賺到了額外的資金、以及回來寫書、演講的豐富內容與視野——錢不是阻礙她的玻璃天花板，**關鍵的一步決定維度**（見圖4）：她不害怕未來負債，義無反顧的熱忱與勇氣能量先行，把自己放在夢想中創造一連串機會。有想像力的她完全突破了「旅行是有錢有閒人的專利、旅行是要花錢的、自己現在只是學生，既沒錢也沒時間」的框架信念，旅行帶給她的價值遠超過價錢（見圖5），所以她可以邊玩邊工作，**越玩越富有，這能量頻率是勇氣、信任、樂觀、喜悅**，已達到霍金斯意識能量層級圖表的「第3高等級：540」，而那些覺得旅費是要慢慢賺錢存錢才有的頻率，則接近在「第12級：渴愛欲望」、「第13級：恐懼焦慮」之間，所以巴夏在〈進入第四密度〉的影片中提到：「如果你真的知道了，自然就會行動，不會花時間去考慮這件事，也不會揣測自己是否真能做到（沒有得失心的焦慮），你只會『去做』（just do it），你對負面（覺得自己不行）的關注就是在限制自己，積極參與到那些你想改變的事情中（不讓焦慮阻擋你的豐盛之流），在興奮的事上實際行動，就是把電力導入夢想藍圖電路板上活出來！」

圖
4

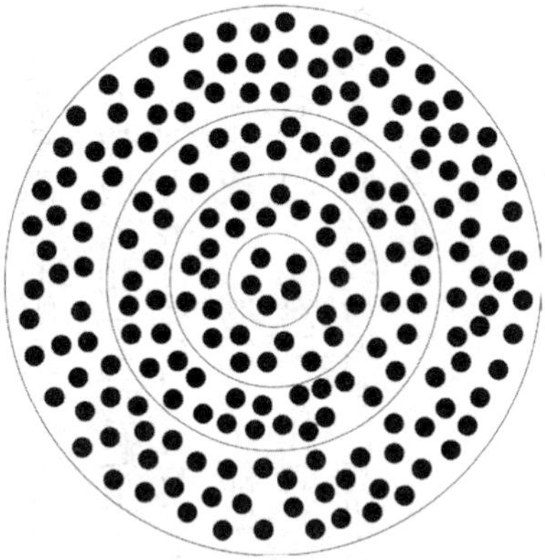

資源圖：越外圈資源點越多。跳出舒適安全圈完成自己想要的事，更多的資源與機會，不是待在原來圈中能看到、遇到的，一旦跳出去，機會倍數且光速向你湧來，只會讓你越來越富有，當你跨維度離開安全舒適圈，你可以把對風險的擔憂能量，翻轉成好奇勇敢冒險的能量。這股宛如電影〈刺客列傳〉信仰之躍的勇氣，你能在很多「典範」的人身上發現。

圖
5

覺得不貴

↑中間產值（價值）

覺得貴

金錢是幻象，是電影〈分歧者〉辨識出“It's not real”一指就點破的玻璃天花板。你覺得夢想貴，是因為你目前的能量在這條「價錢」線之下，你需先把能量調在這條線之上，能量先行。舉例來說，想像一下如果你現在的財富突然增加百千萬倍，你想要什麼？現在還覺得夢想貴嗎？如果你覺得不貴，那麼從這個不貴的點，到你原先的起點之間，就是你全方位創造價值的潛力區，也是你要突破的天花板，亦是你要調頻的幅度。

有沒有看到「無形超值」的部分才是貧富的關鍵——《富者的遺言》書中提到：「富人擁有看穿價值的眼光，就是看穿人或物是否值得信任的能力，這眼光是區分窮人與富人的能力，即使眼前價格不高，但只要有價值，價錢遲早會漲上去；如果有信用，能駕馭金錢的尺度會變大，因為器量決定內涵，把時間花在那上面很重要。」有時我會看到很有才華的人實過於名，無法爆發的潛能，往往就是卡在自己的玻璃天花板之下；或是有時會看到拚命炒作自己、名過於實的人，很快的他也會坐吃山空。

我們周圍都有圓夢的現成資源，但如果**木馬程式不清理，擋住了你看到夢想完成的能量管道，你所做的事沒有一件是你最後想要的狀態**。也就是說，以**天賦完成夢想的頻率很簡單，就是開心、充滿希望與樂觀、自由無懼、不假思索直接興奮地立即行動**。夢想不在遠方也不在他處，nowhere的意思就是=now here，你就活在夢想頻率之上，夢想就是現在進行式而不是未來式，因為這個頻率的行動力很強，無論有錢或沒錢都不會停止，所以我們要以全新無礙的眼光，來看眼前這件要做的關鍵天賦夢想，先將內在創造場的障礙清除，之後我們才能天馬行空地創生一切。**讓預言成真的方法很簡單，就是提升自己的視野感覺頻率到你要的實相！**

至於**欲望與夢想之別**：欲望就算完成了卻還要更多，夢想是你光想就開心了，是無形且無法評量，重在過程中的感覺，成敗無所謂。只要我們內觀到這終極泉源的狀態，面對浩瀚無邊的大我，無念也無為，一切俱足，這也是我提出三個層次中的最高層次——心想事成↓事成心想↓**心誠事享：心想事成是欲望的層次，事成心想是夢想的層次，心誠事享是無欲無夢，一切早已俱足，享受大圓滿的境界**（高我、全我、平行我），就如同我最近在看的一本好書《Enlightenment：Behind The Scenes》提到的概念：「當我們一直想試著讓自己圓滿，事實上，這是一個無止盡的遊戲，遠比『老鼠跑滾筒』更加白費力氣，我們不斷在增加某些東西，不斷前進，從來不安靜地坐下來，我們的人生過得糊里糊塗，難得能真正地過日子；相反的，當我了解我只是在夢著自己的人生時，其實我就開始『醒』過來；覺知的鏡子因自身的吸引力彎了起來，自己照見自己。」

這就是巴夏在〈無為者無限強大〉影片中提到的境界，也是霍金斯意識能量層級圖表的最高3級——寧靜喜悅、安詳極樂、開悟正覺：「無為就是保持完全開放，你與『全有』相連，代表你受到『全有』的完全支持，願意接受全有在你生命中彰顯的所有方式，意味著你的力量無限強大，整個宇宙資料庫都是你可以無中生有的來源，不需努力做什麼的信任，如胎兒嬰兒，整個宇宙會把你照顧好，這就是無為（不是放棄，兩者能量頻率天差地北）——做你興奮的事，知道自己現在在哪，把頻率放在讓自己舒服的地方，所有必要的元素、相應的資源都將同步地、自動地進入你的生活圈。」這也是《道德經》無為而無不為：處於無為的境界之中，沒有什麼不能做到的。

從高維看到的未來是充滿各種可能性的，不是低維許願的狹隘單一途徑，差別就在維度能量頻率。《臣服實驗》書中提到：「大多數人唯有在事情按照自己的意思發展時才覺得開心，我們不斷嘗試控制生活中的一切。問題是，我們一定要這樣過活嗎？有太多證據顯示，生命可以自行運作得很好：各行星在軌道上運行，小種子長成大樹，種種天氣型態讓全球的森林數百萬年來持續有雨水澆灌，而一個受精細胞會長成漂亮的嬰兒——這些事情並非我們個人意志有意識的行為，而是由生命本身不可思議地完美執行。如果生命過程的自然開展可以創造並照顧整個宇宙，我們還假設除非自己強加外力，否則不會有好事發生，真的合理嗎？這項實驗不在於脫離人生，而是要跳入生活裡，住在一個不再被我們的恐懼和欲望掌控的地方，我叫它『臣服實驗』。」如果以一句話來總結巴夏與臣服實驗，那就是我的印度老師沙蓮華曾說過：「沒有願望就是最大的願望」的最高境界。我們可以創意改寫"give up"的定義：將「放棄」改為「臣服交託給天」；將「無力以回天」的定義改為「不因恐懼而控制施力，所以回歸如天般浩瀚的資源能量場」！

第三節：關於金錢的木馬程式

（一）如何發現自己的金錢木馬程式：

金錢是互通有無的能量，反映著你與自己、你與外在環境資源的關係。《猶太人金錢與智慧》有一句話：貧困是心靈的一種狀態。的確，貧困很大部分是起因於自我感到匱乏，或是覺得自己不夠好。這本書中提到一個有趣的小故事：

卡恩站在百貨公司前，旁邊有個猶太人抽雪茄。

卡恩問：「這雪茄多少錢？」

他說：「兩美元一支，一天抽十根，抽了四十年。」

卡恩說：「如果你不抽雪茄，早就把這棟百貨公司買下來了。」

猶太人問卡恩：「你有抽嗎？」

「沒有！」

「那你有買下這棟百貨公司嗎？」

「沒有。」

「這棟百貨公司是我的！」

這個例子告訴我們，錢不是靠省下來的（錢有限、錢不夠），而是靠創生出來的（無限的），因為開源與節流是不同頻率。

我很推薦《祕密》（the Secret）的原典：《失落的致富經典》（Science of Getting Rich），這本書提到：「世上確實有一門如何致富的科學存在，而它就像數學一樣，是相當精準的學問。致富的第一法則：每個人都是一個可以發送思想的中心，人們以雙手塑造出一切實體，都必須先在其思想中存在，沒有先想到物件的形象，就沒法造出那物件。唯有透過思想的力量（思想波），才能讓那個無形的智慧存在體接收到這思想波的實體時，就會創造出實體。節省或吝嗇無法讓人致富，也沒有人因為缺乏資金而無法致富。如果能了解這一切，就能拋掉所有的恐懼與懷疑，因為自己可以創造出想創造的一切。」也就是說，「恐懼或懷疑的能量」是貧困的頻率，「信任自己可以創造一切」的自信頻率則是豐足的創造源，只要拿掉卡在我們與無限中間的擋水板：金錢木馬程式，我們與資源之間就能互通有無，就不再受困於金錢的障礙。我在《心誠事享》書中提到我是如何從「負債→省錢模式（擴大分母）→存錢（只進不出的帳戶）→多元收入→花錢不擔憂，以及1：9模式翻轉」的過程，有興趣可以重翻那本書來看。

你現在可以問自己這兩個問題：

●你是否覺得：錢是有限的，要省著花？

●你是否會：為了省錢，寧可多花時間？

「為了省小錢，寧可多花時間」，常見的例子有：為了排隊買打折（或免費贈品）的週年慶商品，願意前一天就露宿在百貨公司前——免費的東西最可怕，你付出的是無形的時間成本，例如為了要在網路上看「免費」的電影，你得花好幾分鐘看廣告，若這些時間拿來創生更多作品、產品或服務，所收穫的錢應該比省下來的錢多太多。

另外，我有一個很有才華的同學，當時我們大學畢業後起薪差不多，但因為我跟他對待金錢的方式完全不同，我以各式各樣的多元天賦創造金錢，他則是以最省錢、最好不花錢的方式過日子，他永遠只選擇「節省的途徑」，若有什麼活動需要付門票他就不去，於是他錯失許多活動，其實只要任何一個活動給他創業的點子，他的票錢早就賺回來了。我經常看他花很多時間研究怎麼逃票，或是到處比價只是為了要買到最便宜的東西，浪費了非常多時間，問題就在於**他不覺得「時間比錢貴」，也等於他不覺得自己的時間值錢，這個想法才是匱乏頻率的開始**，這頻率也是後續產生問題的發射器。若他拿這些時間去寫書、演講，其產值老早超過票錢數萬倍了。況且想要免費看電影、表演、音樂會，意味著將來自己創作這些也不值錢，因為你覺得不值錢，自己也不會有產值。

解法→所以當下省多少錢根本不是重點，而是你透過這個事創造了多少價值、超值。所以中了這組木馬程式的人可以隨時問自己一句話：**錢比較貴？還是自己的時間比較寶貴？錢可以隨時創造出來，但生命不行，錢買不到時間，所以時間比錢貴——你的時間值多少？你拿時間來做什麼，就代表你把頻率放在哪裡。**

（二）沒有金錢木馬程式的狀態是：

1.沒錢不焦慮：

一個有才華且沒中金錢木馬程式的人，具有點石成金的能力，只要活著，就隨時可用才能變現或是交換生活所需的資源，至於他現在有錢或沒錢、有資源或沒資源，完全不會困住他的可能性，隨時都能一眼看到機會點，所以他不會因為對金錢擔憂（怕窮）而把大部分的時間拿來「謀生計、想賺更多錢」，而會把大部分的時間精力用在「創造生命、做有意義的事」，這兩個的頻率差非常多：恐懼焦慮vs.寧靜喜悅。

若有中金錢木馬程式的人，就會誤以為有錢可使鬼推磨，沒錢就萬萬不能，什麼都辦不了。

你可以問自己一個問題，來檢測你是否有焦慮的金錢木馬程式：如果你被迫休假一年，你最擔心什麼？你的這個答案就是焦慮的來源。

舉例：有人說他如果被迫休假一年，一是怕錢不夠用、無法生活，二是擔心沒事做、沒有工作就失去價值感——所以他的木馬程式是：沒有自信、價值感、存在感、安全感，他就算只休息一小時、或是不得已臥病在床也會感到罪惡感、低價值感，所以他必須重建自己的生命地基，不是以錢來做為自己價值的所在，唯有解除生存焦慮的木馬程式，自己的生命時間才不會被它耗光。

2.有錢不恐懼／不害怕：

沒有金錢木馬程式的人，既不會怕花錢，也不會花不必要的錢，有錢時不會害怕失去錢、不會怕別人因為錢才來靠近、不擔心該怎麼守住錢、也不會想怎麼賺更多錢，因為他對錢沒有焦慮的能量。

和田裕美寫的《成為有錢人：富裕人生的心靈智慧》提到：「財富只會聚集在『無憂無慮』的地方，金錢厭惡不安。」如果對應霍金斯意識能量層級圖表，富裕的頻率會落在「第3級：寧靜喜悅／540」→「第2級：安詳極樂／600」以上，而匱乏：擔心沒有錢、錢不夠、怕窮、怕吃虧的頻率落在「第13級：恐懼焦慮／100」，若有錢卻帶著「恐懼突然沒有」的能量，惶惶不可終日，無法心安幸福，就算生活品質好但精神品質很差，窮得只剩下錢。

舉例來說，有學生說她怕自己如果有錢，會遇到像改編自真實事件的電影〈金錢世界〉（All the Money in the World）一樣，害家人被綁架、怕安全有顧慮。我跟她說：其實妳內在老早就有「害怕失去家人」的恐懼，妳只是把這恐懼「投射」到外在，比方金錢、健康……等各式各樣的議題上，怕家人生病、怕家人在外面出事……這才是妳真正的木馬程式，也正因為這組**「害怕失去家人」的木馬程式**，不僅讓妳與家人的關係處於焦慮緊張，讓妳也害怕金錢、不敢讓自己太有錢，就是這個「虛幻非真的恐懼」模組，阻擋了妳與金錢之間的自由流動關係——**妳決定要相信什麼，妳就會體驗什麼**，所以必須要花時間去探究這組木馬是怎麼來的？怎麼形成了妳的真實信念？

還有另一個學生說，他怕有錢就會失去鬥志，其實他真正中的是**「自己不夠好」的焦慮模組**，所以他以為「若沒努力奮鬥，自己就不夠好、不夠上進」，然後把這「誤解」投射到金錢上，於是組成了一連串的錯誤程式：要努力賺錢來證明自己很優秀，若有錢就會失去「努力成為更好自己」的動力，這也是金錢木馬程式常見的現象之一。

3.很大方，有能力不求回報的給，也會毫無障礙地收下別人給予的一切：

奧黛麗・赫本說：「當你長大時，你會發現你有兩隻手，一隻用來幫助自己，一隻用來幫助別人。想要有優美的嘴唇，要講親切的話；若想要可愛的眼睛，要看到別人的好處；若想要苗條的身材，把你的食物分給飢餓的人；若想要美麗的頭髮，讓小孩子一天撫摩一次你的頭髮；若想要優雅的姿態，走路要記住行人不止你一個。」**分享與慷慨是富足的開始，富裕不是擁有最多的人，而是需求最少的人**，這就是「給予」的精神：可以給你的微笑、你的善意、你的鼓勵，以你的才華能力來幫助需要的人、與有錢沒錢沒關係。而你在無條件給予時，自己的財富海平面也會跟著水漲船高。所以你可以問自己：你是習慣給還是習慣拿？

沒有金錢木馬程式的人，對自己能無窮無盡變出資源的能力有信心，所以他沒有必要跟人家計較誰付出比較多，誰吃虧、誰占了便宜——計較是貧窮的開始，給予才是愛與豐盛的開關，那個「計較」的秤尺就是內心很難平衡的擺盪器。大海不會計較誰多拿了一瓢水，因為它有能力不求回報地給；而且也不會刻意推辭、退還、婉拒別人的給予，因為他們也懂得要給予別人「給予」的機會，**樂於給，也願**

意收，讓能量自由地有進有出，大家可以繼續研讀《給予》這本書。此外，有部電影〈金金計較〉（Penny Pincher），是在描述一個中了「吝嗇給予的木馬程式」、所以處處與人斤斤計較錢的小提琴家，可以做為這組木馬程式最好的示範教材。

時間比錢貴，所以沒有金錢木馬程式的人，通常會很大方不計較地爽快付錢，不會浪費寶貴的時間去：

A. **「習慣性」殺價、去要折扣**來證明自己是聰明不吃虧的（即使是付得起的小錢），甚至花很多時間、動用許多人脈關係去要免費VIP名額、想要剝削別人的勞務，只是為了增加自己「與眾不同」的特權與優越感。我曾見過這樣的團員，他一直努力建立出形象很棒的自己，所以他覺得主辦方應該給名人如他免費的名額，因為他覺得自己有「名人宣傳」的效應——問題不在這個索求免費或折扣的行為，而在於他低存在感的頻率，以及他與他所建立虛榮的形象之間，就是他痛苦的來源，特別是在他獨處時必須面對真實自己的時刻，差距越大，他就越痛苦。

B. **每次付款都會拖到最後一天**，然後猶豫的能量（怕自己那天有事）佈滿了接下來的每一天，殊不知已經把自己置於「有限匱乏、擔憂焦慮」的頻率，遠離了「豐盛、豐盈的頻率帶」。我自己以前也中了這組木馬程式，要報名旅行或課程時總是拖到最後一天、或是到當天才付；等到自己的能量調整到「豐盛無懼損失」的能量帶時，每次決定付款都是當下，其他時間都可以專心做自己的事，不會浪費時間在猶豫、搖擺不定的能量，也就是說，問題不在行為，而是在你猶豫（擔憂）的能量會阻擋你什麼？會創造出什麼對應的實相？過去有多少因為「猶豫」的能量而沒去做的夢想？我領悟到：爽快決定付款背後的能量：果斷、無懼、無論到時能不能去都勇於承擔，所以「沒有風險」的概念，因為「風險」**是在原框架、原維度才有的概念**，例如：對一個不敢出門的人而言，出門就充滿了風險；對一個不敢坐飛機的人而言，坐飛機就充滿了風險，只要勇敢跳出原地，風險就升維成了冒險。

4.不會被錢綁限住眼界：

沒有金錢木馬程式的人，不會因為價錢而決定要做或不做什麼，或是要買或不買什麼的依據，他只會根據價值來做決定。例如：他不會因為旅行、藝術表演或書很貴就不去買，也不會因為不需要的東西大特價就買、或是免費就瘋狂搶排——我見過有學生是**「免費才要」**模組：只要是免費的餐、免費的網上盜版電影、免費的盜版書、免費的藝術表演才去看，那是因為他以前是公費留學生，早已習慣什麼都是「免費」的，凡是好書、好電影、好旅行、好藝術表演……只要是要花錢的他都會「自動屏蔽」掉，老是在等贊助與免費，以至於「錢」就是他不願跨出去的隱形制約，錯過自己付過之後還賺更多經驗、錢、資源的機會。

另外一位剛好是他的相反，她不受限於免費或是要付錢，即使旅行超出她的預算，她很有把握在回來之後能創造出比團費更高的產值，她不僅有了將來可以為她帶來無限資源的代表作，還多了用錢也買不到的旅行閱歷、作品、眼界、人脈、機會……我自己當年也是先刷了卡去希臘，回來寫了一本《希臘，一個把全世界藍色都用光的地方》[18]，版稅不僅把卡費付清，後續還多了五年的旅遊資金與數不盡免費旅行的機會，而當時也想去希臘的好友在等公司派給她出國到希臘採訪的機會，十多年過去了，她還在等，至今還沒去希臘。

如果仔細分析能量頻率，我們之間的差別就在「是否對自己未來生產力與產值信任」，我的概念是：只要這件事對自己的生命有意義，思維不要被「錢」框限住，不一定要以賺錢存錢的方式來達成，各種有創意的方法都是完成的路徑，收穫甚至比你當初付出的多得多，於是這件事、這夢想就不是花錢的、貴的，而是超值、賺的，所以「怕」花錢的侷限、匱乏、焦慮的頻率，才是擋住你資源流的金錢木馬程式、玻璃天花板。**價錢不是標準，不要因為便宜就去買，也不要因為貴而不去買，更不會因為錢而決定做或不做，否則錢將來就會決定我們什麼能做，什麼不能做。**

我再舉一個自己過去的實例：在我剛出社會的第一年，薪水不高，當時很想去上一個心靈修行課，但學費非常昂貴，幾乎是我當時的月薪好幾倍，我每天在「去」與「不去」之間掙扎很久，周圍也沒有人去上過那個課，所以沒有任何人能給我具體有參考價值的意見，於是我只好深度問自己：「為什麼想去」與「為什麼不想去」的理由：

想去↓想得到我目前沒有的知識、智慧、好運、幸福。

不想去↓學費太貴，怕去上完課沒有得到自己想要的，會感覺不值得損失這麼多錢。

這兩個回答，其實直指一個共同聚焦出來的木馬程式「不信任模組」：

想去↓因為「不信任自己」能給自己知識、智慧、好運、幸福的能力，所以以為去上了這個課之後，就能從老師那得到這些「我以為自己沒有」的一切。↓不信任自己的木馬模組

不想去↓因為怕被騙、不信任他人、不信任這個老師，同時也「不信任自己」未來會從這個課上得到超值且更富足的資源。

所以「掙扎」去不去上這個課不是關鍵，真正要處理的核心問題是「不信任自己與他人」的頻率所造成的木馬程式，這才是讓未來無法富足的障礙。

此外，如果你現在很有錢，並不代表你就沒有金錢木馬程式、金錢課題，只要你的人生還是被「金錢」綁住視野、以金錢做為衡量人事物的指標，例如：你覺得昂

18.《希臘，一個把全世界藍色都用光的地方》已收錄進《李欣頻的環球旅行箱系列》，暖暖出版社。

貴的、名牌的人事物才配得上你有錢的身分地位，讓別人覺得你很厲害，於是你的人生就被金錢數字標籤化了，看不到本質，你的價值由觀看者來決定，所以以貌取人的你可能會看不起一個穿著樸實的人，即使他比你有智慧你都會有眼不識泰山。我有個團員很可愛，她有自己的企業，在旅程中她挑了一個禮物送我，當她交給我時，她是這麼說的：「老師，謝謝妳在旅程中講解的這一切，我收穫超級多，所以買個禮物送妳，這禮物很貴喔，是我昨天在自由活動時間，跑去這家名牌店排了一個多小時才買到的，而且是限量的……」她在短短幾句話裡，就暴露出她以「昂貴、名牌、限量」來標示她「感謝」的價值，我當然很感動她為我花時間所做的這一切，但對我而言，時間比錢貴，坦白說我不在乎這禮物多少錢、也完全不在意是哪個牌子的，甚至另一個團員以飯店信紙寫的一封感謝信我一樣感動，但如果被金錢木馬程式綁住的人，將來會產生的問題可能會是：以衣著來判斷人、以這禮物是否為昂貴名牌、花了多少錢來衡量對方的情誼；一切以金錢為尺度而看不到這個人珍貴的本質、潛能與情誼；況且你以錢來衡量對方，對方也會以錢來衡量你，因為這都屬於同一種頻率：有錢就「驕傲輕蔑」的勢利眼，忽略了最重要的核心本質。

還有一次我帶團進美術館，到了參觀完的集合時間，有個學生很開心地跑來跟我說：這裡面梵谷的正品絲巾比在淘寶便宜，她花了很多時間在販賣部買名畫的周邊商品，而非在美術館裡仔細看真品原畫作的細節、厚度、層次、顏色、規模，然後思考如何從真實生活變成藝術、透過畫家無中生有的靈感源頭，給自己人生啟示——你花時間在哪，就表示你頻率聚焦在哪一個層次狀態，捨棄3D的原畫去買

2D的絲巾，也等於自己沒法立體化創意的維度。

我曾見過有個學生在情人節時很沮喪，她說她以為在情人節時會收到玫瑰花，但沒想到對方「只是」做了一頓飯給她，她**完全沒看到**對方花在買菜、料理、擺盤……的時間與心意，遠遠大過上網訂一大束的玫瑰花還多得多。我還見過一個自認為沒有金錢課題的團員，她的口頭禪是：「這點小錢，我一點都不在乎，我賺得比這多多了。」然後我聽到她與剛從幼稚園放學的女兒的一段對話：

女兒很開心跟媽媽說：「媽！我今天認識一個新朋友，後來發現她居然跟我們住在同一個社區耶！」

媽媽說：「真的？她成績好不好？她爸媽是在做什麼的？」

以上全是數字可以衡量的木馬程式，讓她沒看到人的本質、情感的意義，「愛比錢貴」就是她突破金錢木馬程式的解藥。

不會被錢綁限住眼界，不會因為錢決定要做或不做什麼，當然也包括選擇自己的對象：不會因為對方有錢沒錢、開什麼車、住什麼房而決定要不要交往或結婚。曾經有個學生的案例很經典：她因為家境清寒從小常被人看不起，所以當時有兩個男生在追她時，她選擇比較有錢的那位、而不是比較相愛的那位，等到結婚後就經常為了用錢的方式、彼此金錢價值觀的差異吵架，於是她就離婚自己出來創業賺錢，與當初另一位不富有的男生再婚，但因為她「恐懼沒有錢」的金錢木馬程式還在，所以跟這位新任丈夫吵的還是一樣的問題：用錢的方式、金錢價值觀的差異。也就是說，一旦人中了木馬程式，就算對象再怎麼換，對於金錢的爭吵也無法解決，除非對方有辦法看到並破解她的木馬程式。

另一個真實例子是：有個中了「要成為完美自己」木馬程式的女子，白富美的她選了一個有錢的企業家結婚，沒多久她愛上了一個高帥的健身教練，她發現自己原來不在乎錢，高富帥三個指標中她其實比較在意「高、帥」，所以她離婚之後跟這個健身教練在一起，為他創辦一個健身俱樂部，沒多久她的錢都花光了，兩人不歡而散，這就是中了金錢木馬程式無止盡原地鬼打牆的過程——她拿高富帥的指標來選擇愛情本身就是錯誤的前提，一旦進入關係，高富帥就成了折磨她的木馬課題。

破解↓如果你正在選擇伴侶，你要試想一下，如果將來有一天對方沒有錢、負債、變老、變醜、脾氣變壞、失憶、臥病在床需要人照顧時，你還愛他嗎？同理，若你也有這麼一天，你也希望伴侶不離不棄吧。

此外，我們還經常看到可以共患難卻沒法共享福，一起打拼創業，但等到事業成功卻沒法繼續相處下去的夫妻，那是因為兩人忽略了彼此深度溝通與相處，只是把時間花在一起賺錢的共同目標上，掩蓋了彼此價值觀的差異。一旦有錢，不再需要以賺錢為目標時，兩人之間的空洞就浮現出來，然後開始責怪對方變了，但其實不是對方變，而是根本沒花時間去細看對方的本貌，始終以「自己的以為」方式在與對方相處——就像是兩人中間有懸崖，彼此以平行的方向忙著往前方衝，等衝到了目的地，之間的懸崖還在那空虛著。所以有錢無法解決原有的問題，只會延緩或放大原來的問題。

破解↓我再舉一個在網路上看到的案例，可以做為破解這類型木馬程式的範例：孩子打破了父親心愛的昂貴古董花瓶，他正準備衝過去痛打孩子時，媽媽趕緊跑過去跟父親說：「親愛的，我們是在養孩子，不是在養花瓶！」就這一句話打醒了怒火中燒的父親，因為中了木馬程式的他，忘了孩子比花瓶重要！

所以，現在就把你喜歡做的事，從金錢或數字中脫鉤——你可以先列出：

- 錢可以為你做什麼？
- 錢能為你解決什麼問題？
- 錢不能為你做什麼？

然後再思考：目前還沒完成的夢想，如果不是透過錢來完成，你可以怎麼做？有哪些其他「非錢」的途徑可完成（不是去掠奪別人的資源，必須是自創的、而且大家一起好的規格）？這思考方法幫助我們的目光從「錢」移開，看到周圍所有的可能性，於是你就有了點石成金的豐盛思維，這也是激發自己開啟潛在天賦很好的方法！

（三）快篩出金錢木馬程式的兩句話：有錢的壞處、沒錢的好處：

在彼此相同水平的天賦之下，為什麼有人金錢財富很豐沛，完全不需為錢所苦？但有的卻是入不敷出？

我有個很有才華的朋友，她視有錢為「墮落不積極」，所以她在應邀演講時都不會開價，隨意讓人包個小紅包就算了，或是才剛拿到微薄的演講費不到六小時，她就吆喝著朋友們吃吃喝喝瞬間花光，唯恐錢在她身上留久留成仇，所以經常入不敷出，有時連吃飯、付房租都成了問題，這就是非常明顯中了**「恐錢症」**的木馬程式。後來我觀察她喜歡的藝術家多半都是「窮困潦倒」型的，我曾經聽她說過「唯有艱苦才能熬出藝術精華、這世界上沒有有錢的藝術家，錢會讓藝術腐化……」，所以這是她自主選擇的「金錢木馬程式：吃得苦中苦，方為人上人」，她也很享受在這個「受苦」的過程中，因為這是她創作的靈感來源也是動力；也就是說，如果你是有意識且清醒地選擇「受苦」的途徑，其實也沒任何問題，因為每個人都可以選擇不同旅程來過這一趟人生，也就是說，**找到木馬程式不一定非要清除不可，如果確定這是你的自主選擇，而且你覺得自己過得很好，就繼續保持原樣是沒有任何問題的**。這樣的例子也經常發生在心靈中心的創辦人財務拮据，深問他們對金錢的看法多半是負向的，怕自己沾惹到「斂財」的標籤，對錢有「害怕髒了自己」的排斥感，所以錢（或是資源）的能量就被擋在門外，無法自由流進來，造成要花更多時間去為中心謀生或是募款，其實只要轉個念：錢是中性的、空性的，無好無壞，錢多不是罪惡，錢少也不是清高，全看使用人的心及使用的途徑而已。

這樣的例子還有一個，我在學學文創作家班有個學生問我一個問題：「老師，作家不都是很窮？不是餓死要不就是自殺？」我說：「這就是阻礙你成為作家的木馬程式，你怎麼不看看哈利波特作者羅琳的例子？」所以**當人們已經有恐懼的木馬程式時，就只會看到與這程式相符的例子，其他完全相反的事證就完全眼盲**，這就是《任何人都會有思考盲點》提到的：「太專注於某些信號，就會忽略其他訊息，這就叫做『德州神槍手的謬誤』（Texas sharpshooter fallacy），這謬誤是得名於一個牛仔對著穀倉射擊，穀倉外佈滿彈孔，某些地方較疏，如果牛仔在彈孔密集處畫個紅心，看起來槍法很準，其他地方就會被忽略。把後見之明偏誤與肯證偏誤結合起來，就成了德州神槍手的謬誤。」

我在一次課結束，有個學生跟我描述長達十分鐘她家極混亂的財務狀況之後，她的最後一句話是：「錢好恐怖。」於是我緊接著她這句話說：「對，『錢很恐怖』就是妳對金錢的定義，也可以說是妳『金錢木馬程式』的原始設定，所以妳就會無意識地開始創造『錢很恐怖』的實相。除非改變妳對金錢的設定，否則後面的一切，真的都是依據這個設定而產生出來，妳自己要負完全責任。」

還有一次，有一位學生在課堂上問我：「老師，為什麼無論我賺再多錢，過沒多久就會有各種突發情況，這些錢就不見了？比方被借走了，或是某一個開銷來了就瞬間花光？」

我問：「關於金錢，你腦中最先想到的是哪一句話？」

他完全不假思索地說：「有錢沒命、有命沒錢。」

他一說完，全班都笑了，他被大家的笑聲「驚醒」，他才瞬間了悟原來這句話就是他的木馬程式：「若自己太有錢，就會沒命；為了要保命，就必須讓自己不能太有錢。」如果他抱持這組木馬程式不變，就算上再多理財課、買再多理財商品都沒用，因為他的潛意識會自動花錢「洩洪」以降低錢的水位，只是為了「保命」。

解法1↓如果他想要破解他的木馬程式，他就必須去反向舉證「有錢沒命、有命沒錢」是錯的，去找一些有錢但健康長壽的真實案例，來幫自己「糾錯」這組木馬程式。

解法2↓同時要問他自己：抓住「有錢沒命、有命沒錢」這組信念的好處是什麼？假如他說：「好處是讓自己不要太努力工作而忘了健康。」那你可以提醒他：「維持健康，與有沒有錢是沒關係的，你賺了錢卻因為『有錢沒命、有命沒錢』的信念，讓錢莫名其妙流失了，如果沒這組木馬程式在你的財務籃中戳一個大洞漏財，你把錢好好留著，也就不必花太多時間工作，好好運動健身養生——也就是說健康與有沒有錢無關，是這句木馬程式讓你連結了錯誤的信念環節，如果你決定現在就解除木馬程式，或是改寫金錢的方程式，你會省下無限期鬼打牆的時間。」

後來我在開設金錢天賦課[19]時，就以這兩句話為金錢木馬程式的快篩法：請你列出**「有錢的壞處，沒錢的好處」**，原理跟之前提到的「夢想完成的壞處、願望沒完成的好處」是一樣的，如果你能順利寫出來，木馬程式就能一眼戳破，建議你在往下看之前，先把自己的答案寫好。

我舉幾位學生們的例子。有人的答案是：「有錢的壞處：會被借錢，沒錢的好處：不會被借錢。」如果仔細剖析她的問題，其實應該是：她為何「怕拒絕」別人跟她借錢？所以當我回問她這個問題時：

她說：「如果我不借錢給這個朋友，她會生氣。」

我問：「她生氣會如何？」

她說：「我會失去這個朋友。」

我問：「如果有一天她把妳的錢都借光了，妳實在沒半毛錢再借她，她會如何？」

19.〈金錢天賦課〉已收錄進〈李欣頻進階四堂課〉網路課。欲報名請洽百頤堂郵箱，請將課名、姓名郵寄到1308222000@qq.com，並副本到readers0811@gmail.com。

她說：「她會生氣，然後就不要我這個朋友了。」

我說：「所以無論妳借她或不借她，最後的結果都一樣，是嗎？」

她想了想，說：「對耶！」

我說：「妳真正的問題是：妳為什麼怕朋友生氣，為什麼怕失去朋友？失去朋友會怎樣？妳要繼續往下探究，因為這才是妳的主要木馬程式。」

我再繼續問她：「她跟妳借了這麼多次錢，有還妳嗎？」

她說：「偶爾會還一些，但沒多久又來借錢。」

我說：「這個朋友其實不是真的缺錢，只是習慣性借錢，對吧？或許她覺得妳家裡有錢，妳的錢得來太容易，她自己賺錢比較辛苦所以心理不平衡，於是她本來可以自己賺錢去付貸款，卻想跟妳借錢不還，這樣她心理比較平衡，而且妳已經借她這麼多年了，她早已視為理所當然，妳若不再繼續借她，就莫名其妙變成了妳的錯——妳要協助她看到、並幫她跳出這個惡性迴圈，讓她有機會修改自己的金錢木馬程式，而不是一直借錢給她丟進無底洞中，否則妳與她兩人都會困在這個鬼打牆的死胡同裡出不來。」

我是從不借朋友錢，若是有人有急用，比方有家境不佳的學生需要醫藥費，我就直接給一筆錢讓她急用，也會跟她說不需要還我，只要她以後有能力再幫助其他人就行了。但接下來我會做的是：與她深談，教她破解自己與家庭的金錢木馬程式、幫她找到天賦、建議她如何兼顧學業與工作、可以在哪些項目上賺錢、如何存錢、如何理財，這樣她以後就不必再靠借錢來生活，甚至將來還有能力幫助更多人。也就是說，如果有人是習慣性借錢，只是拿這些借來的錢去買東西、投資、賭博、享受生活而非急需，最好就不要借他們，因為這只會助長他們的財務漏洞越來越大，害他們一直停留在欠錢的頻率上持續匱乏，這也就是為什麼有的人越借錢越窮，有的企業越融資，財務的洞越大的原因。

而你自己也要深度掃毒是否中了「怕自己有錢會有什麼問題」，以及「需要朋友」來給你存在感的這兩組木馬程式——你可以問自己，如果一星期不用手機，你會不會害怕失去朋友？

有一部韓劇〈來自星星的你〉：朝鮮時代，有一個愛賭的人，用自己女兒的醫藥費去賭博，眼尖的都敏俊看到賭場老闆耍詐，所以就出手幫助這個賭徒贏，沒想到幫了一次之後，他還以為自己手氣好，下一回居然帶自己的女兒來抵押繼續賭，所以他就不幫忙了。這讓我想到帶印度團的沙蓮華老師跟團員說的話：「請你們不要把錢、食物給路邊跟你乞討的小孩子，你們以為這樣是在幫人，但其實你們是在害他們。印度讓每個小孩免費受教育，為了怕家長讓孩子留在家裡工作不給他們上學，印度政府給去上學的小朋友每天十盧比做為獎勵，但如果小孩在觀光區乞討一天，拿到的錢超過十盧比，請問他還會去上學嗎？你們看到身後那一大片田地嗎？這些來跟你們乞討的小孩都是這片地主的孩子，他們不缺食物，只是被觀光客的『佈施』養成了

『乞討』的習慣，所以懇請不要幫助他們成為乞丐。」也就是說，慈悲的**前提是智慧，如果不是在高維度的智慧層上洞悉這個幫忙的結果，往往是害了人家。**

在兩岸連續辦了十場木馬程式課之後，關於「有錢的壞處，沒錢的好處」已經累積了很多案例，我在這裡舉幾個有代表性的句子，列表並分析之中隱藏的木馬程式是哪些？

有錢的壞處，沒錢的好處：

案例	隱藏的木馬程式
有錢的壞處： 會很累、很麻煩。 **沒錢的好處：** 不會與人吵架。	很明顯的，她的人際關係出了問題，而且正是在錢的議題上與人有爭吵，所以我問她：妳沒錢時也會與人爭吵吧？她想了想說：是的！所以她得針對自己與別人之間、甚至是自己與自己之間的真正問題好好處理，否則這個錯誤的設定變成了「她不敢有錢」的木馬屏障。
有錢的壞處： **人生會沒有目標、不**上進、沒有挑戰、會無聊、不會珍惜事物、自我滿足不思進取。 **沒錢的好處：** 不會浪費時間消費購物，能與大自然好好相處。	他的問題就在：找不到生活的真正意義與目標，所以就把「賺錢」做為他的目標，他會一路往上追到無窮無盡，追到筋疲力盡的懸崖邊，然後他的焦慮會把自己推入深淵，這就是有些富有的人會憂鬱、失眠的原因。 一旦不需要賺錢，他就失去目標、失去行動力，所以他當務之急就是要花時間找到「非賺錢」的生活意義、價值、樂趣、熱忱、動力或是使命，否則賺錢就浪費了他大部分的生命時間，而且賺到的錢他也會以各種方式花掉，因為他潛意識怕自己太有錢，不需要賺錢時，他就不知道自己能幹什麼了，所以想要讓自己「繼續沒錢、繼續奮鬥」。 另外，他有很大的心靈洞缺，會透過買東西來填補（從他說「有錢會不珍惜、會浪費時間購物」這兩段話得知），但他的解藥也在這句裡：「與大自然好好相處」，就是他可以尋找生活意義、價值、樂趣、熱忱、動力或是使命的所在。

我看過一個特別案例，他從小家裡負債，所以他很早就出來賺錢幫忙家裡還債，他在二十八歲還完家裡的債務之後開始由負轉正，很快地累積到上億資產，卻在四十歲時被同事捲款而逃，資產瞬間化為零，於是他又從頭開始累積財富。我觀察他從負債或一無所有到富有的速度很快，因為他是一個能為目標非常帶勁奮鬥的人，若自己變得很有錢就會失去動力，所以當我聽到他非常得意地說自己如何從負債、還完債、到富有的過程時，其實他想表達並證明自己很厲害，能快速無中生有。如果他不改頻率設定，等到他有錢之後很快又會再次瞬間歸零，因為他再度需要「從無到有」的奮鬥激情與成就感。

有錢的壞處：

不知道錢該怎麼花，會很忙。

沒錢的好處：

不必煩惱過多的錢怎麼花。

他的主要問題就是：不知道拿這些生命時間、金錢資源來做什麼，跟上一組是一樣的木馬程式：人生本來就沒目標、意義、價值、樂趣、熱忱、動力或是使命，不知道怎麼過人生的茫然模組。也就是說，無論他有錢或沒錢，他說的這些好處與壞處永遠都在，只是沒錢時可以把賺錢當目標。至於他說有錢會很忙，其實他現在沒錢也在忙賺錢。

有錢的壞處：不知道資產該怎麼配置。 **沒錢的好處：**不必擔心資產該怎麼配置。	她的主要木馬程式是在於「她怕失去錢」，她不知道要怎麼處理與配置「錢」才會「保住錢」，所以她的潛意識乾脆內建「沒那麼多錢，就不必煩惱怎麼配置來守住錢」的木馬程式。 《富者的遺言》書中提到：很多人不想失敗，是因為不想減少金錢，害怕失敗，怕金錢失去，人因為金錢變得無法面對挑戰，不敢離開舒適圈，不敢讓自己突圍，困在自以為安全線內，於是就只能在牢籠裡拿有限食物，不是出去自己發現食物、創造食物。這就是這組木馬程式的根本源頭。
有錢的壞處：怕到死前沒用完，留給別人就白賺了。 **沒錢的好處：**不必擔心別人會花到她的遺產。	她的主要木馬程式在於「擔心被別人占便宜」，這害怕、不信任、防衛、焦慮、算計的頻率在「第13級：恐懼焦慮／100」，光是這個頻率就會創造更多相應的煩惱，而且也會內建出一個「防衛圍牆」或是「財務漏洞」（例如突來的開銷、有人借錢不還、投資失利……）以防太多錢留在她身邊，讓她會「花不完只好留給別人」，於是她的人生大部分時間都浪費在「賺錢、漏財、賺錢、漏財……」的惡性循環中。 《富者的遺言》書中提到：「沒有錢的人有這樣的特徵：猜疑心強、不輕易相信別人、挑剔人；有錢的人懂得信用的力量，所以他們會遵守約定，不辜負他人的信賴，這是因為金錢自他人而來，信賴產生巨富，如果不能信任他人，則無法取信於人，金錢流向自然也會避開那樣的人繞行。」如果對外在的人與資源不信任，錢與資源也進不來，就像門外有一個你不信任的人，你會開門讓他進來嗎？許多金錢木馬程式內藏有「恐懼」的能量，所以信任是破除木馬很重要的頻率。

有錢的壞處： 驕傲、囂張、貪享受、浪費、罪惡、不能感同身受、為富不仁、錢是萬惡之源。 **沒錢的好處：** 雜念少、煩惱少。	他把金錢＝驕傲、囂張、貪享受、浪費、罪惡、不能感同身受、為富不仁、錢是萬惡之源……當他這麼想，他的排斥能量就阻礙了金錢財富流向自己，而這也是個「全錯」的木馬程式，隨便找都能找到反例：現實生活中有溫良恭儉謙讓的慈善家，也有捐絕大部分的錢給需要幫助的人。另外，可以明顯得知他目前的生活已經在為錢煩惱了，所以當我問他：「你其實是有錢沒錢，雜念與煩惱都還是很多，對嗎？」他想了想，說：「對！」所以他必須「修正、重置」這組金錢對等式，否則他潛意識會把金錢視為洪水猛獸，排斥金錢進來的流。
有錢的壞處： 錢會占用太多時間，沒有自由，沒有更多時間與家人在一起。 **沒錢的好處：** 不會被錢拖累，心靈很自由，可以去寺廟修行。	她很明顯把「沒有自己時間」歸咎於金錢，但事實上是她沒留時間讓自己獨處、修行、與家人在一起，她潛意識在逃避面對自己與家人，然後就怪罪於「因為賺錢所以沒時間」，也就是說，是她的心靈不自由，所以時間也不自由，與金錢一點關係也沒有。

有錢的壞處：會被人嫉妒，會很累，會有災禍。 **沒錢的好處：**不會被嫉妒，不用太辛苦，可以豐富生活。	她的主要木馬程式是恐懼模組，怕太「做自己」會招來側目與嫉妒，怕自己「太與眾不同」會引來不好的關注、怕別人不喜歡她、以及不好的災禍。她也中了「沒自信」模組，所以會自動削弱自己的光芒，把自己變成匱乏，與「豐足」自行隔離。所以她得解除這木馬程式之後，生命與生活的創造權才能回歸於她。
有錢的壞處：分不清對方靠近是真的有愛還是來要錢的、會感覺身邊朋友不是真心的，都是為錢而來、感覺錢很危險。 **沒錢的好處：**沒人盯著我，感覺很安全。沒錢才知道誰是真心朋友。	這是一位有財務問題的學生寫的，我跟她說：「這就是妳目前財務問題的主因：妳潛意識怕自己有錢，因為妳害怕失去真情真愛，但事實上是：妳中了『**對愛與情不信任模組**』，也就是說，不一定真的會發生『等自己有錢時，身邊的朋友都不是真心』的事實，但這就是妳因恐懼所設定的金錢木馬程式。而且妳也必須自己檢查一下，自己是否也有『以錢擇友』的狀況，因為通常是自己有這狀態，所以認為『別人也會如此』地推己及人。」 **解法**→妳可以去找有錢但還是有真愛真情的例子，比方臉書創辦人馬克·祖克柏，即使他富可敵國，仍有真愛、真心朋友在周圍，他自己也很有愛心捐款給需要的人。妳認為「沒錢才能知道身邊哪些才是真心朋友」的這個想法，反而讓妳困在金錢「安全線」之內無法突破。妳要優先解決的就是「對愛的不信任」模組。

所以**「有錢的壞處、沒錢的好處」**就是抓出金錢木馬程式的基本問句，其變型問法還包括：

- 如果你突然變成了超級有錢人，你覺得會有怎樣的問題、壞處？

→即是阻礙金錢資源流向你的木馬程式在此。

- 如果你突然負債，你覺得會有怎樣的好處？

→即是你不肯離開「負債」狀態的原因。

- 你覺得自己很難變成「超級有錢人」的原因？

→即是阻礙「無邊界、無限」的金錢資源流向你的木馬程式在此。例如有學生的答案是：自卑讓她很難成為超級有錢的人，那麼解決「不自信模組」就是她解決目前金錢課題的解藥。

- 在你眼中，有錢人是個怎樣的人？貧窮的人是怎樣的人？

→即是你選擇自己成為哪一種人的信念依據。

- 小時候你的父親、母親或教養者，哪件與金錢有關的事讓你印象深刻？

→這是深挖出藏在潛意識或無意識深海底層的木馬地雷。

關於「負債」的好處，我跟大家延伸講兩個很經典的實例：

有個學生問我：「老師，我也不想負債，但家族成員都是在忙著借錢、調頭寸？我該怎麼改變這個『負債』的迴圈？」

我問：「妳印象中，家裡有哪件跟錢有關的事，是妳印象最深刻的？」

她說：「我記得最深的就是，每次我要交學費的前幾天，爸媽就到處借錢，往往他們總能在前一天順利籌到錢。」

我說：「這就是妳金錢木馬程式的形成原因。妳回想一下，當他們還沒借到錢時是什麼狀態？等到一籌齊錢時，他們感覺如何？」

她說：「一開始很焦急、失眠，直到借到錢的那一刻，他們就如釋重負。」

我說：「就是這個到最後一刻『如釋重負』成了癮頭。舉例來說，如果妳有兩個月時間可以寫作業，請問妳每天寫一點比較刺激，還是全都擠到最後一天一次寫完比較刺激？如果能在最後一天一次寫完，從極度緊張到瞬間放鬆，那麼以後就很難戒這個『狗急跳牆』的癮頭。」

她說：「對耶，我每次都是拖到最後一刻才交信用卡卡費，之前緊張得半死，等到交完的那一刻，突然有一種完成並解脫的快感！」

我說：「這就是妳潛意識讓自己卡債不停的癮頭，妳自現在起不要讓自己再超支刷卡，要斷這個負債迴圈就從現在開始。」

關於「卡債」，我過去有個同事的例子也很經典：他是富二代，是家中期盼以久終於盼到的最小兒子，在他之前有四個姐姐，因為他的父親是老來得子，所以特別寵溺他。他都已經三十歲了，還是經常刷卡負債，薪水一個月三萬台幣，卻每個月刷超過五萬台幣的卡費，我問他要怎麼交超額的卡費？他說只要交給他爸爸就行了，他爸爸會交給他大姐，大姐會交給有錢的姐夫去付清——跟他深聊之後才發現，其實他並不是真的需要這麼多東西，他潛意識想報復他姐姐，因為小時候媽媽老是訓斥他：「你怎麼就不像姐姐那樣好好讀書？你的學業成績這麼差？」所以他內心總是羨慕、嫉妒、恨姐姐們的優秀，長期不平衡之下，長大後就開始無意識地刷卡造成超支的卡債，心裡潛意識知道交給爸爸就可以解決，已經退休的爸爸一定會交給經濟能力比較好的大姐去處理，這樣就間接報復了他優秀的姐姐。也就是說，財務問題、卡債的問題並不是想像中的表面行為，往往內在的潛意識、無意識的木馬程式才是主因，主因若沒被找到並解除，表相的行為也無法根除，這在前面提到的泰國電影〈把哥哥退貨可以嗎？〉也有類似的案例可參考。

有個學生問我：「老師，我覺得我有錢就不會被人家瞧不起，請問這有什麼木馬程式呢？」

我說：「只要那個瞧不起你的人、比你不努力的人、或是你討厭的人如果比你多一塊錢，無論你現在多有錢，你一樣都會覺得被瞧不起，或是一樣心理不平衡。問題不在你有沒有錢，造成你痛苦的木馬程式在於『比較』，只要你討厭的人比你沒錢你就開心，若他比你有錢，你就瞬間不快樂，所以你快樂的權力都在他身上，你一點也不自由，這就是木馬程式。」

還有個學生問我，她對錢完全無感，這是中了什麼木馬程式？我說：「妳對生命也無感，是嗎？」她想了想，說：「對耶！」錢是明鏡、放大鏡，也是照妖鏡，會顯出並放大我們內在的實相，看你為了錢你會在乎什麼、犧牲什麼、放棄什麼，你也可以很容易找到你中了哪幾組木馬程式。

水可載舟也可覆舟，水是中性、無善無惡，就看你怎麼用，錢也是一樣的道理。**「有錢的壞處、沒錢的好處」**就是抓金錢木馬程式的兩面照妖鏡，如果依照我們上述的深度分析，就會發現你目前所列出來與錢有關的問題，其實就算有錢、沒錢都無法解決，你會頓悟自己人生的主要問題與錢一點關係都沒有（請幫錢脫罪、洗刷冤屈），錢是中性的，無好無壞，全看人怎麼用，就像刀可以用來雕刻也可以拿來砍人，跟刀無關。

解法→可以就你寫的**「有錢的壞處、沒錢的好處」**，將所有不是真的、但你都誤以為真的「錯誤句」反向（找反例）校準為正、為真來修正程式碼，例如：錢是自由的、友善的、有愛的、輕鬆容易、很安全、有力量、有意義、有能量……替換掉原本對於金錢充滿恐懼與罪惡的頻率，這是要從金錢木馬程式脫困的第一步！

（四）輾轉找到金錢木馬程式的兩句話：有錢的好處、沒錢的壞處：

回到我們剛才說快篩木馬程式的兩句話：**「有錢的壞處，沒錢的好處。」**如果你真的想不出來，可以改寫成**「沒錢的壞處，有錢的好處」**，轉個彎來找到你的金錢木馬程式。同類型問句還包括：如果你身無分文，或是遇到不可抗力的負債，你覺得會有怎樣的問題？馬上跑出來怎樣的頻率？

舉個學生的例子：他的答案是：「沒錢的壞處：生病沒錢醫。有錢的好處：可以自由做自己喜歡的事。」所以他的木馬程式有兩組：1.害怕生病。2.他認為自己因為「沒有錢」，所以目前沒有能做自己喜歡的事的自由。

讓我們來破解第一組：1.害怕生病：一個人若一直在擔心自己會生病，這個「擔心」的頻率屬於「第13級：恐懼焦慮／100」，請問長期在這樣的頻率下，身體會健康嗎？也就是說**「害怕」**才是他身體不健康的主因，正是**阻礙他「健康」的**木馬程式，跟有沒有錢看醫生沒關係。

讓我們來破解第二組：2.他認為自己因為「沒有錢」，所以目前沒有自由能做自己喜歡的事。事實上做自己喜歡做的事，與有沒有錢根本沒有直接關係，網路上可以找到許多素人歌手、素人畫家、素人音樂家的例子，他們都是利用自己上學或是上班以外的時間來練習，跟自己的熱忱比較有關係，**反而「沒有錢」才是拖延不去做「自己喜歡做的事」的藉口**，也是讓自己繼續沒錢的木馬程式。

還有一次木馬程式課上，一個學生問：

「老師，我覺得有錢很好啊，當我有錢時我就沒有任何問題了，我實在想不出有錢的壞處？」

我問他：「如果你沒錢，你會如何？」

他說：「會很焦慮。」

我問：「當你有錢的時候，會不會焦慮自己有一天會突然沒錢？」（這叫做：金錢恐高症）

他說：「會！」

我說：「所以你有錢時也會焦慮啊，也就是說，無論你有錢或沒錢都會焦慮，**『焦慮恐懼』就是你現在的木馬程式，跟有錢沒錢一點關係也沒有**，甚至等你有錢之後，還會放大你的焦慮。**錢只是照妖鏡，幫助你看到自己的木馬程式；錢也是放大鏡，會放大你現在的主要問題**，比方如果你現在就不信任人，等你有錢就更不信任人（例如開始請保鑣、保全）；或是有些中樂透頭彩的得主，在一段時間之後過得比沒中獎之前更慘。台灣歌手賴佩霞說過一段很棒的話：「錢只會放大你的現況：你慷慨，有錢後會更慷慨；你小器，有錢後會更小器；你高興，有錢後一樣高興；你不開心，有錢後會更不開心。」」

另外還有一個案例是，學生說：「**沒錢的壞處**：生活品質下降、沒有安全感、怕重新開始、會失眠、有壓力；**有錢的好處**：以上的問題都可以解決。」她的問題很清楚，就是「恐懼害怕」的木馬程式在發作，與錢一點關係也沒有。

（五）破解金錢木馬程式的方法：

1.並不是貧窮限制了你的想像力，而是想像力的缺乏才造成了貧窮

我在二〇一七年到騰訊去演講，內容提到未來科技可以做到：聰明人或是專家的腦波，可以改變一般人的腦波，使之瞬間會開飛機、射箭、學會某一個語言，或是弄懂某一門艱難的理論，所以未來說不定可以購買創意人的腦波，這會讓有想像力的人特別吃香，因為他可以賣腦波給別人，也就是有想像力的人可以達到財富**無成本、無上限**的狀態，沒有想像力的人的工作會被機器人、聰明人複本的AI人工智慧所取代。當時有個騰訊工程師在聽完我的演講後，問我一個問題：「這樣不公平啊，我的腦波如果被一個富翁用一塊錢買走了，我豈不吃虧了？這就是貧窮限制了我的想像力！」我當場一段話就把他的金錢木馬程式打破：「如果有一億個人用一塊錢買了你的腦波，說不定你就瞬間比他有錢。你為何認為只有一個人會買你的腦波？並不是貧窮限制了你的想像力，剛好相反，事實上是你貧乏的想像力限制住了你無限富有的可能。」我們也可以說，他對自己與外在環境不那麼信任，但靈感直覺必須要以信任為前提才能被你接收，進入敞開的門。

所以如果你過去這段時間以來，你一直都處在「辛苦窮忙」狀態，你要優先

檢查你中了哪些金錢木馬程式？是否有財務籃破洞導致你一邊裝水一邊漏水的情形？如果有，表示你的視野、維度、頻率都還可以往上再提升與拉大，只要頻率一調準，原來你以為要花五十年才能累積的財富，很有可能瞬間達成，讓你誤以為是財富跨時空轉移，但其實不是，那只是速率、頻率、速度決定時間長短，就像原本照火車走的速度要花十天，但飛機可以縮短時間為幾個小時，差別就在速率、高度、維度，你也可以用「跨懸崖」（圖6）的概念：兩個版塊的最短距離，或「蟲洞」（圖7）的概念：兩個維度最短距離來思考。

圖6

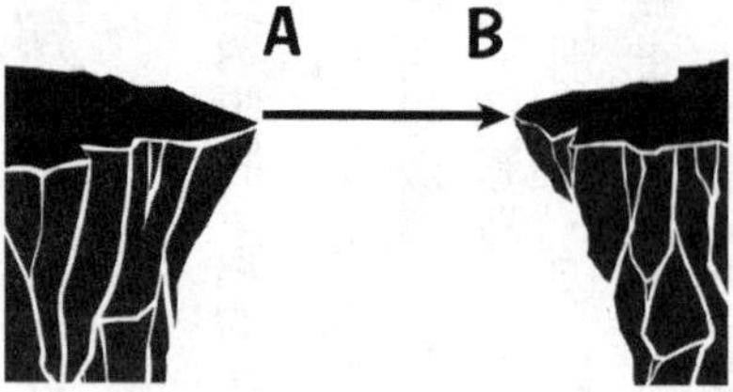

圖7

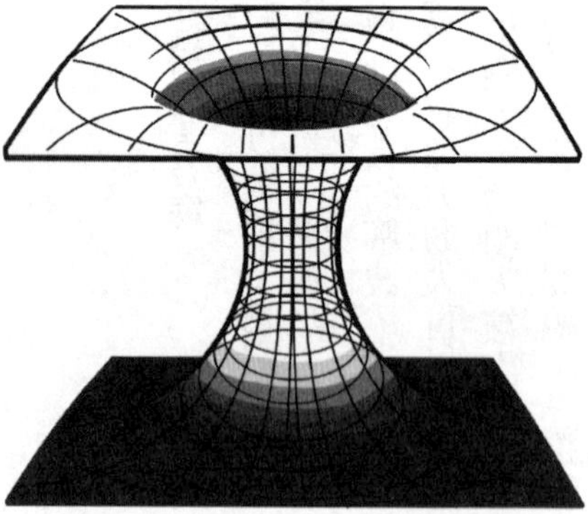

2.對錢不設限，對來源不潔癖

《猶太人金錢與智慧》有一段話可以用來解釋沒有金錢木馬程式是什麼狀態

我會在每一句旁邊註解，並標明其頻率帶所在：

猶太人對賺錢始終保持一種「平常心」→「第3級：寧靜喜悅／540」

也就是始終把賺錢看做是一件極為平常、正常的事，

→「第8級：中性信賴／250」

既沒有對錢敬之如神↓沒有「第12級：渴愛欲望／125」

也沒有惡之如鬼↓沒有「第16級：罪惡譴責／30」

或「第17級：羞愧恥辱／20」

更沒有又想要錢又羞於碰錢↓沒有「第12級：渴愛欲望／125」

或「第17級：羞愧恥辱／20」

伸手拿錢，眼睛又飄向別處↓沒有「第12級：渴愛欲望／125」

錢乾乾淨淨、平平常常↓「第8級：中性信賴／250」

賺錢堂堂正正、大大方方↓無愧疚感「第9級：勇氣肯定／200」

以這樣的心境，猶太人賺錢時出奇隨意自在，理所當然。

→「第3級：寧靜喜悅／540」

也就是說，如果**把錢視為「中性」或是「空性」，不投射任何個人的成見、偏見在上面，對錢沒有不悅感、愧疚感、罪惡感、限制性信念**，或是覺得匱乏所以想從別人那掠奪，這樣才算是對金錢沒有木馬程式，也才能恢復金錢自由流動的能量，可以無限擴張，就算瞬間歸零也不怕。

3. 超值比便宜更重要，全贏才是無輸家——打破削價競爭的迷思

我舉一個實例來跟大家說這個概念：導遊好友L，我跟過她帶的團，她很專業也很創新，經常帶我們去她發現的私房景點，她每團的費用不高，但參加她的團很辛苦，得自己拿著行李上上下下多層階梯、等地鐵、等火車、等公車……屬於半自助團，所以每次參加她的團之後，我都累到得休息一個禮拜。後來我問她，能否在團中增加費用，配個遊覽車與領隊，一方面大家省掉等車的時間與自提行李的疲憊，二來可以利用車上的時間講講課、聽聽音樂休息都好，多出來的時間還可以多去幾個景點，但她跟我說：「可是價錢變貴就沒人參加呀」，我說：「貴或便宜要看行程，如果行程排密集一點，一般七天的行程每天上午、下午各一個點，但因為

省掉等車的時間，所以可以一天排三到四個景點，也就是說這個比較貴的行程，其實是比過去便宜團多了一倍的行程內容，但對團員來說省了時間，他們不必分兩次參加，其實整體下來還省了時間以及一趟來回機票，他們多看了一倍的內容收穫，省了自己拉行李的體力，團費只多1/3。妳也可以收入倍增，帶兩團的時間只要帶一團就有雙倍的收入，多出來的時間妳可以選擇多帶團或是陪家人，再加上有領隊分擔妳的工作也就不會那麼累。」她聽完我的建議後，調整了團的形式，年收入比過去多三倍，工作時間卻少了1/3。所以請重整你的價值觀，**超值比價錢重要**，不要為了低價犧牲品質，因為事業要可長可久，想要靠口碑就要靠品質而不是低價，只要**打破貴與便宜的迷思，把時間也列入思考範圍內**（為了便宜，浪費時間其實也是不划算的），不要受到「價錢」的制約，只要給團員、消費者「超值」的內容與服務（你為他人提供的物品或服務，要超值過他們付的錢），你、團員、旅行社三方都是贏家，都比原來更好，沒有任何一方因為你的存在而損失（包括原來的產業也可以因此轉型），掌握好這個原則就行：**超值體驗比便宜更重要，全贏無輸家才是可長可久的**。

所以我自己帶的旅行團完全不以價錢來考量，因為我覺得**時間比錢貴**，同樣十天的歐洲行或印度行，我唯一考量的是，如果一生只有一次機會到這裡，有什麼是一定要體驗的？我只考慮價值完全不考慮價錢，也會盡可能在有限的時間去所有我覺得當地一定要去看、去吃、去體驗、去學習的地方，也不惜高價請非常專業專家級的導遊來講解，因為世界太大，一個地方會重複去很多次的機會幾乎微乎其微，所以一次把該看的都看不漏是非常重要的，**一次美好飽足的顛峰體驗，就能創**

造一連串頻率相應的事物，我也認為**「越旅行越富有」**，主要的理由是眼界不同了，思維更有多元創意，所以就算這種從飯店、餐廳、景點、導遊全都獨家客制化的團費，比其他制式團貴好幾倍以上都值得，因為光是專家講解的內容就非常超值，可用一輩子的創意靈感與滋養。在我的《環球旅行箱：創意啟蒙之旅》就提過，跟專家走內行人看門道、與自己走馬看花就是兩種不同的層次，一〇一樓與一樓的視野就是天壤之別，所以我很慶幸在年輕時願意多花一倍以上的團費跟著藝術家、建築師、教授的主題團去旅行，當時隨團我學到的東西、視野、觀點到現在二十年後還受用，而且當年的團費老早就賺回來了。所以我經常跟學生們說，**不要被價錢綁住你的決定，只要看價值不要看價錢，就是突破木馬程式的重要方法之一**，否則你永遠會被困在某條價錢帶之下突破不了。

再舉一個教占星的朋友H為例，她占星知識很豐足，也有一套非常獨特的教學系統，但每一次我想幫她在臉書上分享開課資訊，她總是唯唯諾諾地說不大想做宣傳或廣告，因為她覺得如果太多人來上課，這樣會很商業、不靈性，她對於金錢有很大的木馬程式：「錢＝商業≠靈性」，但我知道無法從她腦中移除既有的「商業」概念，只能重設「金錢的定義與連結」，所以我請她改成「靈性＋影響力＝豐盛（錢）」，我跟她說，**妳只要給學生的課程內容，比他們交的學費超值就可以了**，學生們賺到超值知識，妳也有錢可以到國外進修高階占星學，所以妳不需對錢或是豐盛的生活有罪惡感。兩年後，她的年收入是過去的好多倍，也四處旅行、享受生活——她改變對錢的觀念，也同時改變「靈性＝苦行生活」的設定。所以你可以問自己，怎樣的案子、怎樣的客戶是你最不想接的（違法違背良心的事除外），海納百川不會嫌棄任何涓滴之水，**對錢不設限，對來源不潔癖**就是這樣的廣大頻率，電影〈名叫海賊的男人〉可以做為進一步參看的案例。

你可以寫下你對「商業化」、「自我宣傳」、「做廣告」這些詞的定義、感覺與看法，然後去找出卡在你與資源、金錢的木馬屏障。我腦袋裡沒有「商業化」這個詞擋住我做的每件事，更深度且具體地說，我不會在乎別人的看法，因為我對自己所做的每件事都是百分百的自信與負責，如果對自己不自信、害怕別人評價，就像是孕婦害怕孩子出生萬一長得不好看、別人會不喜歡他、她，難道她就不生了嗎？金錢資源就是一種能量頻率狀態，你越不給它設限，它就越自由無限。

類似的木馬程式模組還有這個例子。我有個學生想開教插畫的網路課，她來問我意見，我們之間的問答是這樣的：

學生：「老師，我受到妳的鼓舞，決定在網路上開插畫課，請問我一開始免費授課行嗎？」

我：「妳為什麼想要免費？」

學生：「因為一開始嘛，沒什麼人知道我，所以先免費吸引大家來上，等到他們覺得課程好了，才開始收費。」

我：「妳去上學時，學校有提供免費試聽課，妳才決定上不上學嗎？或是想聽某位專家演講，妳會因為他有收費而不去聽嗎？」

學生：「不會耶，想上學、或是特別想聽這場演講時，就不會在意是否免費或是要收費。」

我：「那妳自己的課為何一開始要設免費？主要關鍵不在免費或收費，而是妳覺得自己剛開始開課『可能』沒什麼人來、覺得自己的課現在不值錢、收費怕別人不會來的這些隱藏在背後『不自信之擔憂』頻率、低自信造成低估自己的產值、價值才是問題，就像我之前舉過的例子：如果一個醫生對他的手術技術沒信心，就算是免費的，你敢給他動手術嗎？如果一個老師對自己的課沒有信心，請問學生敢來上課嗎？就算是免費的，但他們還要花時間與交通費啊，重點在於課程是否對他們有益、有收穫——我去聽演講從不看價錢，不會因為不是免費就不去聽，也不會因為是免費就去聽，因為演講好壞、你是否有收穫，與是否免費根本無關，只要我從這堂課的收穫大於付出就超值了，如果我去聽了一場免費演講但沒內容，浪費了我的時間，一樣也不值得。所以請不要把價值的定義權交到別人手上了，這就是妳的金錢木馬程式，如果不解除，之後妳會一直被困在這個頻率設定中出不來。」

所以你現在就可以問自己這個問題：「什麼東西比錢貴？家人？友情？健康？時間？快樂？自由？良心？愛？天賦？或是其他？」以這問句來重排、重整、重新定義你的生命價值觀，也只有這樣才能拿掉木馬程式的遮眼罩。

沒有金錢木馬程式的人，不會因為價錢而決定要做或不做什麼，或是要買或不買什麼的依據，他只會根據價值來做決定。也就是說，當你能看見別人看不到的價值，這個獨到的眼光與能力，就能從價錢的框限中解放自由，你也就有點石成金、無中生有、從無限變現為資產的能力，你就是自己無上限的自動提款機！

4.解決你的金錢矛盾點：

我們之前說過木馬程式第四個特徵是「矛盾性」：這個人想要達到的目標，跟內在潛藏的木馬程式衝突卻不自知，就像一支箭無法同時射向兩個靶心，內在外在來回拉扯，以至於夢想永遠不會聚焦成真。也就是說，我們若想破解金錢木馬程式，就要先找到自己金錢木馬程式的矛盾點，例如：

●想要有錢卻仇富，嫉妒、討厭、痛恨有錢人

→你想成為你自己都討厭的有錢人嗎？你可以列出「你覺得有錢人都是怎樣的人」，來仔細檢視自己對錢的排斥。

●想賺錢卻又討厭工作

→錢是工作的副產品，你得重拾對工作的熱情，或是換一個你有熱情的工作。

●一邊嫌薪水少、一邊還自我安慰說自己其實不在乎錢

→如果你真不在乎，薪水多少根本不會在你腦袋裡。

●總是不相信別人，卻又想要別人的資源；怕被人家說「急功好利」卻又想要快速賺錢

→這也都是跟錢的能量有欲拒還迎的矛盾關係。

所以你現在就可以寫下你對金錢的矛盾點，徹底搞清楚自己真正要什麼，然後彙整好矛盾點為單一清楚的焦點，這樣可以不再受到木馬程式來回拉扯的耗能影響。

5. 補好財務破洞，恢復健康體質：

齊騰一人在〈錢教會我的真理〉提到：「因恐懼而存錢，錢會因為恐懼而消失。」這個「恐懼」就是財務籃破洞的所在。

曾經有個學生找我諮商，她說這幾年被一個心靈成長團體騙了五百萬人民

幣，我問她是怎麼被騙的？她說當初對方邀她擔任這個團體的大中華區總裁，但需要先行投資五百萬人民幣。我跟她說：「**沒人能騙妳，除非妳先騙自己**，如果有人跟我這樣說，我完全不會被打動，因為我一點都不在乎『頭銜』，所以至今我沒有任何被騙錢的經驗，因為**沒有人能給我自己本來就有的，也沒人能給我本來沒有的**。當妳覺得自己不夠好，別人就可利用『應該要努力成為更優秀的自己』來誘惑妳，給妳這個頭銜讓妳看起來比較厲害，但這個『看起來很棒的自己』與『真實自己』之間的縫隙，就是被騙、被利用的空間。」

也就是說，如果你先騙了自己，別人也就有辦法拿你最在乎的人事物來騙你——如果你在乎面子，別人就給你面子來騙你；你想要健康，別人可以拿保健品來騙你（因為你不相信健康可以靠自己養生、自療來完成）；如果你想要愛，別人就給你愛來騙你（你想要真愛，對方想要錢）……所以才有各式各樣被騙的理由產生。只要我們對自己百分百真實誠實，完全接受自己的現況本貌，沒有「另一個更好的自己」在前面做為名、利、愛的誘餌，別人沒法見縫插針，妳就不可能被騙，這就是「無欲則剛」的原理。

讓我們繼續就這個「騙」的模組來做延伸討論。剛才說過，如果有人一直**遇到被騙的人，可能要先檢查自己是否有「騙」自己的頻率**。我以前聽過有朋友抱怨，說他老是被朋友利用他的名聲去宣傳自己，我跟他說：「你自己也有『利用』別人的名聲去為自己宣傳啊，所以你也會這樣防備別人。有時你也會『利用』自己的名聲要人家給你特權或是優惠，把自己的名聲當成生意的交換貨幣，去創造出『完美』的自己以贏得別人的愛與尊敬，完美虛假的自己與真實的自己之間，就是利用與被利用的空隙，也是你擔憂，恐懼、痛苦的來源。」

我在《心誠事享》書中提到**焦點從收入轉為花費的資產擴增法**：我是怎麼把自己的財務定水位為in：out＝9：1，若覺得這個1不夠生活花用，就想辦法擴充自己的潛能天賦轉為財富，然後再把「省錢」能量轉成「花錢」（不怕匱乏、信任且有覺知但不受限地花錢，而不是用來填心靈空虛、發洩式地亂花錢），讓我把錢是「有限」的能量瞬間轉成「自由無限」的方法。所以我會建議如果目前有入不敷出、錢不夠用、負債情形的人，**請先找出讓自己財務破洞的金錢木馬程式**，補起來之後讓自己的財務盡量達到in：out＝3：1，甚至可以「擴能」到in：out＝9：1，等到財務恢復到健康體質後，就可以放掉這個「標準」與「數字」的限制——先完成「小目標」，然後再把這目標解除，以免擋住無邊無界的資源。

6.無成本、無上限：

所謂「降維攻擊到你死我活」與「升維聯合擴充」的差別就在頻率。你可以問自己這個問題：如果聽到別人說某某人很有錢，你會想知道他到底有多少錢？有沒有比你有錢？如果你是這麼想的，你已經落入了競爭模式，這模式會讓你瞬間掉入「資源有限」的匱乏頻率裡。

《失落的致富經典》書中提到：「那個創生出萬物的智慧存在體，會為了你創造出你想要的，但是不會為了你，向他人奪走資源物品來拿給你，你必須擺脫競爭的想法[20]，透過競爭方式而獲得的財富永遠無法使人滿足，也無法長久，今天屬於你，但到了明天可能就屬於別人。你要做的是創造，而不是與他人爭奪已創造的一切——你不需要奪走任何人的任何東西，你並不需要在交易時斤斤計較[21]，你並不需要欺騙別人或占人便宜，你並不需要羨慕或貪圖他人財產，世界上沒有你不能擁有的東西，也沒有那種唯有透過奪取才能獲得的東西，**你要成為創造者**[22]，**而不是競爭者**。當你透過這方式得到你想要的一切時，你所影響的每個人也都將擁有更多。」也就是說，資源、錢不是省下來或是搶來的，而是從無限創生出來的，競爭會掉入「有限」的框架與模式裡，所以不要設目標，眼前只有自己的道路，不分心，不必去聽其他人的意見，一旦解除金錢木馬程式，就能達到**「無成本、無上限」**的狀態，就是可以從零開始、無中生有，創造無上限的富裕狀態，以當下的全然力量與喜悅的頻率，創造出與過去完全無關的現在與未

20. 欣頻註：誰比誰有錢。
21. 欣頻註：無理殺價。
22. 欣頻註：二元之上的原創一元。

來，這就是霍金斯博士意識能量層級圖表屬於200以上的正向頻率，也是頻率決定你所在的資源海平面高度。

至於有哪些方法可以瞬間從金錢木馬程式脫困？在《心誠事享》裡提到的「樂透除障法」：想像一下如果你中了數億的樂透頭彩，你最想做哪些事？馬上不再做哪些事？然後再想一下，你想做的那些事可否在不必透過樂透獎金的情況下完成？這可以是拓展你天賦才華潛能的方法。

這次我在巡講〈木馬程式〉課時提出了一個新想法，就是**「高維度縮時夢想計畫」**[23]，我用的原理就是：如果要你算出1+2+3+……+99+100，你會怎麼算？是一個一個數字加起來慢慢算？還是退後三步看到完整的算式之後，找到對稱性：1+100＝101，2+99＝101……101×50＝5050，三個步驟就算出來了，而且出錯率與計算時間遠低於一個一個數字慢慢加，這就是**「高維三步驟法」**，能量頻率維度縮省了瑣碎的時間、出錯率極低、不會逆轉，就是會了高維的方法後，就不會再用比較慢又容易出錯的方法，就像是你看過一〇一樓的視野後，你就無法假裝自己沒看過，也接近「無木馬程式」的「高速高效狀態」。也就是說，如果你現在身陷於「窮忙」、「瞎忙」、「時間不夠用」的狀態，表示你還需要拉高維度並調整頻率。以下我們可以實驗**「三個月完成一年總收入」**、**「三年完成終生財務自由」**的計畫：

（1）「三個月完成一年總收入之夢想高維度縮時計畫」可以這麼做：

1. 請寫下你去年一整年的總收入（A）。

2. 請寫下你過去五年（若不滿五年，以實際年份來計算）的平均收入（B）。

3. （A）或（B）請選擇數字較大為（C）。

請寫下今天的日期：＿＿年＿＿月＿＿日。

三個月後的日期：＿＿年＿＿月＿＿日→要在這一天完成（C）。

舉例：

可將（A）的收入百分比圖畫出來。

以我自己為例：因（A）較大，所以選擇（A）為（C）。

演講、講課收入佔60%→C1

出版收入占25%→C2，接廣告案15%→C3。

23. 高維度縮時夢想計畫課，欲報名請將課名、姓名郵寄到1308222000@qq.com，並副本到readers**0811**@gmail.com。

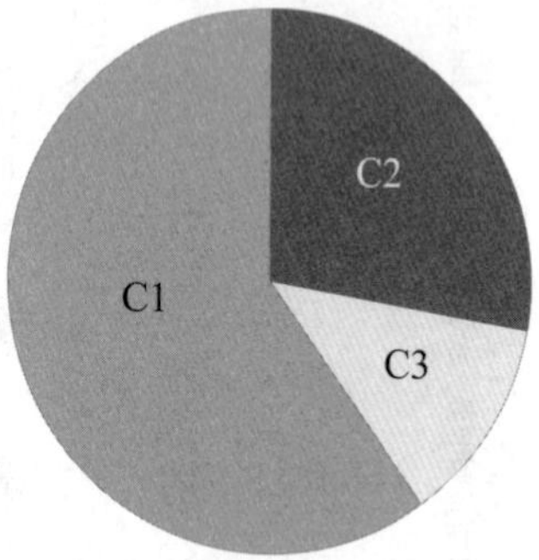

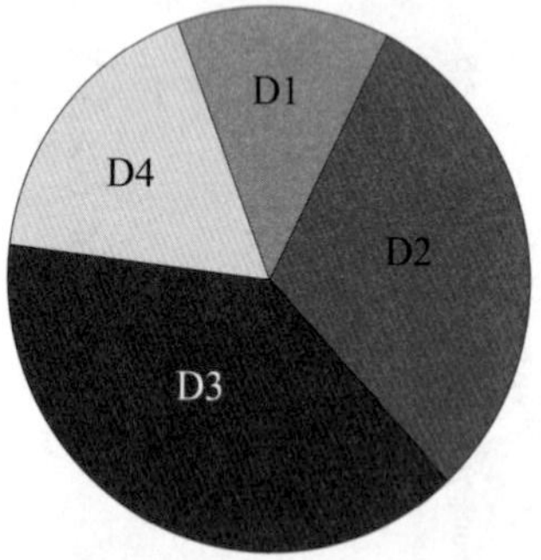

我在接下來2.5個月內，把今年度的C1、C2的工作做完，也就是把三個月中大部分時間先完成85%的年度工作。

因為以前做過，可以把流程化零為整，於是就可以「高維三步驟」來完成本來要花一年才做好的事，然後利用剩下的瑣碎時間，把C3的目標完成。

因為一年的大部分收入已經在三個月完成，所以剩下九個月不是拿來完成更多的收入，而是用來做自己想做、但沒時間做的天賦夢想計畫，與收入完全無關，亦不必再擔心生計或成敗，純粹用來創造生命意義、自由探索並開啟天賦潛能的時間，例如：畫繪本、寫劇本小說、旅行、研究心理學與天文物理學……（D：D1+D2+D3+D4）就是用來實驗「無成本、無上限」的完整時間。

如果你是要正常上下班者，你不需要離職，一樣可以先畫收入百分比圖表：

例如：（A）包括：上下班固定薪水90%→C1，其他收入10%→C2。

你可以先幫自己開創出其他的天賦財源（非直銷、傳銷），利用上班以外的時間，來完成1～2項可帶來收入的副業→D1，想辦法在三個月內將D1的金額做到跟C1一樣，並同時完成C2，然後剩下九個月上班以外的下班時間、假期，或是瑣碎的時間，就像開啟一個又一個的平行時空，用來做自己想做、但沒時間做的天賦夢想計畫，與收入無關，不再擔心生計或成敗，百分百地投入純創造生命、自由探索天賦的時間→D2，讓自己的自由財源收入，慢慢大過原來的工作，等到你越來越熟練調配時間比例，你就越有選擇權。

前三個月：

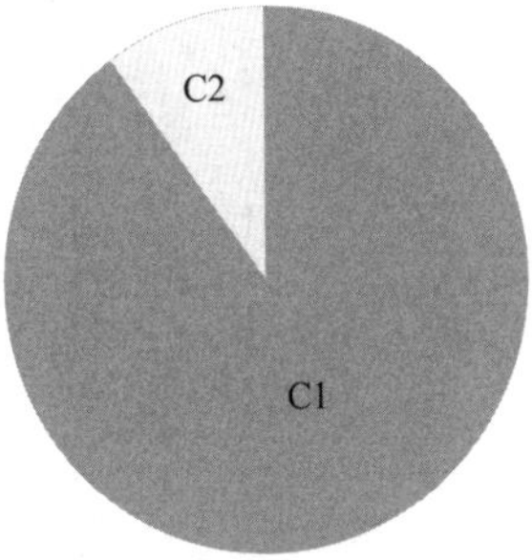

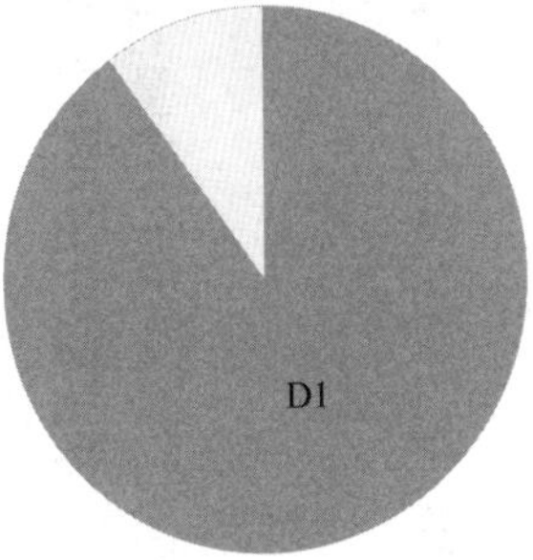

剩下九個月：

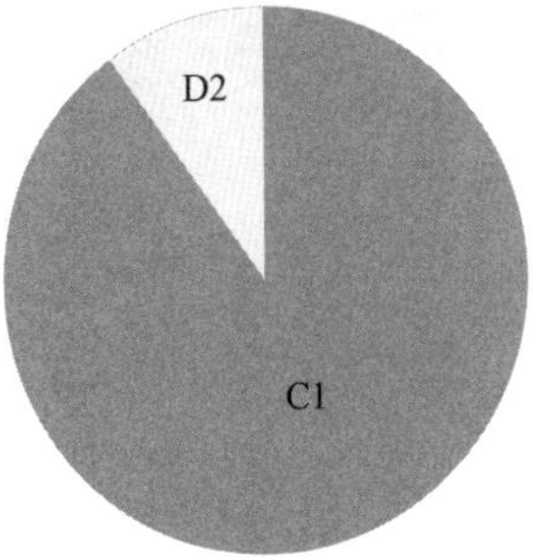

〈巴夏：使用時間同步性會更有效率〉提到：愈活在當下效率越高，用更少時間做更多事，因為當你在做喜歡的事，時間停止了，當下即永恆，使用「同步性」，這件事本身將有巨大能量會完成它自己，同步多工，事半功倍、水到渠成，就是這樣的原理。

以上這方法有助於你將大部分的時間放在拓展自己的天賦上，目前也有不少學生實驗成功如下，只要調頻精準，就可瞬間廣開財庫：

（2）三年完成終生財務自由：

財務自由的定義：不必為謀生計而去做自己不喜歡的事，也包括有足夠可自由運用的時間、可享樂的時間與錢。

設定：

（A）先移除金錢木馬程式：想要財務自由，要先移除對錢的害怕與恐懼，因為焦慮恐懼的能量是萎縮的，離自由廣大就越遠。

（B）**再擬出完成財務完全自由後的夢想清單**，當你在想、在寫的過程中會把頻率調到已經完成的喜悅，這頻率會自帶行動力，讓你無憂無懼地開始進入新的版本。《失落的致富經典》書中提到：「你必須先在心中為你所想要的狀態，描繪出清楚且明確的圖像，並隨時將這圖像烙印在腦海中，無時無刻閉眼就能看到它，就像舵手永遠知道羅盤的方向，也如同船員駕船航行時，要將港口的形象烙印在腦海中。」最重要的是要開放所有可能的完成途徑，不要用你目前的焦慮來控制完成的方式，聚焦於最終目的地然後放手是非常重要的，建議在這過程中可以用「激昂振奮」的音樂來進行這過程，往後可以再重放這音樂隨時回到這頻率[24]。

（C）如果三年後你已經達到完全財務自由

先定義：完全財務自由的金錢或資產的數字（a）

目前：（b）

（a）－（b）＝（c）就是你關鍵天賦、關鍵作品可發揮的產值

想一下如何以你目前的天賦才華條件來完成

今年請花最多時間來開啟（c）最關鍵的一件事

24. 我自己拿來「調高頻率」的音樂，加上我的語音導引，都已經收錄在〈音樂欣頻率〉與〈音樂超頻率〉中。欲報名請將課名、姓名郵寄到1308222000@qq.com，並副本到readers0811@gmail.com。

明後兩年完成（c）的其他細節，發揮最大亮度與產值

（D）把頻率再調回到「完成財務自由後的夢想」狀態，加上「感謝一切已完成」的頻率，把前面列的「最關鍵的一件事」、「其他細節」寫進記事本中開始行動，但隨時要保持各種可能的彈性與可能性。

（3）讓資源自己流向你的調頻法：

我一直都有想籌辦創意學校的想法，如果照過去的線性概念，就會先找地、再找錢、然後再開始設計學校的課程，但我決定做個**「調頻調維度實驗」**[25]，就是我開心地把學校的名字想好，校園規劃圖畫好，課程設計好，營運方式也想好之後，我就同時開啟一個平行版本，隨時在想若此時此刻我在自己的學校，我正在做什麼？就這樣想沒幾天，在我連消息都沒透露的情況下，陸續就有五個人主動來找我談辦學校的事，分別是：明星、地產商、學校、文創機構、網路平台，他們有錢有地就是沒想法，我所需要的資源就這樣毫不費力地自己來找我，這就是我發現比心想事成更快更有效的「心誠事享」：把頻率調到「敞開、信任、喜悅、極樂」，並**開始進行自己所能做的第一步**，這個頻率會自帶「完全不必努力外求，所需的一切資源自動完成歸隊」的動能，就像是我到「完成學校」這個夢想的最高樓，我把計畫帶到那個樓層，自然就會遇到把錢與地帶到同一個樓層的團隊，然後瞬間合拍，立即顯化，這就是**維度與頻率決定完成時間**的原理。

目前芬蘭在二〇一七年二月實施「無條件全民基本收入法」的實驗，就是芬蘭政府在兩年內為兩千人提供無條件基本收入[26]，從接受福利的人群中隨機選出每位每月可以得五六〇歐元，無論他們是否已經有工作。有些受益者已經感受到了ＵＢＩ的好處，壓力下降，更有尋找工作的激勵，還有更多的時間來完成其他夢想。一位曾經接受福利補助的年輕人告訴《經濟學人》，他在接受福利補助時，如果接受一些兼職工作就會導致福利的停止，現在他不那麼緊張，也不必再花時間填寫表格，或者定期與就業機構官員面談來保住收入。他正在準備開始自己的生意和藝術創作。目前加拿大、美國、荷蘭等國也開始在小區域實驗類似的公民基本收入計畫，想像一下如果每個人都有保證基本收入，就不再需要花百分之八十以上的時間「謀生計」（如付房租、水電費、三餐），大部分的時間都可以拿來做自己喜歡的事，而那些清潔工或垃圾處理可交給機器人去做，這會對未來整個社會的「創造力、創新力」能有更多人以更充裕的時間投入，目前肯亞等許多國家也正在小規模試驗中——在這樣的未來到來之前，我們可以利用「高維三步驟」，**以最短時間幫自己賺到「基本生活保障」，其餘時間就投注於「無成本、無上限」開拓天賦上**，這也是面對未來ＡＩ人工智慧、機器人取代大部分工作後，人力人腦轉移的預演練。

25. 這個調頻調維度實驗，是根據於我創造出「以才華交換免費遊杜拜」的成功經驗，詳情請見《心誠事享》。
26. UBI：Unconditional Basic Income，又稱為全民基本收入（Universal Basic Income）、基本收入（Basic Income），是在不審查任何條件與資格下，由政府或團體組織定期定額發給全體成員、人民基本生活資金。

德蕾莎修女說：「有時我們以為貧窮只是挨餓，衣不蔽體，無家可歸。但真正的貧窮是感覺不被需要，不被愛，不被關心。」

（六）結論：

錢是人生豐富自由的副產品，所以不要以錢的數字當成人生目標與成就標準，不要拿最貴的時間換你帶不走的錢，請把想做的事做為生命動力。很多人會把錢看得比快樂重要、比家人重要、比愛情重要、比時間重要、比健康重要……那都是因為中了「金錢木馬程式」所造成的「昏忙」狀態，等到有一天，想用錢換健康、想用錢延長生命時間、想用錢討好或補償家人、想用錢換快樂……時，才發現自己忙錯了重點，因為錢買不到感情、時間、健康、快樂。

沒錢不焦慮、有錢不恐懼、很大方、不被錢綁住眼界，是清除完木馬程式大無限的清明狀態。我自己每次在整理財務資產時，都會放〈金剛經〉的梵唱，隨時提醒自己這些錢都只是數字，到死的那一刻會全部歸零，最重要的是愛、時間、自己與自己的關係、人與人的關係、生命的豐富體驗——我們若沒把時間留給自己，時間也不會被留給我們。

隨時從空性裡「無中生有」，也能無懼無憂地接受瞬間的「有化為無」，不怕沒有、不怕失去，才沒有恐懼，愛、人際、金錢資源都是。

第四章　導致身心疾病的木馬程式

大衛・霍金斯博士說：「他做過百萬次案例，在全球調查過不同人種，答案都是一致的：只要振動頻率低於200，這個人就生病；200以上的就沒有病。200以上的意念通常是：喜歡關懷別人、慈悲心、愛心、行善、寬容柔和……等等這些都是高的振動頻率，甚至可以達到400到500。相反的，瞋恨、發怒、動不動指責、怨恨、嫉妒、苛求他人、凡事自私自利、只考慮自己、很少考慮他人感受，這樣的人振動頻率很低，這些低的振動頻率即是導致癌症、心臟病等種種原因。」也就是說，**許多疾病都起因於不在愛的頻率上，恐懼、憤怒、焦慮的情緒頻率是生病的源頭**，這已經在許多書、醫學論文與相關文章上都提過非常多了。

第一節：抓身心疾病的木馬程式的方法之一：生這個病的好處？健康、病康復的壞處？

這邊提供一句抓身心健康木馬程式的問句就是：**「生這個病的好處？健康、病康復的壞處？」**我記得有一次遇到學生，她跟我說她的小孩很麻煩，動不動就生病，而且是各種怪病都有，剛好她的兒子在身後，我就拉他到旁邊偷偷問他：「我想問你一個問題：你覺得生病有什麼好處？」小男孩完全不假思索地說：「可以不必去上學，可以不必去補習，可以在家睡飽覺，可以做自己喜歡的事！」所以我就在事後跟這位學生說：「妳不要幫孩子把時間排這麼滿，不要把妳焦慮他不夠好的木馬程式放在他身上，妳要盡量保證他每天有足夠的休息，並在每週留一到兩天讓他可以完全自由做自己喜歡的事，這樣他就不需要透過『生病』來換取他的自由時間。」

另外經常看到的案例還包括：潛意識或無意識透過生病、意外，希望有人能關注她，或是有一種公主病就是「沒人照顧什麼都能幹，有人照顧立馬全身癱」。所以**「生病的好處？健康的壞處？」**所勾出來身心潛藏的木馬程式，也務必隨時覺察、重新設定與調頻，不要讓你以為的「生病、意外的好處」阻礙了你真正想要的身心健康狀態。

第二節：抓身心疾病的木馬程式的方法之二：檢查是否帶著焦慮、害怕自己生病的頻率去健身、養生？

我們受到周圍環境，或是過去經驗的影響，有時會經常不自主地陷入低潮，覺得自己太胖、太醜、體力不好、不健康、衰老了……這些害怕自己不夠好、怕自己因此沒人愛、怕自己從此沒人照顧的念頭與情緒頻率，就是生病的主因，因為絕大部分的疾病都來自恐懼、壓力、擔憂、焦慮，會大大影響了身體裡的細胞與器官運行。只要我們能隨時提醒自己注意念頭與情緒，不要讓負向的頻率影響了身體健康與生活品質，覺察之後馬上調頻到愛、信任、開心、喜悅的頻率狀態就行了。

我舉一個實例來說明：有個女生想要努力比過去的自己更健康，於是她設了一些所謂健康的標準，比方體重、體脂要小於多少才算健康，於是每一次用餐，她都帶著焦慮的頻率在斤斤計較卡路里，這個「焦慮」、「罪惡感」就已經讓身體處在不健康的狀態，就算體重再輕或是符合所謂她的「健康」標準，身體也因為「焦慮」而開始產生問題，這部分大家可以繼續研讀《信念的力量》、《情緒的驚人力量》。也就是說，**如果帶著焦慮、害怕自己不美、生病、衰老的頻率去忙健身、養生、節食、或是斷食，那麼只會創造出讓自己更焦慮的連鎖反應，而無法過真正健康的生活！只要鎖定健康、快樂、自信的狀態，身體就會在愉悅的頻率下自動釋放**

不需要的，而且不會因為焦慮吃更多，特別是因為情緒的焦躁、恐慌、空虛、覺得無力沒能量、沒有幸福感，而去暴飲暴食過量的甜品、碳酸飲料、酒、油炸類食物等，等到自己發福或是不健康之後，心情更不好，然後身體代謝與循環也變得不佳，所以我建議先處理情緒再去吃東西。

舉我自己的例子：當我自己情緒不好，想去狂吃甜點時，我會問自己是身體真的需要甜食嗎？還是只是想透過甜食讓自己「開心」？如果是後者，我會去找開心的音樂，讓自己的身心愉悅地獨舞，等開心的能量充飽每個細胞，自然就不再需要透過甜食來刺激自己的多巴胺。還有另一個方法是我在閉黑關時自己創生出來的，所謂黑關就是九天待在全黑的地方，不吃固體食物，只喝水與蔬果汁來進行排毒，最大的考驗其實不是餓，而是饞，因為過去已經習慣只要情緒不好就透過吃美食、喝飲料來解決，所以我在什麼都沒有的閉關中心裡只能靠「想像」來品嚐美食，當我非常仔細地想像每一口的滋味與口感時，等我想完了，我就不「饞」了；後來出黑關後，我的健康指標特別是血液的清澈度比在黑關前好太多了，我才發現原來我為了「負面情緒」付出了非常大的身體健康代價，而情緒只獲得短暫的舒解與滿足後，沒多久又故態復萌。所以之後我若又遇到情緒低谷的狀態時，我會以能量舞蹈、想像美食、或是泡澡的方式舒解舒壓、代謝負向情緒與能量、回溫並滋潤自己的身心靈，然後只吃健康有機的食物，以感謝的方式轉換食物能量……這些都不需要花什麼錢，日後更不需要忙生病、忙排毒，省錢又省時間，這就是清除身心疾病的木馬程式的好處！

第三節：抓身心疾病的木馬程式的方法之三：生這個病、發生這個意外的必要性與重要提醒

你會忙到沒時間去加油嗎？等到你的車沒油的時候，還不是要停下來？很多人把大部分的時間拿去工作，疏於休息與照顧自己的健康，強項在事業，弱項在身體，直到有一天弱項反撲、打敗強項，身體透過生病來強迫中止你的工作，這就是人類的身心木馬程式：花時間花錢讓自己不健康，然後再花時間花錢讓自己去看病恢復健康。

身體是我們生命的隱喻師，疾病與意外則是我們生命的棒喝師。《向原力覺醒》書中提到：「**你會明白你所罹患的許多疾病都不是身體的問題而是心靈的。這些疾病都是心靈在表達它的能量，心靈渴望創造力、自由與愛，但你所罹患的疾病壓抑了這些能量。顯現在你身體結構的所有疾病都是能量的阻塞，這股能量本應自然地流經你，讓你表達創造力、開放、共融、同情、連結、傻氣、幽默、玩笑和愛。**其實不是你的身體在限制你，而是你的心靈在限制你，你的身體只不過反映出你的心靈狀態。換句話說，**身體是你心內的所有活動在物質層次的呈現**。你的高血壓、你扭曲僵硬的四肢，以及你因為內心封閉所呈現的心臟問題，這些都是你的想法和信念不符所呈現出來身體能量的狀態。當你的心靈狀態與真相一致時，你的身

體就會以一種美妙的方式來運作，反映出你的本質。**疾病乃是愛捎給你的訊息，讓你知道你已經偏離了愛、你的內心狀態與愛的本質不一致，疾病會透過它呈現在身體的部位，讓你知道原因所在。**換言之，疾病顯現在你能量系統中的位置，反映出你需要探究的部分。因此不妨將你人生的問題視為尋寶圖，這張圖能指引你找到自己心靈出錯的位置。請思索一下：你的身體在告訴你什麼？你身體的哪個部位受損？你身體的哪個部位沒有以最佳的能力來運作？你身體的哪個部位沒有受到你心靈的愛護？你若無情地譴責身體的某個部位，你就會使那個部位功能失調，請注意這一點。**當你用厭惡的態度來看待你的身體時，你就會使身體生病，因為身體要在愛心、接納、同情、寬恕、喜悅、創造、連結的心靈狀態下才會完美地運作。你若限制愛的流動**（即是你本然自性的流動）**，那麼這個限制就會表現在身體上，呈現出疾病、情緒或心理失調的問題。**疾病是源於心中上萬個想法、仇恨、恐懼和批判的念頭，這些念頭都會顯現在身體上。然而你會學到一些方法來解開疾病的謎團，並了解身體看似脆弱的原因。」

許添盛醫師也說過：「請大家腦筋徹底急轉彎一下：所有發生在你身上的每一件事，包括好事或壞事，都是你主動的[27]，不是被動的、不是不想要的、不是外界安排的、不是任何別人強迫你的，而是主動的、你想要的——先認可這就是你想

27. 欣頻註：例如疾病、意外，就像生命的路障，被放在不對的路上，提醒你要轉彎。

要的[28]，然後再去問為什麼。當你以這個角度來想事情時，就會發現過去沒發現的信念，與情緒感受。」

因此，每一次生病或是身體出意外時，可以問自己幾個問題：

1. 這個病或意外如果是一個對我的「提醒」，請問它到底要跟我說什麼？
2. 我為何在這裡（醫院）？如果這裡是教室，請問是要我看到什麼？有什麼是只有在這裡才能看到的？
3. 如果過去（或：前世）曾有我的行為，造成別人也受這種苦，現在的我能做什麼？如果這世界上還有跟我一樣受這種苦的人，我可以怎麼做？

（一）我舉四個受傷或突然疼痛的親身經歷：

1.摩托車擦撞事件：

幾年前一個從美國回來看我的好友，在我家聊了兩個多小時後，我們就要各自去開會，我送她到門口時，心想難得見面，怎麼不能再多聊個兩個小時？就在那一瞬間，我被不知從哪裡冒出來的摩托車撞上，我朋友馬上送我到醫院驗傷，結果正如我願：我們在醫院急診室多待了兩個多小時。

啓示→注意自己的念頭，因為會馬上成真，以任何形式。

→隨時保持全方位覺知當下。

2.波士尼亞金字塔滑倒摔傷事件的六個頓悟：

二〇一六年我參加朋友籌辦的波士尼亞金字塔團，那裡的金字塔很原始且未被開發，所以都是無人工步道或階梯。就在我下坡時不慎滑了一跤，尾椎撞擊到了石頭，當場痛到幾乎快站不起來了，回到飯店休息後沒有好轉，在考量當地沒有好的醫療設備與醫院，所以當時就選擇最快的航班回到台灣。

28.欣頻註：這是拿回生命負責權的第一步。

一到台北，我馬上去家附近的醫院掛急診，照完X光片後，急診室的醫生說是第四、第五腰椎斷裂，必須馬上開刀，而且成功率只有百分之五十，若手術失敗會癱瘓，若手術成功還需要半年臥床休息復原……我一聽到真的是晴天霹靂，因為我下週即將帶團去印度，印度回來後馬上要去俄羅斯藝術之旅，接著八個城市的木馬程式課巡講馬上就要開始，而且這些團、這些課的招生都已完成。一向「守時、守信」的我，完全無法想像該怎麼跟近千人解釋我無法帶團與教課——就在這個時候，我突然驚醒警覺到：已經到了這個時候了，我第一個想到的居然是「守信於別人」而不是「自己的身體」，可見自己中了「在意別人對自己的看法」的木馬程式太強大了，大到都忘了最重要的其實是自己的健康，於是我**當下打破這個困住我數十年的木馬程式，也是我這個事件的第一波頓悟：允許自己「失信」，因為自己的健康必須是最優先且是唯一的前提**，沒有健康，什麼團、什麼課、什麼事都無法進行，所以我立刻跟印度團的團員們抱歉自己會缺席這個行程，但會有其他老師帶領；接著也取消了參加俄羅斯團，訂金被沒收也不再在乎，因為身體最重要，然後巡講部分等與醫生進一步討論後，再跟學生們宣佈新的上課時間。

因為掛急診當天是實習醫生值班，所以他幫我預約三天後回診，給正式的骨科教授評估後續的開刀與治療。等待的這三天，腰背痛到都是全天臥病在床，心情非常低落與沮喪，充滿了對未來的擔憂與恐懼，加上醫生交代不可以彎腰，所以洗臉、刷牙、拿地上的東西、穿鞋……這些原本習以為常的動作全都做不了，我開始抱怨旅行團的主辦方太不周到了，怎麼沒有提醒我們要穿防滑的鞋子？因為當天不只我一個人滑倒，還有好幾位團員也是。但傷害已經造成了，再多抱怨也無濟於事，突然**第二波頓悟**來了：我是教人家「正能量、正向思考、不抱怨」的老師，我怎麼自己就做不到？這樣無止盡抱怨的頻率落在霍金斯博士意識能量層級圖表的：**「憤怒仇恨／150」→「恐懼焦慮／100」→「罪惡譴責／30」**。

所以我當下決定，放個讓自己輕鬆的音樂，把**抱怨轉為感謝**，我強迫自己轉向思考「此時此刻我應該要感謝什麼」？雖然痛到很難這麼想，但我還是感謝自己還活著、還能走、還能生活、還有家人與朋友們的照顧與關心、存款足夠所以沒有任何生活上的經濟壓力……於是我的頻率從憤怒、焦慮，瞬間調到了：**「愛與崇敬／500」→「寧靜喜悅／540」**，當下我心情好多了。我再更深層思考，這個「離奇」的意外究竟要告訴我什麼？於是**第三波頓悟**來了：為什麼不是發生在身體的其他地方，而是在第四、第五腰椎？這地方不就是身體的中心？以上是上半身，以下是下半身，兩個半身斷裂代表著：「下半身」的速度跟不上「上半身」的速度，就像如果車頭跟車尾的速度不一樣，肯定是會斷開的，這說明我想要做的事情、跟我的身體不協調、不同步，想要做的太多、太快，我身體跟不上我的腦袋，所以以這種方式**提醒我要把步調慢下來**。

此外，我也以「清恐懼木馬程式」的方式問自己，這也是**第四波頓悟**：這件事**勾起了我什麼最深的恐懼**？我發現自己害怕萬一癱了，就無法自由去做任何事，包括看電影、旅行、享受生命，也怕從此需要被人照顧而無法自理生活，原來我對「自由」帶著這麼深的恐懼頻率能量，於是我調整頻率，讓自己對「自由」的定義不再只侷限於身體，而去擴展到了心靈的自由，免恐懼的自由才是真正的大自由。這也讓我回想到當時我滑跤的前一秒鐘正告訴自己：「千萬要小心，不要滑跤了」，才剛一想完就馬上摔了，原來**這正是我內在的恐懼所創造出來的恐懼**事件，這真是一個再清楚也不過「多麼痛的領悟」啊！

在要回診前的這三天，因為絕大部分的時間都得躺在床上，所以有大把的時間可以反思自己的人生，我就在想，假如這是業力，前世我有可能曾經傷過別人的腰椎，才剛剛這麼想，眼前就真的浮出我曾傷過別人的畫面，於是**第五個頓悟**來了：我在心裡非常真誠地說了以下這段話：「對不起，我過去曾重傷了你，我現在知道這是很痛的，所以請原諒我，但請**就讓這一切到此為止，讓我們一起好！**」於是接下來的冥想都是帶著「我們一起好」的心願同步進行，就這樣持續了三天。

三天後我到醫院回診，見了醫院骨科教授，他看了三天前我在急診室拍的X光片後，我簡直完全不敢相信我所聽到的：「這不用開刀啊！這不是新傷，是舊傷，所以不需要開刀，妳只要平常稍微注意一下姿勢就行了！」就這樣，不僅不用開刀，連藥都不用吃了，我真的很驚訝，同一張X光片居然有兩個差異這麼大的解釋版本，這也代表我完全沒有開刀失敗的風險，只需要休養幾天就可以恢復正常生活——我無法說是不是前面的五個頓悟幫我換了頻率所以也換了版本，這讓我想到印度裔的艾妮塔・穆札尼（Anita Moorjani），她在影片中提到：她在淋巴癌末期器官衰竭陷入昏迷，醫師搶救後宣佈不治時她活了過來，就在急救的過程中，她自述去到了一個無時間的狀態，感受到自己與宇宙萬物融為一體，全然被無條件的愛包圍，毫無痛苦，在她的自由意志下，她選擇了重返人世；當她的靈魂再度回到身體之中，睜開眼睛，末期癌症竟在三天內奇蹟般不藥而癒……她說：「當我放棄對抗，順應生命時，我取得生命最強大的力量，因為我完全放下了過去的教條、成見與掙扎，這促使了我的身體自動『重設』。每個人都有自我療癒與助人療癒的能力，當我們觸碰到內在浩瀚無垠的整體時，我拋開被療癒的需要，疾病就會離開身體。以前我總是在追尋，覺得自己必須去做、去爭取、去達成什麼事，但是『追尋』源於恐懼——我們害怕不能擁有自己真正想要的東西。現在我不再追求任何事情，我不強求，讓事情自然發生。在我的瀕死經驗之後，人生變得更加順利。我不再害怕死亡、癌症、意外或任何過去擔心的瑣事……我知道我跟世上的每一個人一樣，都是強大且恢弘美好的愛的力量，並也已經得到了無條件的愛。」她癌末瀕死病癒案例已經正式列入國際醫學期刊，可以參看《死過一次才學會愛》。

就在得到醫生的好消息後，我持續保持「感謝、感恩」的頻率，以及**「一切到此為止，我們一起好」**的心念，七天後，好友阿吉師拿了我的這張X光片，去問了一位同時精通中西醫的骨科醫生，這位醫生看完X光片後說：「這不是新傷，也不是舊傷，是天生的。」我記得當時我接到阿吉師電話時，我正躺在床上熱敷我疼痛的腰，一聽到這個答案馬上從床上彈跳起來，說也奇怪的完全不痛了——「天生的」代表筋肉早已包覆完畢，比「舊傷」更令人安心，事後我調出五年前的X光片確定了他的說法，我終於有了**第六個頓悟：只要把頻率往領悟、感謝、愛的方向調整，原來的病或是意外就會轉變版本**，即使是如Anita這麼嚴重的淋巴癌末期也能在三天內瞬間消失，因為她的頻率已經在霍金斯情緒表格的**「第2級：安詳極樂600」→「第1級：開悟正覺700-1000」**，已與她之前「總是在追尋，覺得自己必須去爭取、去達成什麼事，追尋源於恐懼，害怕不能擁有自己真正想要的東西」的頻率：**「渴愛欲望125、恐懼焦慮100」**完全是不同的頻率，所以**當我們調整好身心靈的頻率，不符合該維度、該頻率的病或意外自然就會消失，當下的頻率就像遙控器，決定命運不同路徑**。我的同一張X光片，在短短十天之內居然有三種截然不同的版本，若當初我沒有前五項頓悟，極有可能在恐懼中動了手術，然後產生一連串更多的恐懼結果。這樣的案例在電影〈最酷的一天〉、〈終極假期〉都有類似的故事，在巴夏〈自然療癒機制〉一文中也有相呼應的說法（簡述）：「自然療癒機制是，你實際上完全轉變成另一個不同的人，以至於沒有任何曾經有過疾病的定義，你變成了一個全新的人，而且是如此徹底，你與剛才在這裡的人沒有任何的連結……當原來的那個人格轉變為另一個不同的人時，原有的疾病就不在那了……當你明白你一直在轉變自己，一個片刻接著一個片刻，每秒達數十億次……當你在新的現實，真正轉換成為了那個新的人，這就是自然療癒的技巧與原理。」

3.武漢燒傷事件：

在二〇一七年三月，我與我的團隊到達武漢，入住進飯店後，我與教材工程師開始編排講課內容，就在這個時候，外面中庭有非常大聲的音響測試，嚴重影響到了我與工程師的溝通，所以我打電話到飯店櫃台希望他們能小聲一點，過了十分鐘還是未見改善，脾氣一向不佳的我忍不住再打一次，此時的口氣已經非常火爆了，吼完了之後掛上電話，匆匆地把教材交代完，工程師在離開我房間時說了一段話：「別氣啦，妳是來講課，是來教大家轉換頻率的，不是來發脾氣的，妳要是再生氣，我就跟服務生說幾號房的客人在『自燃』。」

第二天早上，我想點個香淨化一下空氣，請經紀人幫我買了一個打火機，才一點燃居然瞬間爆出大火花直撲我的臉，瞬間把我的部分頭髮、睫眉毛燒焦，更慘的是鼻子、耳朵也被燒掉一小層皮，臉也燒腫成豬頭樣——我緊急打電話給經紀人請飯店的人盡快拿冰塊來冰敷，果然是「幾號房的客人在自燃」。因為必須馬上到醫院緊急處理，只好把下午的電台採訪臨時取消（電台主持人還在前一天說，來上這個節目，很快就會「火」一把），叫了車急奔醫院。

因為燒燙傷實在太痛，冰塊也壓不住，所以沿路跟經紀人非常生氣地抱怨，怎麼會買這麼一個爆炸型的打火機給我？而且第二天就要上台講課了……到了醫院，我的冰塊也差不多快融化光了，但燒燙傷專科醫院居然沒有提供或是販賣冰塊，我與經紀人一邊要忙著掛號，一邊要與一堆病患在混亂無序中搶著找醫護人員看診與處理傷口，而且忍受遙遙無期沒有冰塊止痛的時間，就在這個時候我突然想起了**「波士尼亞金字塔滑倒摔傷事件的六個頓悟」**，所以馬上把「憤怒、抱怨」的頻率轉成「感謝與理解」，雖然很痛也很氣我經紀人，但此刻真的沒法再以這樣的頻率繼續下去，於是我當下做了幾個步驟：

(1)看一下周圍，我現在在哪裡？為什麼在這裡？是要我看到什麼？學到什麼？

電影〈全面啟動〉，每往下一層，時間變得更慢，環境變得更惡劣，情緒變得更糟，而且最底層在醫院裡。我把關注在自己傷勢的目光，轉移到整個醫院，我看到許多嚴重燒燙傷、皮開肉綻、血肉模糊的人們正在水龍頭下沖水，有的是小孩、青少年、中年人、老年人……每一個人的傷勢都比我嚴重太多，我還是整個燒燙傷醫院裡傷勢最輕的。這些傷患都很安靜地在處理自己的傷口，彷彿我進到了一個人類苦難的聖殿，也像是走進了一幅人類戰役圖，說不出來的那種既超現實又極度寫實的殘酷場景，我問自己：我本來在飯店準備明天的教材，我現在為什麼在這裡？到底要我看什麼是在我原來地方看不到的？

於是我看到眼前許多擠在醫生周圍的燒燙傷患中，有一個嬰兒、一個老人。

嬰兒背部被熱水燙傷，大概有七到八位家人在周圍哄他、安撫他、幫忙敷藥、跟醫生討論病情……一整組照護團隊在陪這個嬰孩。就在這嬰孩後方有一個行動不便的老人，他拄拐杖拄累了，就去找一個醫院的板凳坐在上面，很努力地把椅子移往醫生的方向靠近以防別人插隊。他整個皮膚燒燙傷面積很大，比嬰孩還嚴重，而且行動不便，但身邊沒有人陪著照顧，只有他一個人要努力求診幫自己、救自己……我看到「愛」在眼前非常不平等：許多人的一生是否也是如此？一開始很多人關愛呵護，後來孤老自救，若非我在此，我在原飯店的視角是不可能看到這幕人情冷暖的強烈對比，於是我未來想開始做一些關懷孤獨老人的計畫，因為他們才是最需要幫助的人。

（2）想一下，這件事如果是由我的頻率所引起的，起火點在哪？

反思很重要的第一步，就是把對外指責的手伸回來——因為外在世界與環境的投影源在自己身上，想一下如果起火點是我，頻率是從哪裡開始的？於是我馬上想起了我「生氣」地打電話去飯店櫃台抱怨的情緒能量波，也想起了我的教材工程師說的「自燃」，我的第一個反應就是「哇！就是他烏鴉嘴說了**自燃**，是他在詛咒我！」，後來我冷靜想到自己曾說過**「如果你中了木馬程式，所有的愛會變成恐懼，如果你解除了木馬程式，所有的恐懼都會還原回愛」**，於是我把「他的毒舌詛咒我成真」的憤怒與恐懼頻率，還原成愛的頻率：「是他想中止我生氣的木馬程式，所以先提醒我別『引火自燃』，於是我立刻從埋怨他轉為感謝他。」

(3) 此時此刻，我要感謝什麼？

雖然很痛，而且傷到臉怕破相，加上明天就要上台講兩天課，這種極度的焦慮下很難轉為感謝（氣都還沒發洩完），但有鑑於上次**「波士尼亞金字塔滑倒摔傷事件」**的領悟，所以硬是把頻率從**抱怨轉成感謝**，因為抱怨跟感謝是兩個不同的方向，就像開燈跟關燈，不可能半開半關，所以要馬上暫停自己的抱怨往感謝的方向走：感謝我還活著、感謝沒燒到眼睛、感謝自己傷勢不算嚴重、感謝有人陪我來醫院全程照顧我（雖然她在幾分鐘前還是我憤怒與埋怨的對象）、感謝醫生護士在這個充滿慘狀、宛若人間煉獄的地方，像天使一樣地忍受整個環場哀嚎、抱怨、生氣、謾罵的負能量，還要有耐心地照顧傷患，很佩服與感謝他們願意在第一線做這麼艱難的工作，我才待不到半小時就快瘋了想逃，而這些天使菩薩們卻要在這裡待上大半個生命時間……這樣想了大概五分鐘，我就從怨天尤人的負向頻率轉到了平靜。

（4）一切到此為止，我們一起好：

醫生看了我的傷勢說，要擦人工皮，至少要一個月才能恢復，所以隔天鐵定是帶著傷教課的。但我因為心情平靜許多，該學的功課也學到了，所以拿了藥準備離開醫院時，我特意看著周圍還在醫院裡受苦的這些人，在心裡跟他們說**「讓我們都學到該學會的，一切到此為止，我們大家一起好！」**。等我隔天教完課回到台北馬上掛皮膚科，醫師給了我新的藥，說：放心，不會留疤，幾天就會好！在擦藥期間我以**「一切到此為止，我們一起好」**的心念持續保持自己的安詳頻率，從事發當天到結痂痊癒脫落完全無痕，只有七天！

4.泰國閉黑關心絞痛事件：

二〇一八年四月我在泰國閉黑關，不知道為何突然心絞痛，很難呼吸，頓時腦中充滿了自己會心臟病發死掉的恐懼。但因為是半夜，老師以及工作人員全都睡熟了，我知道現在只有自己能救自己，於是我放掉擔憂與恐懼，把頻率調到安心狀態，焦點放在自己的心臟，以意念將所有愛的頻率灌入其中，並以老師教的箴言**「我是純粹的愛、我是無限的、我是永恆的」**反覆一直唸，後來大概十分鐘後就恢復正常了。

小結：

當我遇到上述所謂「離奇」事件，比方：無影摩托車撞傷、淺坡滑跤、打火機爆炸、半夜突然心臟痛……我要**先辨認出是否為「提醒」等級的重要訊息**？如果是，我就必須開啟**完全覺知**模式，一層一層深度的領悟與學習——**當下的頻率決定最終的版本**，事情發生時，不要用抱怨模式去面對，而是思考它對於你的意義，用最好的心態、頻率狀態去面對它，你會發現真的有特別神奇的轉變，當你從中學到了，領悟到了，不斷重複的「鬼打牆」也就會終止了。

如果遇到自己或身邊的親友生病，可以仔細研究他們是因為怎樣的負向情緒而有了這個疾病？比方經常自責、或是要求自己要更好的人，經常會有免疫系統或腸胃的問題，請務必要馬上調整，因為身體就是我們最貼身的頻率指針。

第三篇

在哪裡可以發現「人類木馬程式」？總共有哪些木馬程式模組？有哪些方法可以掃描並破解木馬程式？

（一）木馬程式四大種類：

- 第一類：自我與人際關係的木馬程式。
- 第二類：感情的木馬程式。
- 第三類：關於天賦、夢想、金錢的木馬程式。
- 第四類：導致身心疾病的木馬程式。

（二）木馬程式常見的5大模組與52個分支模組：

模組1 不信任（自己、他人）模組

- 「自己不夠」模組：覺得自己不夠好、不夠美、不夠聰明、不夠有錢、不夠優秀之「自己不夠」模組，這模組很容易引發別人認為你不夠好，他們只是說出了「你對自己的感覺」。
- 「自卑、覺得對方看不起我」模組。
- 「內在空虛、沒有自己的生存價值感、存在感不足」模組。

- 「勤學好問以贏得關注」模組。
- 「自責」模組：覺得都是自己的錯，於是常吸引別人對你說：這都是你的錯。
- 「不自信導致害怕」模組。
- 「不自信、看衰自己未來，比較嚴重的會變成『覺得自己不值得活下來』導致自毀」模組。
- 「茫然」模組。
- 「失敗」模組。
- 「不能自由做自己」模組。
- 「不自信之擇苦」模組。
- 「覺得自己不被愛或是不值得被愛」模組。
- 「求愛討愛」模組。
- 「無法與人親近、怕暴露自己」模組。
- 「恐錢症」模組（覺得自己不配拿這麼多錢、或是覺得錢不淨）。
- 「免費才要、才做」模組。
- 「樂極生悲」模組。

模組2 焦慮模組

- 「怕時間不夠用的焦慮」模組。
- 「生存的焦慮與恐懼」模組。
- 「拖延」模組。
- 「擔憂匱乏」模組。
- 「吝於給予」模組。
- 「焦慮未來」模組。
- 「比較與競爭」模組。
- 「怕落後」模組。
- 「怕失敗」模組。
- 「焦慮單身」模組。
- 「害怕失去家人」模組。
- 「害怕死亡」模組。

模組3 懷疑模組

- 「懷疑並放棄自己」之失敗模組。
- 「對情與愛不信任」模組。
- 「懷疑對方不愛我」模組。
- 「疑心對方出軌」模組。
- 愛情疑心病：全天下的人都是情敵模組。
- 「無效」模組。

模組4 控制模組

- 「搶快／搶先」模組。
- 「爭贏」模組。
- 「戰鬥」模組。
- 「打造最優秀自己」模組。
- 「光耀門楣面子」模組。
- 「獨裁」模組。

- 「能者多勞」模組。
- 「負責任」模組。
- 「望子成龍、望女成鳳」模組。
- 「反叛」模組。
- 「愛情控制狂」模組。
- 「控制導致自毀毀人」模組。
- 「抱怨」模組。
- 「完美主義、自我要求完美」模組。

模組5 孤獨模組

- 「因恐懼受傷而自斷感情」模組。
- 「恐懼感情分離」模組。
- 「高處不勝寒、鶴立雞群、救眾生、救世界」模組。

（三）木馬程式會躲在哪些地方？

剛才在前兩篇提到木馬程式的定義、特徵、案例時，舉了幾個可以發現木馬程式的方式，我在此完整地列出木馬程式會躲在哪些地方，來找到困住你生命長達十至二十年以上鬼打牆的木馬程式，如下：

1.家族共同模組

我們要仔細觀察自己的祖父母、外祖父母、父母、叔伯姑姨親戚們共同的木馬程式模組，來檢查自己繼承了哪些木馬頻率。

2.從LINE、FB、部落格、微博、微信頭像下的一句話：

這句話的相反就是你目前的現況，例如：有個學生微信頭像下的一句話是：

「愛讓世界轉動」，我就直接問她：

「妳常感到不被愛、不快樂、沒動力，有憂鬱的傾向，對嗎？」

她說：「對！我有憂鬱症，老師妳怎麼知道？」

我說：「很簡單，愛讓世界轉動，倘若沒感覺到被愛，妳的世界就轉不動了！一個內在充滿了愛的人，能快樂地自轉世界，就不會拿這句話當座右銘。座右銘表示妳所沒有、妳所想要達到的狀態，但如果妳的頻率不調整，就永遠也都到不了妳想要的狀態。」

她說：「難怪我女兒常一直問我：媽媽妳愛我嗎？原來女兒是我一直討愛的鏡子！」

3.激勵自己的座右銘、佳句、書中畫線的句子、收藏的文章或是經常買某一類型的書

舉例：如果你經常買成功學的書，要注意自己是否中了「對失敗焦慮」的木馬程式。如果你經常買學習類的書（無論是給自己、或是給家人孩子），要注意自己是否中了「焦慮自己不夠好」的木馬程式。

4.自己常講的口頭禪、關鍵字詞、自己很堅持的原則或底線

舉例：我有個認識十多年的同學，他經常去上各式各樣心靈成長課、找過無數位心理諮商師，但始終都沒找到可以真正解決他憂鬱症、失眠的狀況，他的口頭禪就是「沒效」，這也就是他的木馬程式，他的「不信任模組」先是讓他不相信自己，所

以去找別人，去找了別人之後又不相信別人，所以他就鬼打牆地不斷在試各式各樣的課程、老師，只是為了最後要證明他的原設定「無效」。即使是有效的方法，但因為他的木馬程式是「無效」，所以他也會忽略不計，他的人生就這樣鬼打牆了數十年，花了數不盡的時間、錢、精力在尋覓各種「最後證明無效」的方法。但如果換一個角度來看他為何選擇「無效」來做為人生內定的關鍵字？或許他想要不斷「實驗失敗」，才有繼續往前再試其他路徑或方法的動力，也或許他潛意識根本不想被治好。

5.自己喜歡的曲子、戲劇、影片、書籍或新聞資訊中某些關鍵字詞或事件

6.放在腦中關於競爭、比較、數字……的信念或座右銘

7.自己的優點、特點背面沒看到的盲點、弱點、致命點

8.自己是怎麼講述過去創傷悲慘的人生簡史？
或是講完自己一段經歷故事之後的結論

9.願望、夢想清單

你現在就可以列出人生最想要完成哪三個願望？當你在想這三個願望時，你帶著怎樣的頻率？是愛？焦慮？還是恐懼？如果完成了這些願望，你最害怕什麼？會產生什麼問題？如果願望沒有完成，你的頻率會落在哪？這都是檢查願望中是否藏有木馬程式最徹底的問法。

10.你最怕誰生氣？父母？老師？老闆？客戶？同事？伴侶？小孩？

可以深度思考一下：如果對方生氣你覺得會怎樣？會恐懼？害怕？焦慮？你會失去什麼？愛？生存能力？住處？錢？食物？自由？

你究竟在怕什麼？只要你怕對方生氣，你就會被他們的「不高興、生氣」的情緒來要脅你、控制你，例如：為何你怕孩子生氣？或許你怕失去孩子對你的愛，這恐懼才是你要解決的木馬程式，因為無論你怎麼百依百順孩子，你都無法保證他們會永遠「只」愛你，一旦得不到你要的那種愛，或是孩子愛上別人，你就會痛苦。

解法↓只有「不怕沒有、不怕失去」，完全做自己，才算是沒有木馬程式。或是有人怕自己生氣，其實是怕自己在別人面前失控，怕失去別人的愛與尊重。

11.你害怕衝突嗎？

↓別人可以利用「衝突」來控制你，來要脅你不得不服從、被迫妥協。

↓你會克制自己生氣，或是盡量不表達自己的不同意見。或是你對誰說什麼都說「對」，完全不敢表達自己主見，失去自己。或是你為了「以和為貴」，造成長期的容忍壓抑，到最後不是情緒大爆發，或是身體出了問題。

破解之道↓可以問自己，如果身邊人都不在，那你是誰？

12.很容易引起自己情緒失控的引爆點是什麼？什麼情況下會非常生氣？

宗薩蔣揚欽哲仁波切說過：「事實上不是別人做了什麼讓你生氣，讓你生氣的是你內心的執著[29]，如果你沒有任何執著，別人做任何事都不會激怒你。例如：你受不了別人髒亂，你被激怒是因為你有潔癖。薩特說：他人是我們的地獄，我們認為讓我們痛苦的罪魁禍首是別人，而不是我們自己，你如果不明白你的敵人是你自己，你會把所有的時間用來埋怨他人或是改造他人。我們的痛苦來自我執，我執來自無明[30]，一切都是從它開始的。」

貪、**瞋**、**痴**、**慢**、**疑**，都落在霍金斯博士意識能量層級圖表的負向頻率帶中：渴愛欲望、憤怒仇恨、驕傲輕蔑、恐懼焦慮，這些都是隱形的地雷，情緒引爆點底下就是木馬程式，例如：恐懼、擔憂、害怕、不安、焦慮、被限制、不快樂……時，心中的覺察鈴就要響起，偵測這個情緒火山爆發底下，是哪一組木馬程式在潛意識細胞記憶中發作？按下情緒暫停鍵後，清理並轉換，不要讓已經中毒了的程式繼續運作。

29. 欣頻註：木馬程式。
30. 這就是「不注意視盲」。

我們可以回顧一下，在什麼情況下會突然爆怒、超級生氣？以下我舉幾個常見的例子：

引爆情緒的事件	隱藏在底下的木馬程式與解法
有人批評你、誤會你、冤枉你、污辱你、損及你權益時會非常不高興、非常生氣。	找出對方說了哪句話引爆了你的情緒地雷？ 這句話讓你想起了什麼類似感覺的事？ 找出這兩件事的共同點，背後就是一組你從未發現的木馬程式。分析完後卸載所有與過去事件連結的引爆線，並將此情緒木馬設入「自動掃毒」系統。 下次再有類似的感覺或情緒要爆發時，記得直接切換到全新無木馬程式的狀態，不讓這組木馬程式繼續無意識地發作。
當有人說你變胖、變醜時你會感到不開心，甚至惱怒。	你之所以會不高興，是因為你自己也這麼覺得，否則你是不會生氣的，對方只是說出你不滿意自己的地方，要處理的是「覺得自己不夠美」、「在意別人的評價」的木馬程式。這部分可以看電影〈姐就是美〉(I feel pretty)。 健康比瘦不瘦、美不美重要，內涵比外表重要，等你清理完上述這些木馬程式之後，就不會再被類似的話激起情緒反應，就算是對方稱讚你「你變瘦了、變美了」你也無所謂，不在意，不會特別開心，否則下次有人說你變胖變醜，你又會馬上不開心，這就是「耳順」，就是沒有引發你不良反應的木馬程式，不必等到六十，耳順就開心，開心就有不同的頻率，才能隨心所欲不逾距，代表你身上已經沒有木馬地雷，也代表你的重心在自己身上，不需評量，自然健康就好。

抓出引起自己暴怒或不開心的木馬程式，不是說不允許自己生氣，而是找到會瞬間特別不能忍受、比別人反應大的事件，找出「以後還會無止盡繼續引爆」的木馬地雷——真假對錯不是重點，因為事情會過去，但你生氣的頻率會把你帶到未來什麼地方？憤怒阻擋了你原先要去的目的地，你是要繼續花時間爭辯自己是對的，還是讓自己快樂？讓大家快樂？只要你不選擇與對方同一款的木馬程式，無論他說什麼，你內在都不會與之呼應，你就不會有「異常」情緒與接下來引發的劇情。

13. 自己最害怕、想逃躲、擔憂、煩惱、討厭、排斥、痛恨甚至到了恨之入骨、惡之欲其死的人事物

自己最害怕、想逃躲、擔憂、煩惱、討厭、排斥、痛恨甚至到了恨之入骨、惡之欲其死的人事物，這些在你身上一定也有，你所討厭的就是你內在最深、最不願承認的木馬程式，也就是你的功課就在那，就像是你以前上學時最討厭哪一科，那一科就是你要特別花時間要去對治的部分。

你想一下是否曾經封鎖或拉黑了誰的臉書或Line？為什麼？

舉例：看到別人在臉書發旅行照片，你就停止追蹤或是乾脆屏蔽對方，因為你會覺得自己日子沒他那麼好，這個「覺得自己沒那麼好命」的頻率就是木馬程式。

你現在可以寫出你最討厭怎樣的人（可列出人名），或是你討厭身邊的人做什麼樣的事？請至少寫出三項（無上限）：

以下我匯整學生們的答案，來做深度解析：

舉例A：

學生a說：「我最討厭專制的人，比方像我爸爸就是很專制的人！」

我說：「妳有發現自己也很專制嗎？」

她說：「不會啊，我很隨和啊！」

我說：「如果妳真的是很隨和的人，妳應該跟誰都能相處得很好，對方是不是專制一點也影響不了妳。」

她說：「為什麼我爸不能用『我的方式』跟我說話？」

等她一說完，她與全班都笑了，大家都看到連她自己都沒看到的專制。

舉例B：

之前我舉了自己討厭「遲到」，有「焦慮時間不夠用」的模組，這個模組還反映在我超級討厭有人插隊，只要前面有人插隊，我一定是當場非常不客氣地當面糾正，這類的事頻繁到我不得不反思：我為何對「插隊」的反應比別人大？後來才知道因為我自己也討厭排隊，也就是我討厭的人身上，一定有我自己裡面原有的特質，再仔細探究我生氣的原因是：如果有人插隊，意味著我得排更久的隊。所以木馬程式既然在「我討厭被浪費時間」，我得去重置我對「浪費時間」的焦慮頻率，戴上耳機聽放鬆的音樂，讓自己在排隊時就好好享受處在「移動冥想」的過程，所以沒有時間被浪費，都被我好好運用了。

舉例C：

學生h說：「我特別討厭有人很虛偽、虛假！討厭有人在不同人面前有不同的嘴臉！」

我問：「你看到自己也有這部分了嗎？」

他說：「我才沒有呢，我很真！」

我說：「如果你看到這個『很假』的人，你當場會表現出你的討厭嗎？比方調轉頭就走或是瞪罵對方？」

他說：「不會啊，禮貌上還是會客氣地打個招呼。」

他一講完就笑了，因為他發現自己也是如他所討厭的人那樣，在人前人後有不同的態度。

舉例D：

學生g說：「我最討厭不遵守承諾的人！」

我問：「在什麼情況下妳也會不遵守、或是無法完成承諾？」

她想了想，說：「當突然來了第二件事時，就沒辦法準時完成第一件事。」

我說：「對方也是！」

舉例E：

學生w說：「我最討厭愛慕虛榮、愛攀比、愛吹牛自誇的人！」

我問：「妳如何辨認出對方是『愛慕虛榮、愛攀比、愛吹牛自誇』的人？」

她說：「看到她穿著一身名牌，很囂張的樣子就是了啊！」

我說：「如果妳跟我一樣看不出來哪些是名牌、哪些不是名牌，就不會看她那麼不順眼了！所以跟對方無關，與妳自己在乎哪些事有關，這就是妳的木馬程式所在。」

舉例F：

學生k說：「我討厭沒有良心善意的人！」
我說：「比方你覺得怎樣的人是沒有良心善意？」
他說：「就是那些坐在博愛座、卻不讓位給老人家的那些年輕人！」
我說：「你怎麼知道坐在博愛座的年輕人就是沒有良心善意？或許他的腳剛開完刀沒法久站啊？」

舉例G：

學生s說：「我討厭推卸責任的人！」
我問她小時候印象最深刻的事是什麼？
她說是父親在小時候最常跟她說「妳自己做決定，自己承擔後果」，所以她很怕做決定，因為她很怕要承擔做錯決定的後果，總希望有人能多承擔一些，這就是她討厭推卸責任的人的原因。

我說：「妳其實在潛意識挺埋怨爸爸『推卸責任：推卸父親應該要給女兒指引的責任、推卸支持妳勇敢做自己的責任』，妳自己也不喜歡承擔『做錯決定的後果』，所以妳得從這裡重置新的連結：『自己做決定，每個決定都可以是開心愉快的路徑與結果』，不要再讓『做決定』＝『承擔不好後果』的恐懼頻率。」

舉例H：

學生m說：「我討厭不聽我說話的人，還有就是在微信上不回應我的人。」

我問她：「妳人生目前的主要問題是什麼？」

她說：「找不到伴侶。」

我說：「妳中了『沒有存在感』與『孤獨木馬』模組，主要問題是：妳自己也不聽自己內心的聲音，想外尋別人聆聽妳、回應妳來建立存在感，妳要問自己：妳是何時開始感到身邊沒有人在聽妳說話或回應妳？妳在過去哪些時候感到孤單、不被聽到、不被看到，不被重視呢？這就是妳要解的木馬程式，也只有解開了，妳的主要問題才有解。」

舉例I：

有一次在候機時，機場貴賓室服務生告訴我，飛機誤點所以可以晚半小時再去登機口，等到二十五分後我正要走過去，發現全機場在廣播我的名字要我盡速登機，當時的我就怒氣大爆發，心想我又沒遲到，不是說會誤點半小時嗎？我還提早前往了呢！就是因為這件**「異於常人常理」的超大情緒**，讓我深度探索自己這個木馬程式是怎麼來的——原來是小時候有一次隔壁同學在上課時跟我說話，我正要回她，卻被老師誤以為是我在找她講話，所以被老師當場制止，這件事對我的影響就是：我超級**討厭別人「糾正我」**，所以我一向「自律甚嚴」（完美主義模組），盡量不給別人有「糾正」我的機會，但我跳出來觀察自己，發現自己也很愛「糾正、教訓別人、不輕易原諒別人、得理不饒人」，甚至在自己的課堂上立了一堆必須遵守的規矩，好讓我隨時有機會「糾正」別人，平時在生活中也是那種「路見不平、拔刀相助」的女俠性格，身邊的朋友幫我取的綽號就是「替天行道的糾察隊隊長」。

這木馬程式對我的「無意識」造成的影響，就是會跟「糾正」我的人吵架，或是經常「得理不饒人」。等到我發現了這個木馬程式之後，每次一遇到又要情緒爆發之刻，就會按停並立即拆除我即將引爆的地雷。但如果遇到真的需要被糾正的場合，比方朋友的小孩在餐廳中大聲哭鬧，我就會用創意的方式跟他玩「手語與表情無聲溝通」遊戲，這樣的頻率在「第3級：寧靜喜悅／540」，而不再是「第16級：罪惡譴責／30」。

14. 你是怎麼形容你討厭的人、喜歡的人、你想成為的人？把這三種人的共同特質找出來，其相反就是你的木馬程式

剛才在第二篇第一章第十個控制狂模組中，已舉過一位企業家的例子：他「討厭的人」與「喜歡的人」共同特質：「不負責任」的相反就是「（過度）負責任↓嚴重狀態：控制狂」，這就是木馬程式所在。這邊要延伸加上一個「想成為的人」也是一樣的道理，他一定也想成為「負責任的人」，所以**你是怎麼形容你討厭的人、喜歡的人、你想成為的人，然後把這三種人的共同特質找出來，其相反就是你的木馬程式。**

15. 你記憶中父母親（或教養者）說過什麼話？或是對你做過什麼事，讓你印象特別深刻？

舉例：我有個學生說她的主要問題是「很容易認識人，但很難跟人有更深入的交往與交流」。我問她，記憶中父親母親對她講過、讓她印象最深的話是什麼？她說有一次在看時尚雜誌，剛好翻到模特兒穿的很暴露的那一頁，父親剛好經過，就對她說：妳以後絕對不要暴露成這樣，會讓我很丟臉。我跟她說，就是這件事，讓妳形成**無法與人親近、怕暴露自己**的木馬程式：

暴露自己＝羞恥

↓

妳以為父親覺得妳不夠好，所以要把自己包緊一點、藏得更深一點，以免暴露自己的內在缺點

↓

相信自己不夠好，怕與人深交會暴露更多缺點，所以沒法敞開心與人交流，怕危險，怕丟臉

↓

別人主動靠近妳會感到焦慮，怕別人看穿妳，等別人進到妳私領域想要更進一步深交，妳自己會主動切斷掉

這個學生一聽完我的分析，當場就點頭說：「對的，謝謝老師，我的確害怕別人看到我的缺點！」

16. 矛盾點：

我有個學生的座右銘是「滿足當下、爭取更好」，這兩個很明顯是矛盾的，因為如果能滿足於當下，就不必爭取更好了。還有學生說她的夢想是嫁給胡歌（知名男演員），她微信頭像下的一句話：「平平淡淡過一生，什麼事都沒發生」，我跟她說：「很好啊！妳現在已經『什麼事都沒發生』啦！」

我們可以回顧自己過去所想、所說、所行中是否有「矛盾點」？比方：想富卻仇富、想吃美食又怕胖、想賺錢但又想享樂玩耍、想要愛情又想要自由……矛盾點的拉扯張力會虛耗你的人生，所以請整合好你真正要的頻率。

17. 掙扎點：

從"to be or not to be"、"to do or not to do"的共同聚焦點去找出核心木馬程式，這個在〈第三節：關於金錢的木馬程式〉中已經舉了「我掙扎是否要去上昂貴的心靈修行課」的例子。

18.你想要怎樣的超能力？

想要的超能力，其實是代表你隱藏的問題，或是還沒被開發出來的潛能，所以你可以深問自己：你為何要這個超能力？你目前沒有這能力，是被什麼卡住？

例如：

想要隱形→為何想隱形？

→是不是有一種可能覺得自己不夠好，如電影〈奇蹟男孩〉，因為自卑怕被人看見？

→怎麼解除「自己不夠好」的木馬程式？

→或是你想偷偷做什麼事不被發現？

→目前「隱形衣」已發明出來了，若拿到你想用來做什麼？

（以下可繼續問自己，繼續探索你自己沒發現的另一面）

想飛、想瞬間移動↓為何想飛？想瞬間移動？

↓是不是有一種可能想逃避現實？

↓怎麼解除「現在不夠好所以想逃」的木馬程式？

↓目前個人飛行器、可以瞬間移動的虛擬實境裝備已經被發明出來了，若拿到，你想用來做什麼？

↓透過想像力、冥想，意念也可以飛翔、瞬間移動，你想利用這個能力來做什麼？

（以下可繼續問自己，繼續探索你自己沒發現的另一面）

想要會讀心術↓為何想要會讀心術？

↓是不是有一種可能「內在渴求愛，渴望與人深度溝通與連結」？

↓怎麼解除「孤獨、渴求愛」的木馬程式？

↓目前科技正在研發出心電感應裝置，若拿到你想用來做什麼？

（以下可繼續問自己，繼續探索你自己沒發現的另一面）

想要幫人家治病↓為何你想幫別人治病？

↓是不是有一種可能「你不想看到別人受苦」，有「救世界」的木馬模組？

↓身體會透過疾病或意外的方式給我們重要的訊息，若一下就幫他治好了，對方就失去學習與領悟的機會！

名言小結：

我選出幾段佳句，做為「**木馬程式會躲在哪些地方**」的補充：

1. 林清玄說：「一個人面對外面的世界，需要的是窗子；一個人面對自我，需要的是鏡子。」
2. 腦神經科學何權峰提到物理學的共振律：「你發出一個思想波，於是所有跟你有同樣念頭波長相同的人事物會找上你，你轉到什麼頻道，就會看到或聽到怎樣的節目，我們才是外在事物的起因，外在世界只是我們內心的縮影，只是一個鏡子，所以在同一個時間點上，我們送出什麼振波就會回收什麼振波，任何跟我們同頻率的振波都會產生共振共鳴，都會引到我們身上。」
3. 生態村專家劉德輔說：「外面的敵人不一定對我們有害，有時候可以成為幫助我們的人。但我們自己內部的敵人，卻永遠在破壞我們心中的平靜，最終摧毀我們的健康、我們的命運。」這裡講的「自己內部的敵人」，我們可以理解為木馬程式，**知道我們缺點、弱點的人，才是我們的貴人**。也就是說，當我們看到別人身上的陰暗面，其實都是自己陰暗面的反射。

4. 印度大師古儒吉：在你生活周遭有太多你討厭或不愛的人事物，那是因為你一直在排斥，所以他們總會一再出現，你必須學會生活的藝術——將它們蛻變成愛。當一切轉化為愛的時候，這個世界所呈現給你的就全部都是愛。

5. 何念慈在〈你與每個人的關係，都反映出你與自己的關係〉文中提到：如果你覺得伴侶對你失去熱情，可能是因為你也對他失去熱情。當我們跟一個人越親密，就越容易產生厭惡，因為他讓你看到自己的真面目。別人最惹你討厭的地方，通常也是你最受不了自己的地方。你是什麼樣的人，就會認為別人是什麼樣。你不能容忍他人的部分，就是不能容忍自己的部分。一個品德不好的人，就會懷疑別人的品德；一個對別人不忠誠的人，也會懷疑別人對他的忠誠；一個不正直的、不正經的人，就會把別人的任何舉動都「想歪」，因為他就是那樣的人。一個對別的女人有非分之想的人，自然而然地，也會猜疑自己的女人。老遇到討厭的事的人，往往是令人討厭的人。喜歡挑人毛病的人，其實自己總是最有毛病。如果你很愛發脾氣，你就會認為別人常惹你生氣，每一件事都可能變成你憤怒的理由，你會把隱藏在自己內在的東西投射到別人身上。你會譴責每一個人、每一件事，因為你有太多的怒氣，所以即使是一點小事也能引燃怒火。你內在是什麼，就會被什麼樣的人吸引。你對外排斥什麼，對內就排斥什麼。首先你要深入內在，除非你內在的問題先解決，否則你不但無法改善，而且會製造更多問題。一個有控制欲的人，除非內在的空虛得到填補，否則就不可能放下別人，也難以解放自己；一個滿懷怨恨的人，除非內在憤懣的情緒得到紓解，否則就不可能停止怨恨。一個愛嫉妒的人，除非內在能找到自信，不再跟人比較，否則就不可能停止嫉妒。你如果無法信任自己，就很難信任別人；你如果無法尊重自己，就很難尊重別人；你如果無法肯定自己，就很難肯定別人；你如果不能照亮自己，就不可能照亮別人。你約束別人，自己也會被約束。你越恨就越束縛，你越愛就越自由。當你掌控別人時，你同時也被掌控；如果你綁住別人，別人也會綁住你。你想想看，當你控制別人，不准他們做這做那，那如果他們不照你說的話去做呢？你會怎麼樣？你就會不高興，對嗎？你的喜怒哀樂是由別人來決定，你認為他們是被你掌控的嗎？不，其實你總是被掌控的。以後當別人指責你的時候，不要再像以前一樣，立刻去攻擊或反擊，你要開始反問自己，因為他們說的很可能是真的。**如果不是真的，你又何必那麼「當真」**，對嗎？你與每個人的關係，都反應出你與自己的關係。**如果你不斷與自己的內在衝突，那麼你也會不斷地與別人衝突**。我們在感情中所遭遇的問題，就是我們內在的問題。我們吸引的關係，都反映出我們擁有的特質，以及呈現我們的內在自我。所以，關係出問題的人，不僅要檢討你跟別人的關係，也要反省你跟自己的關係。他們之所以會安排在你身邊，都是一有原因」的。因此，不要說不喜歡就排斥或試圖逃避他們，因為他們都是「天賜的良緣」，你應該好好利用這個機緣來蛻變自己。

6.扎西拉姆多多在《喃喃》寫了這段話，就是木馬程式透過反思之後自我解除的方法：

有人尖酸地嘲諷你，你馬上尖酸地回敬他。

有人毫無理由地看不起你，你馬上輕蔑地鄙視他。

有人在你面前大肆炫耀，你馬上加倍證明你更厲害。

有人對你蠻不講理，你馬上對他胡攪蠻纏。

有人對你冷漠，你馬上對他冷淡疏遠。

看，你討厭的那些人，

輕易就把你變成了你自己最討厭的那種樣子，

這才是「敵人」對你最大傷害。

（四）木馬現形記：怎麼掃描、辨認出木馬程式？

找出自己的木馬程式，這些是阻礙我們的自由意志（像是拿著只有幾個頻道可選擇的遙控器），讓我們「身不由己」、「力不從心」的根源。我將前面提到怎麼掃描、辨認出木馬程式的方式，在這裡做個總整理如下：

1.「**歌詞自動連唱**」的原理，以「關鍵字直覺聯想法」來搜出潛藏在意識底層的木馬程式，這些問句都已經在《21天快篩清除木馬實用手冊》與《我鏡》曆中。

2.出現「**應該**」、「**你怎麼沒……**」、「**為了你（或自己）好**」、「**更**」好（更美、更優秀、更富有、更有名、更健康……）等有出現「比較」與「標準」的詞。

解法→沒有什麼是「應該」，讓你感覺不夠好、不被愛的都是恐懼的木馬程式，大自然不會有「你現在應該要開花」，也沒有所謂的更美的花、更守時的花、更忠誠的花、更負責任的花……這些若出現在大自然中感覺「怪怪」的都是木馬程式的關鍵字。

3.**「如果你的願望成真了，你最害怕什麼？」**這句話就是搜出卡在你與願望之間木馬程式的強力掃毒軟體。

4.**快速篩檢木馬程式法：**你現在的這個念頭、以及準備要做的這個行為，最源頭與最底層是出於「愛」還是「恐懼」？隨時用「問自己」的方法來掃毒：「這是不是自己的木馬程式」？

5.**深度快篩法：**如果這件事不做、這個夢想達不到會怎樣？若你感到不安、焦慮或是不開心，那麼這也算是中了木馬程式。

6.對未到的**未來預設「負向頻率」**都是木馬程式。

7.問身邊密友或家人，自己的口頭禪是什麼？很快就能找到你的關鍵木馬程式是什麼。

8. 找到想法或話語中的矛盾點。

9. 夢想、願望、理想、目標清單。

10. 找與自己持相反看法的朋友，幫我們看到自己沒發現的木馬程式盲區。

11. 從自己喜歡的歌詞、戲劇、電影中找到自己沒察覺的木馬程式。

12. 拿出一個空白記事本，或是用我們隨書附贈的《21天快篩清除木馬實用手冊》，隨時記下電影、電視、書、網路文章、別人對你說的話……有哪一句你很有共鳴的，然後看一下與你內心真正想要的狀態是否有矛盾之處。

13. 拜倫凱蒂一念之轉四個問句：「這是真的嗎？我真的知道這是真的嗎？當我一直持有這個想法，我會得到什麼？如果我沒有這個想法時，我會怎樣？」來幫自己找出木馬程式。

以上13項已在前兩篇詳述過了，現在再提供大家另外兩個方法：

14. 你人生最後15分鐘想做什麼？

這個方法是源自印第瓦（Indivar），我也拿這個問題到課堂上問學生們，發現這是一個強力搜木馬程式的問句，請在往下看案例前，先寫下「**你人生最後15分鐘想做什麼**」的答案，以免破梗：

舉例1：有學生說如果人生剩下最後15分鐘，他要去上廁所！

我的回答：「你活得很累，想卸下重擔，你背負太多自己或是別人給你的壓力，應該要重新審視哪些可以不需要，就像背太重無法登山、船或飛機放太多東西也無法承載，再不卸重，整個人生都耗費掉了。」

舉例2：有學生說如果人生剩下最後15分鐘，她要把自己打扮美美的！

我的回答：「妳怎麼到生命將盡的最後一刻，還在意別人對妳的看法？妳有『覺得自己不夠美』、『在意別人對妳評價』的不自信的木馬程式，妳人生花了太多時間在讓自己看起來很美，如果妳知道人到最後會化為骨、化為灰，妳有見過『美美的灰』嗎？」

舉例3：有學生說如果人生剩下最後15分鐘，他要把自己洗乾淨！

我的回答：「你有很大覺得自己『不乾淨』的負罪感、羞恥感，會影響到你的人際關係、親密關係，你會怕別人靠近你，因為你也經常覺得別人髒（因為這是同一個投影源），你也怕靠近別人，總是找你信賴的人幫你隔離陌生人，這就是你的木馬程式。」

舉例4：有學生說如果人生剩下最後15分鐘，她要好好陪家人！

我的回答：「妳覺得陪家人的時間不夠，但其實問題不在時間長短，而是相處品質，如果妳跟家人在一起都是在忙著看手機、想自己的事，沒有全然地跟家人在一起，妳永遠都會覺得時間不夠，到人生最後就變成遺憾！」

舉例5：有學生說如果人生剩下最後15分鐘，他要跟媽媽說請原諒他、他很愛她。

我的回答：「你現在跟母親的關係，是你人生的最大課題。你可以每天花個幾分鐘好好跟母親說話、好好相處，不要等到最後一刻來臨才發現，時間都花在誤解與疏離上。」這讓我想起了二〇一七年帶的歐洲團，當時我帶他們去參觀詩人濟慈的墓，出來後一個團員跟我說：「老師，我不知道為什麼，我感到膝蓋無力！」

我問她：妳生命中最無力的時候是何時？

她說：母親過世的那一天。她一說完就哭了，我跟她說，母親過世後妳感到無力的痛還在妳身上，要找個時間好好面對與處理。

舉例6：有學生說如果人生剩下最後15分鐘，她要盡快安排身後財務，以免錢流到自己討厭的前夫那邊！

我的回答：「妳的『控制』、『不信任』、『恨意』已經占滿了現在的人生，生命時間就這樣被木馬程式給耗光了，如果妳真的只剩最後15分鐘，妳現在想或做這件事有意義嗎？」

舉例7：有學生說如果人生剩下最後15分鐘，他要向愛的人告白。

我的回答：「你中了『害怕被拒絕』、對自己沒自信、對愛不信任、恐懼、沒有勇氣的木馬程式，這是你目前需要處理的木馬程式。」

舉例8：有學生說如果人生剩下最後15分鐘，他要去睡覺。

我的回答：「很明顯的，你平常休息不夠、睡眠不足，你輕忽自己健康去忙許多事，你必須現在把焦點放回自己的身體，這樣身體將來才不會以『疾病』或意外的方式逼迫你休息，你的這個答案就是『提前警示』你已偏離了生命主軸，所以現在就解決這個『輕忽自己身體健康、只忙於追求無窮無盡目標』的木馬程式，等於也幫你省下未來數十年處理病痛的時間，可以拿來好好創造你真正想要的生命，好好享受清醒的時間。」

舉例9：有學生說如果人生剩下最後15分鐘，他要好好回顧生命。

我的回答：「你現在每天都可以花15分鐘回顧生命，不必等到最後一刻，因為那時候不一定有15分鐘可以回顧。」

我曾在課堂上問過學生們這個問題：

「你比較怕死？還是怕長生不老？如果你的答案是『怕死』，表示你還沒好好活過；如果你的答案是『怕長生不老』，表示你的人生還沒活出意義，人生太長會很無聊。如果你兩個都怕，表示你不僅沒好好活過，而且還過得挺無聊的。」

舉例10：有學生說如果人生剩下最後15分鐘，她要安安靜靜獨處、冥想、念經、準備死亡。

我問：「為什麼要念經？」

她說：「這樣死後就可以去更好的地方！」

我說：「現在就是妳最好的時刻、最好的地方，可是妳並沒有好好活在當下，一直錯過當下、永遠都在忙著準備『未來』，有一本法文書的書名取得很好：《你的第二人生始於你明白人生只有一次》，所以請好好活在此時此地，就能突破妳『焦慮未來的木馬程式』。而且妳的人生都被許多雜事占滿了，妳沒有留給自己足夠做自己的事的時間、獨處冥思的時間，所以妳從今天起每天一定至少要留15分鐘獨處、冥想的時間，讓每一刻都是最好的一刻，不必再做任何事，死而無憾。」

我在課上都會先請學生寫下人生想要完成的夢想，再帶學生做「死前七分鐘生命回顧練習」後，請他們再重寫人生想要完成的願望，往往答案很不一樣，這就是意識與潛意識之別，也可從那些做完回顧練習後不再出現的願望中找到木馬程式。

舉例11：有學生說如果人生剩下最後15分鐘，她想跟大家道謝。

↓我突然跟她說：「妳有跟自己道謝嗎？」她就瞬間哭了。

我繼續說：「每天花個幾分鐘，不僅跟周圍的人道謝，最重要的是跟自己道謝！」

你現在看一下你剛寫的**「人生最後15分鐘你想做什麼？」**然後找出自己目前的木馬程式，並思考如果把頻率從「恐懼擔憂」調回到「愛與信任」，可以怎麼破解這些木馬程式？

15. 我在教木馬程式課時，會請學生先把以下這兩張「課前問題單」填好，帶到課上來找木馬程式，大家也可以透過填寫這兩張表格，讓潛藏在意識底層的木馬程式浮出來：

A. 關於人生的木馬程式問題單：

	問句	你的答案	找到的木馬程式
1	現在人生中最主要、最困擾你的問題是什麼？		
2	寫下你此刻對「生命」這兩個字的第一感覺、第一個畫面？（延伸問題：健康、自己、幸福、愛、快樂、金錢……） 這些「第一感覺」如果是你的潛意識，它已經創造什麼？ 如果是負面的，怎麼改寫成正向的、自己相信的句子？		
3	寫出你最討厭怎樣的人？是誰？ 他們身上有哪些令你討厭的特質？ 或是他、她做過什麼很令你反感的事？ 然後反思你自己身上是否有這些特質？ 一定有，請不要躲避地把它們都揪出來！		

4	5	6	7
寫出你最煩惱、擔憂、害怕、恐懼、被局限、痛苦、痛恨、悔恨的事是什麼？ 請至少寫出十種（無上限）	請寫出目前為止你最難忘、最開心、最想知道、最得意、最愛的是什麼？請至少寫出十種（無上限）	你最怕誰生氣？	寫出你人生截至目前為止的十件大事（請依重要性排序下來），然後標明這十件事分別代表的頻率？（L代表愛、F代表恐懼） 以及找出隱藏在其中、目前還影響你的木馬程式？ 想一下，如果這十件事是創造你未來的十個關鍵起始能量，那會創造出怎樣的能量、過程、劇情、結果？ 然後再檢查一下哪些是你不想要的？ 接下來該怎麼改寫這十件事的詮釋、怎麼調整你的頻率？ 現在必須有哪些頻率與行動來逆轉命運？ 等你調整好了頻率之後，播放令你感覺喜悅開心的音樂，再重列你的人生大事紀，比對與之前有哪些不同？

	問句	你的答案	找到的木馬程式
8	列出你人生的十大創傷事件，依傷害程度從最大到最小排序下來，並寫下你的感覺？對你現在造成哪些影響（正、負）？ 這些會造成未來怎樣的影響？ 然後檢查一下能量頻率帶在哪？ 怎麼調整或是「重新詮釋」這些事件？		
9	你父親、母親、家人、兄弟姐妹（或：獨生子女）、同學、孩子、老師、最好朋友（包括過去已不再連絡的朋友）、伴侶（包括過去已分手的情人）、親戚、同事、主管、路人甲……曾說過讓你覺得受傷的話、或是做過讓你傷心的事？ 檢查一下哪些還存在你腦海中？你的感覺是什麼？ 這些頻率在哪個層級？ 對你現在造成哪些影響（正、負）？ 會造成未來怎樣的影響？ 你要怎麼轉換？		

10	11	12	13
你想要重回、重改人生哪個時刻？如何把感到遺憾的事，暫停時間，回到關鍵點（奇異點），找到自己與集體的重複模式，改變重複性劇本？ 你會選哪些記憶來重新剪輯、重新詮釋？ 就像電影《視界戰》一樣。 你有一百萬種詮釋的方式，置入不同角色，重演並覆蓋原連結，就能改寫命運格局與維度，重新決定現在與未來，好好發揮自己想像力與改編生命劇本的能力吧！	你記得你爸媽曾說過哪些話或做過哪些事讓你印象深刻？	詢問身邊十個跟你很親近的人，問他、她你最常說的口頭禪。 最常跟人說自己過去的「創傷、悲慘經歷」（詳述你是怎麼說的）？	寫下自己有哪些特點？缺點？哪些地方需改善？ 這些形成了你的哪些優勢？ 造成了現在或過去哪些問題？

	問句	你的答案	找到的木馬程式
14	什麼情況下你會感覺到孤單？ 當你覺得孤單時會怎麼做來解決孤單感？ 自己對這世界不滿的地方？ 會想離開世界的原因（事件）？ 對你現在造成哪些影響（正、負）？ 這些會造成未來怎樣的影響？		
15	請在自己的LINE、FB、微博、微信、Instagram中，將自己的個人簽名截圖，看看是什麼？（如果還記得過去寫過的最好）		
16	寫下你自己最喜歡的歌曲中的哪一句歌詞，你印象最深刻？ 你印象深刻難忘的戲劇對白、書或網路上的座右銘？		

17
寫下今年到現在為止的十件大事，依重要性排列下來，並列出頻率在哪個層級？表示這是正在影響你現在與未來的頻率，想一下，如果這十件事是創造你未來的十個關鍵能量，那會創造出什麼樣的未來、過程中的劇情、結果？然後檢查一下哪些過程與結果是你不要的，該怎麼調整、怎麼改？

（更多抓出木馬程式的問句，請詳見《我鏡曆》）

B.關於金錢的木馬程式問題單：這些問句都是X光掃描機，找出你的「金錢流」障礙，協助你辨認出擋在你與金錢財富資源之間的玻璃牆，搜出至今仍影響你的金錢木馬程式：

	問句	補充註解	你的答案以及你找到的金錢木馬程式
1	小時候父親、母親、家人、老師、同學、好友、同事、伴侶…… 你印象中關於金錢的事？		
2	寫下你此刻對「富裕」的第一感覺？ （延伸問題：金錢、貧窮、負債、有錢人、貧民……）		
3	你想要什麼但覺得很貴？ 你的夢想是什麼？ 你的夢想很貴嗎？	你想要什麼覺得很貴？你覺得這東西沒那麼值錢，這才是問題。書、旅行、表演、音樂、電影……與價錢貴不貴沒關係，問題在你有沒看到價值、產值，才是問題。如果覺得貴，把自己拉到比現在更富有的狀態，看看這東西不貴的價值線會在哪。	

4	5	6	7
你為何想要這個？	你有了這個之後，會為你創造出怎麼樣的「價值」？	你有了這個之後，生活會有怎樣的不一樣？	你所能為這付出「不覺得貴」的價格，與實際價錢的差落部分，你能不能創造什麼可能的產值大過這個差距？舉例：想去旅行，但自己目前只能付一萬，但旅費要三萬，那麼這趟旅行過程或是結束後，能不能創造至少兩萬以上的「產值」？例如：出書、演講……

	問句	補充註解	你的答案以及你找到的金錢木馬程式
8	列出「錢」可以為你做什麼？有錢對你的好處是什麼？如果不通過金錢，能否透過其他的合法途徑或方法得到這個（或是類似）你想要的感覺？		
9	你覺得錢可以解決你現在的什麼問題？如果不是透過錢來解決這些問題，還可以有哪些途徑得到這個（或是類似）你想要的感覺？		
10	如果你將來負債，你覺得會產生哪些問題？		
11	如果你將來身無分文，你覺得會有什麼樣的問題？		

12	如果你將來成為億萬富翁，你覺得那時候會有什麼樣的問題？		
13	你覺得自己很難成為超級有錢人的原因是什麼？		
14	你覺得自己如果變得超級有錢時，會遇到什麼問題？最大的壞處是什麼？		
15	你覺得賺錢容易嗎？抓著「賺錢不容易」好處是什麼？		
16	你是否有這個木馬程式：錢是有限的，要省著花？		
17	你是否有這個木馬程式：為了省錢，寧可多花時間？		

	問句	補充註解	你的答案以及你找到的金錢木馬程式
18	你是否有這個木馬程式：付款拖到最後一天？		
19	你把時間花在哪？花時間在關注什麼？做什麼？請畫出你的時間分配比例圖。	審視你一天的時間拿來做什麼了？你怎麼過一天，就等於怎麼過一生，因為你的頻率放在時間的動能器上，加速放大的效應，會創造出你的實相。 玩手遊其實是讓怪獸來殺你的注意力與時間。這些時間原本可以拿來觀察大自然環境、思考、看書、學習、創作、運動…… 你只有一個真實時間去體驗一個人生，所以不要浪費時間在不重要的事情上。重新選擇你要的現實，把時間花在上面。	
20	列出在你眼中，有錢人是個怎樣的人？貧窮的人是怎樣的人？		

（等到你填完這張表格之後，再依據我們書中提到的各種破解法，來幫自己一一解除木馬程式！）

小結：

木馬程式都是情緒的隱形地雷，也是默默在生命中運作的「非自主」設定，把焦點放在覺察自己的情緒：自己為何對這有反應？自己會何被這新聞、文章、戲劇、歌曲、人……所吸引？看看這些頻率為自己創造現在的什麼問題？

找到至今還在影響你的木馬程式，深度挖掘出潛意識、無意識中讓你不自由、活得越來越不像自己的模組，每一個念頭、反應、感覺、決定、行為……先檢查、辨認一下：是出於恐懼還是愛？你要誠實並認真找出在自己、人際、健康、夢想、金錢……的木馬程式，逐一深度清理、自動修正、恢復原廠設定、並重新覆寫新的程式碼，以免以後爆毀自己的人生，記得，愛是破解恐懼木馬程式的唯一解藥！

（五）木馬程式的解法：

依據前面提到各個「破解木馬程式」的方法，我整理如下：

1.特定木馬程式模組的破解之道：

A.如果「愛情疑心病」又再度發作時，自己先暫停不要把這頻率發射給對方，把自己從原本的角色跳出來、置入進對方的身體裡想一下：你若又拿懷疑的事去質問對方，若此時你面對這樣的質疑，你會感到如何？你會不會想躲離對方？

B.「抱怨模組」的人無時無刻幾乎都在抱怨，解法就是你只需問他：「這個世界上有誰是你不抱怨的？」就能一句話把他從木馬程式中打醒。

C.破解「搶快/搶先模組」的方法，就是問：

「跑那麼快，要跑去哪裡？」

「究竟是要爭贏，證明自己是對的？還是讓自己快樂，讓大家都快樂？」

花開花謝自有時——大自然沒有進度表（請問是用誰的標準？），更沒有拖延症，資源永遠夠用，不要被焦慮匱乏的能量頻率，浪費了原本可以拿來無中生有的創造機會與時間。

D.若遇到「非爭不可、不爭會死」的人，你就問他：你究竟是要花這麼多時間爭贏對方，還是要把這些時間，做自己更重要的事？或是問他：你贏了，然後呢？

E.控制狂如果失眠，那是因為他想要控制「身體睡眠的進程」，一旦不在這個時間睡著，焦慮的頻率會更難入睡，所以放掉「必須幾點睡」的想法，允許自己任何時候睡都行，放掉並放鬆之後，失眠才有機會解決。

F.愛情控制狂者可以試著養狗，因為狗會教你無條件的愛，教你怎麼放掉你的控制欲。

G.破解「單身焦慮」這組木馬程式的關鍵語是：「你究竟是要真正幸福？還是表面上有伴就行？」

H.自己最害怕、想逃躲、擔憂、煩惱、討厭、排斥、痛恨甚至到了恨之入骨、惡之欲其死的人事物，這些在你身上一定也有！

解法1：試想如果你是對方，你為何會這樣對自己？

電影〈通靈診療室〉、〈超時空攔截〉把自己置身於加害者的角度，類似家族排列的方式去理解對方為何會這樣做的「愛變質為恐懼」的原因。

還有另一個角度：以彼之道還之彼身，受害者以同樣的「態度（非行為）」反擊加害者，讓「已經慣性羞辱人」的對方感受被羞辱的感覺然後瞬間驚醒——電影〈你只欠我一個道歉〉描述因被Tony言語羞辱所以拳反擊的Yasser，他被告傷害關進監牢中，等他出獄去Tony家以同樣的言語羞辱了對方，Tony一聽氣到也打回去，就在那一瞬間原本是「被打」的被害者，瞬間變成「加害者」，就在他出拳之後突然驚醒並了解為何對方會氣到想打他，於是他就被這個「類驚嚇」彈出了「加害者、被害者」的迴圈中。

所以當我們沒有了木馬程式，所有的恐懼都會還原回愛，而這個「因理解而寬容」的頻率，在霍金斯表格中是「寬容原諒／350」。

也可以說，每個來讓你討厭、惹你生氣與不悅的，都在打破你的框限，在挑戰並擴張你的頻率與行動能力，而不是在找你麻煩，先把自己放在對方角色裡才能破解問題。

解法2：我若遇到一個令我非常反感、厭惡的人時，我會去看從「受精卵

↓胎兒↓嬰兒出生」的影片，想像那個人是這樣出生的，被他的父母愛著，然後小時候的他可能經歷了什麼才會變成現在這樣？如果有一天他離世了，在墓碑前想一下對方真的有那麼壞嗎？我沒看到（不注意視盲）對方有哪些好的一面？

解法3：把視野拉到最高，俯瞰全時間、全空間，或許對方插隊是因為他飛機快趕不上了，或許服務生心神不寧老是出錯，因為她的孩子正在醫院裡沒人陪……如果我無法全面了解對方過去發生了什麼，我就不應該以狹礙的此刻現況來批判對方——評斷、批判越多，表示分別心越多，維度就越低。當你接納任何一個進入你生命的人成為你的貴人時，當你允許每一個人都如其所是，他們就改變了，因為水與海的思維不同，大我即富裕頻率的開始。

2.適用於絕大部分木馬程式的破解之道：

A.你今天所想的一切，決定了你明天的人生——《療癒場》作者：琳恩·麥塔嘉（Lynne McTaggart）

你可以將**自己與身邊親友的對話錄下來**，或是記下今天的所言、所思、所行，回放一下就能輕易發現，經常重複在說的詞是什麼？就能很快地找到你關鍵的木馬程式是什麼！然後把自己當成客觀的旁聽者，最好手上拿著**霍金斯意識能量層級圖表**，一句一句地比對該句能量是落在哪一個頻率中？是200以上？還是200以下？透過自己不斷重複說出來的詞句，去找出自己「鬼打牆」的木馬程式，並將這組詞句列為**掃毒關鍵字**，只要自己又跑出這樣的想法，掃毒軟體就可以即時發出警報，提醒自己立即中止這組木馬程式，以免無意識地直抵「自毀」的結果。

B. 大自然無界，人生不受限。人給自己畫界線與訂標準，然後再忙著突圍、跨欄與撐高，忘了線原本就不存在，大自然萬事萬物都是人的指導老師，記得隨時**向大自然借智慧**。

C. 沒有很難，只有決定。**中止目前慣性的生活軌道，清醒地拔高維度視野，俯瞰從生命一開始至今的過程，以更高維度的生命視角，以及正面的能量、態度、頻率，重新看待、改寫或重新詮釋過去**這些傷痛帶給你哪些很珍貴的成長與體悟？以電影〈分歧者〉的一指點破玻璃法，瞬間脫困，以新的腦神經迴路取代舊的連結短則至少需要持續21天，最好能持續三個月以上，才能讓你的新反應連結穩固，舊的連結就會因少用而功能消失，以愛取代恐懼害怕頻率，這才能改寫自己未來的人生劇本！

D. 消滅敵人最好的方法，就是把他變成朋友。想要克服恐懼，就邀請它來做你的朋友。**不怕「沒有」，不怕失去，才沒有恐懼**，你越在乎的人事物，隨時思考如果有一天不在了，你會如何？

E. 在一天中任選幾個時段，以自己是**演員的角度來過生活**，想一下如果換各種的心態頻率來演，會有哪些不同？電影〈還有機會說再見〉有一段話：「永遠只有今天，當下即永遠，唯一跳脫劇本輪迴的方式就是『改變』：改變心態、改變行為。」改變本身不會痛苦，只有你抗拒改變才痛苦，就像〈正念的奇蹟〉電影中，一行禪師隨時以鐘聲中斷梅村禪修中心的生活慣性，覺察自己在被打斷的**當下正在想什麼、做什麼**？什麼還在動？哪些還在木馬程式的舊模組中？

相關電影如〈楚門的世界〉、〈口白人生〉、〈每，一天〉、韓國片〈一天〉都是你的參練影片。

F. **強項頻率平移到弱項法**：將自己比較沒有木馬程式的強項，拿來平移對照自己的弱項，進而找到破解之道。例如：有人對金錢不設限，卻對愛情設限；有人對愛不設限（無條件的愛）卻對金錢設限——以自己強項能力，去處理自己弱項環節。每個人都有強項與弱項，把時間放在自己的強項，於是我們可以變得更強；但如果我們不花時間去處理、面對自己的弱項（包括黑暗面、脆弱面、逃避的功課），那麼未來某一天，這些弱項的課題就會反撲回來，就像是在一個沒有地基的地方築高塔，遲早會被掏空倒塌。

G. 先調好頻率再說話、反應、做事、生活。每天養成曬太陽、運動、瑜伽、靜坐、冥想的習慣，每隔一段時間去度假或是閉關。平時動作盡可能保持覺知放慢，隨時隨地讓自己慢慢深呼吸，隨時隨地以「**吸生吐盡呼吸法**」：吸氣的時候，把自己當成是剛出娘胎吸的第一口空氣，吸到飽，然後把意識停在這片刻一會，接著再以「人生最後一口氣」的方式，把氣慢慢地吐盡，每一次有覺知的呼吸，你的內在會有改變；當你願意改變，你就已經是不一樣的人，這是最快也是最方便的「重置人生」法。

H. 建議大家可以看印度的〈佛陀傳〉（55集），裡面有破解各種人類木馬程式的方法，可以邊看邊寫下來。

I. **音頻振碎木馬程式**：腦神經科學家何權峰說：當外界傳入的振動頻率，恰巧等於物體的自然振動頻率，就能引發共鳴。

大家可以上網查關於「格拉宵共鳴」的解說影片，所謂的「格拉宵共鳴」實驗就是在玻璃杯中放入一支吸管，然後以各種樂器對著這個玻璃杯（不要碰到杯子）發送聲音使吸管振動，只要能量足夠，且杯裡與杯外的頻率共振共鳴，杯子就會瞬間碎裂。另外也可以上網搜「顯波學」（voice and sand）[31]相關影片，就可以看到音波的頻率越高，沙子的形狀會變得更加複雜，也比較能夠理解音樂是如何影響物質世界以及我們的身體細胞。

在〈Funyu身心靈Talk〉這篇文章中關於「聲音療癒振動」的原理：「人體就

是一個由不同頻率所組成的『宇宙』，只是依靠人體本身，就能演奏出一首恢弘的大宇宙交響曲。人體70％以上是由水組成的，甚至骨頭和骨髓的25％都是水。聲音在水中比在空氣中的傳播速度要快四倍，因此身體若跟著正面頻率進行共振，則能夠幫助我們治療身心疾病。18世紀瑞士科學家Hans Jenny，經過十年的實驗測試得出聲音振動能改變分子結構，比如，柔緩的音樂能與整個身體共振，減慢心跳率，使人平靜，達到和諧，平衡狀態。另一方面，聲波頻率也會引起人們心理上的反應，和諧的聲音波能提高大腦皮層的興奮性，可以改善人們的情緒，同時消除心理、社會因素所造成的緊張、焦慮、憂鬱、恐懼等不良心理狀態，並增加應變能力。當我們身心平衡時，我們會感受到無限的愛，同時我們也在向世界發出我們和諧的振動頻率。」

至於「聲音的頻率」有哪些的指標呢？在〈為什麼聲音能治癒人體〉（引自讚新聞）提到：「Richard Gordon說：當兩個系統在不同的頻率振盪，這種能量轉換到另一個面向叫做誘導作用（entrainment），也就是造成它們對齊且在同一種頻率中振動。**當我們被治癒的頻率誘導同步，我們的身體跟心神會和諧的振動**。這些頻率包括：

31. 顯波學：藉著改變振盪器的頻率，沙子、水、或其他用來創造看的見的聲音媒介物質，會變形成有趣的形狀。這些形狀模仿了神聖的幾何圖形，並且當頻率越高，那些形狀會顯現得更加複雜。

285 Hz：指示細胞跟組織治癒，讓身體覺得被更新。

396 Hz：解放愧疚和恐懼，以讓更好振動頻率讓情緒有出路。

417 Hz：使人戰鬥緊張感消除。

528 Hz：據說可以治癒ＤＮＡ、修復細胞，並使意識覺醒。

639 Hz：這是跟心有關聯的振動頻率，感覺愛自己及愛他人，直到人我無別。如果要平衡人際關係，聽聽這個頻率吧。

741 Hz：據說可以清潔、並治癒暴露在電磁波中的細胞，也可以幫助人們有信心與能力，去實現他們所希望的事。

852 Hz：使直覺覺醒。

963 Hz：刺激松果體，並調整身體到最佳、最原始的狀態。

當然，也還有其他更多的頻率，甚至根本不在人類聽力範圍之內的也能夠治癒。」

現代聲音治療先驅者之一，強納森・高曼在他的《聲音治療的七大祕密》書中提到，人體是一個振動源，**人體的每一個器官，骨頭，組織以及各個生理系統都有它自己的振動頻率。這些頻率加起來就組成了人的振動頻率。**人就像一個交響樂隊一樣，只要身體的一部分振動不和諧，身體就會出狀況，慢慢就產生了疾病。而**聲音治療的原理在於聲音振動進入人體後，它能改變人體的振動頻率，使身體與之共振，改變失衡部位的振動頻率，使身體重新回到平衡狀態**，人的生物節律得到調節，組織細胞發生和諧的同步共振後，各個系統如心率快慢、呼吸節奏、脈搏起伏、胃腸蠕動，甚至肌肉收縮舒脹都收到良好的調節；和諧的聲波對中樞和內分泌系統是一種良性刺激，促進分泌出有益於健康的激素、酶類、乙醯膽鹼等生命活性質、刺激腺體分泌抵抗病菌感染的腺液、並增加人體的新陳代謝。聲音療法還能夠減輕或消除緊張，緩解各種疾病，也能讓身體的細胞、腺體、器官以及各個循環系統高效運轉，全身放鬆，呼吸暢快，大腦清醒，感情就會得到昇華，就能擺脫消極情緒的困擾。——引自Joachim-Ernst Berendt，《The World is Sound》

我在過去巡講都會在現場帶「動態調頻冥想」（就是先躺下，再隨音樂站起來舞動身體）[32]，大家也可以用想像力來導引自己：

想像自己躺在太空艙中被更新，以X光掃描從頭到腳並卸載所有木馬程式（卡住的地方多掃幾次）：

掃淨所有的恐懼、擔憂、不信任、憤怒、自卑、覺得自己不夠好、壓力……

然後以強烈水瀑清洗每一個細胞、血液、組織、系統、內分泌（瘀塞的地方多沖幾次），直到感覺身體變成全透明。

接著脫掉人皮外衣，脫掉劇本角色，把自己的靈魂釋放出來解散在整個宇宙太空之中，恢復無限自由。

想像自己已經下載全新的軟體：信任、愛、勇氣、創造力，以及完美的身心靈健康模板，再灌入「無條件的愛」、「安全感與信任」、「堅定的自信與天賦能力」、「自己已完美」的頻率，飽滿每一個細胞，並以信任身體、信任生命、信任愛來定頻。

讓全新頻率的現在，沒有任何過去木馬程式的痕跡，把現在的感覺列爲指標，之後有任何外在人事物不符合這頻率的，或是舊的頻率模組又跑出來

時，馬上清掃並移除木馬程式，然後回到新的軟體頻率。

做完深度清理、解除木馬程式之後，你將有能力建立一個全新的潛意識創造場，並建立掃毒軟體，之後有任何不當的木馬程式要入侵我們的潛意識創造場，就會被我們偵測到、處理或轉換掉——我就是這樣定期移除自己的木馬程式，瞬間不受苦，平靜輕鬆，身體不易生病，也不會造成自己與他人生命的問題。這方法隨時可做，天天做，或是至少每周做一次。大家平時可以收集「讓自己瞬間寧靜」、「重振希望與生命活力」……等各種幫你療癒或調頻自己的音樂，我的原理是：只要把自己身體的每一個細胞頻率，與高頻音樂對準，當內外頻率完全一致，中間不符合該頻率的木馬程式就會自動破除。大家可以隨時透過音波的強大振動，幫自己瞬間一次震碎所有的木馬程式。

32.〈木馬程式網路課〉、〈李欣頻進階四堂課〉上都帶過這冥想，可以參看這兩堂的網路課，或是〈音樂欣頻率〉、〈音樂超頻率〉中也有類似主題的冥想導引。報名請註明欲上的課名，寫郵件到百頤堂：1308222000@qq.com，並副本到readers0811@gmail.com。

3.小結：

如果對已經發生的過去不開心，就會對未來投射焦慮，只有清空回到當下，因為當下是切到所有可能性的點，沒有當下就會失去力量。

從負面情緒中覺察、覺知，打破恐懼幻象，剝除成見標籤，並找出自己前半輩子所有藏在潛意識影響我們的木馬程式（種子），放掉舊的信念系統，突破自己的限制牆，把自己叫醒，保持清醒，打穩好生命地基，拿回自己原力，以最大的彈性，進行大幅度的蛻變——每當我們再次處於憤怒、焦躁、恐懼、擔憂、沮喪、茫然、身心俱疲的狀態，這就是我們可以重新選擇的機會：脫離恐懼、擔憂、疲累的重複迴旋圈，重新決定你是誰？你要創造什麼？讓不屬於自己的舊能量模組、不當的壓力、不符合自己所需的目標期待順勢崩落，讓內在恢復平靜、和平、信任、力量、安全感，但這需要你把寶貴的生命時間，從混亂干擾的訊息場中抽離出來，放回並重新聚焦在自己的身心上，因為你花在哪個頻率帶上的生命時間越長，代表你自願自主選擇把能量定在那裡創造你的新決定、新方向，就是你即將活出內在真實的堅定意願。

第四篇

掌握了木馬程式的開關
你可以從玩家瞬間進級
成為人生遊戲的創造者

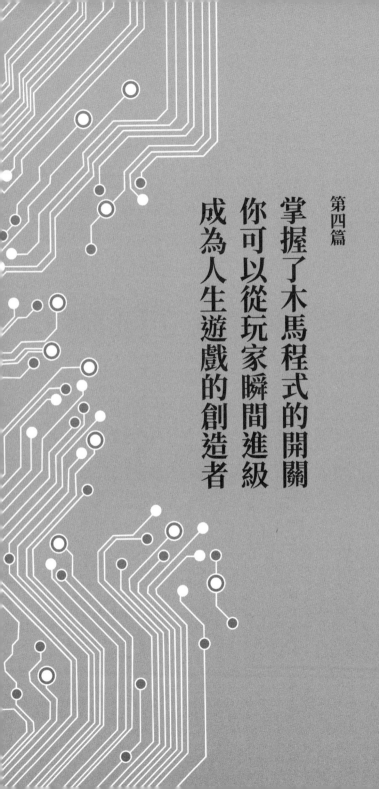

帶著憤怒的頻率說或聽，良心建議就變質為抱怨或指責；帶著驕傲得意的頻率說或聽，善意的分享就變成炫耀、瞧不起對方；帶著渴愛欲望的頻率說或聽，給的愛就變成被控制對方自由自主、與喘不過氣的緊張壓力——覺察是木馬的解藥，借用電影〈星際大戰：原力覺醒〉的概念：從木馬程式中醒來，啟用原有的天賦自由力量，能量在愛、信任、勇氣、喜悅的正向頻率帶上，很清楚自己的目的地在哪裡，你知道目的地的話，就會去觀察自己現在的情況、狀態、頻率能不能帶你到達那裡——如果心中有一個明確的目標，知道自己要到達的狀態是什麼頻率，路程中的一切阻礙都不會成為限制。

《未來預演：啟動你的量子改變》書中提到一個很重要的概念：「改變必須同調，你的想法與感受必須一致[33]，你不可能用舊的自己，換一個新的未來，只有當意念、情緒、潛意識、無意識與未來同頻就能瞬間完成，心念所預演的未來才有能力發一致訊息波到量子場，讓改變瞬間發生成真，你成為一個量子創造者，脫離了「因果」（軌道）來到了「造果」。要對你想要的事物抱持明確的意念與相應的頻率，但要將「如何達成」的細節留給不可預知的量子場[34]，它將會以最適合相應的頻率呈現出來，但你必須信任與放手，因為人們總是想以過去的經驗思維，重新創造未來的現實、預測或分析事件會在何時何地如何發生，只會讓你回到舊身分思

33. 欣頻註：解除內外不一致的木馬程式。
34. 欣頻註：放掉「控制」的木馬程式，轉為「信任」頻率。

維軌跡。信任與放手的能量會讓事情自己顯化展開。」

勇敢的人跳出框架，智慧的人幫大家移除框架，移開擋住我們的木馬程式之後，在全觀明晰視野下，你是要健康還是美麗？你要家人還是要面子？你是要生活品質還是要錢？你是要愛還是婚姻？聰明者爭贏在競技場，智者則在競技場之外。聰明帶來財富與權力，智慧帶來快樂與平靜。聰明是一種優越爭贏的生存能力，智慧是一種大家一起好的生活境界。沒有智慧，聰明只是被自己以為厲害的頭腦木馬耍著玩的把戲。木馬程式讓我們看見自己的框架，明瞭自己在演哪一齣戲，並且重新審視自己現在到底站在哪裡。看得清，我們就可以有無數種不同的詮釋方式，把悲劇變喜劇，解除局限在原地打轉的狀態；如果人生所見處處是框架，或許這正是我們還沒有搞清楚自己要去哪裡，到底要什麼，才會遊走於框架之間，失去真正心中的自由。

我們都是自己生命劇本的主人，所有的框架，我們都可以用創意的視點突破、重新詮釋。任何一組木馬給我們限制的同時，也給了我們一個出框的機會，所謂的自由，並不是改變現況，而是要改變視野。舉一個的例子：眼前有一個巨石擋在路當中，依你原路往前（舊的自己）的頻率來看它是障礙，但如果你把自己拉到廣大的、新的未來俯瞰這個石頭，這或許就是提醒你可以轉彎、另尋其他路徑的告示——認清框限並非阻礙，而是讓自己知道還有其他的選擇，也就是說**挫折與失敗是「舊思維、舊頻率」下的定義，不要停在原地怨天尤人，把自己換到「視之為提醒、跳板、轉機」的視野，就能立即能將挫敗沮喪的能量，轉為眼前看到全新路徑的喜悅與感激**，這就是愛因斯坦所揭示的：「每個事物都是能量，當你的頻率與想要的事物頻率吻合就成真[35]，這不是哲學，而是物理學。」

當我們拉高視野俯瞰地球人生劇場舞台，想一下，如果自己的人生沒有半點木馬程式，整個世界全都清理完了木馬程式，就好比電影開演才講了三句話你就知道結局，這樣的人生豈不是太無聊？因為沒有木馬程式，也就不可能有電影、影集、戲劇……的存在，這也就是我們潛意識或無意識捨不得放手的原因。所以我點出木馬程式的意思，**並不是要你清掉所有的木馬，而是要覺察木馬，明白自己在演什麼，並且在清楚劇本終極意義：「領悟愛」的情況下，看見你有一百萬種不同的頻率可以選擇**，有覺知的演，版本就會不同，這就是演而優則導，並同時身兼導演的演員最有意思的權利。

35. 欣頻註：把願望的頻率，調準聚焦到已達成的頻率。

洞悉真實、頭腦清楚、內心平靜、只說重點、心口合一，永遠不要為了任何理由而不去愛，永遠要以信任、自由、天賦來決定要做什麼或不做什麼，你更不需要去批判还耽溺在旋轉木馬裡的人，因為人生就是一場自選課題、場景、與玩伴的電玩遊戲，身體就是我們體驗的裝備，靈魂是玩家，虛擬人生電玩遊戲的目的在於幫助我們從不信任、焦慮、恐懼、憤怒、沮喪、低潮、害怕、不自信……調整回愛、信任、智慧、喜悅、創造力……的狀態，一如電影〈一級玩家〉所表達的：遊戲目的不是為了要贏，而是體驗人生各種的主題遊戲，了悟電影〈刺客教條〉的「無物唯真，諸行皆可」（Nothing is true, everything is permitted），特別是在〈一級玩家〉、〈分歧者〉、〈刺客教條〉都共同提到的概念：「**信任之躍**」，這四個字就是『不入戲、跳出木馬程式回到大自由』的破解密碼」——當你解開所有綁住你的木馬繩索，完全信任地跳入未知的勇氣，這個彈性輕裝的玩家心態，就是可以切換的新頻率，這股信任就是立即調頻、一步到位的解套解藥與通關密碼，亦是瞬間同時到達「30而立、40不惑、50知天命、60耳順、70隨心所欲不逾矩」最終境界。

在看完這本《人類木馬程式》之後，如果你已經順利找到綑綁住你人生的木馬程式，你就有能力逐一破解它們，讓所有的恐懼都還原回愛，恢復完全自由且有創造力的生活，於是你就能快速晉級到新的階段：你將發現「奇蹟博士」般視野已無法逆轉，你可以看見別人看不到的隱形木馬，察覺到現在哪隻木馬正在發作，可以隨時中止或是繼續玩它而非被它玩；清醒地演，快樂地演悲喜劇，並有隨時入戲與出戲的自由，換一種沒有限制的方式體驗人生；而你也知道中止遊戲的開關在哪——當你醒來，**此時此地已是無所不在，與生俱來早已是無所不能！**

延伸閱讀

書籍：

- 《我們真的有自由意志嗎？》（Who's in Charge?: Free Will and the Science of the Brain），葛詹尼加（Michael S.Gazzanifa）著，貓頭鷹，2013，台北。
- 《為什麼你沒看見大猩猩》（The Invisible Gorilla: How Our Intuitions Deceive Us），克里斯・查佈利斯（Christopher Chabris）、丹尼爾・西蒙斯（Daniel Simons）合著，天下文化，2017，台北。
- 《臣服實驗》（The Surrender Experiment: My Journey into Life's Perfection），麥克・辛格（Michael A. Singer）著，方智，2017，台北。
- 《一念之轉》（Loving What Is），拜倫・凱蒂（Byron Katie）、史蒂芬・米切爾（Stephen Mitchell）合著，心靈平安基金會，2007，台北。

●**《任何人都會有的思考盲點》**（You Are Not So Smart: Why You Have Too Many Friends on Facebook, Why Your Memory Is Mostly Fiction, and 46 Other Ways You're Del），大衛．麥瑞尼（David McRaney）著，李茲文化，2013，台北。

●**《療癒密碼》**（The Healing Code: 6 Minutes to Heal the Source of Your Health, Success, or Relationship Issue），亞歷山大．洛伊德（Alexander Loyd）、班．強生（Ben Johnson）合著，方智，2012，台北。

●**《不抱怨的世界》**（A Complaint Free World: How to Stop Complaining and Start Enjoying the Life You Always Wanted），威爾．鮑溫（Will Bowen）著，時報，2013，台北。

●**《自律神經健康人50招》**，小林弘幸著，天下雜誌，2012，台北。

●**《愛情覺醒地圖》**，李欣頻著，平安文化，2013，台北。

●**《打造創意版的自己》**，李欣頻著，暖暖書屋，2013，台北。

●**《心誠事享》**（原《祕密副作用》），李欣頻著，平安文化，2018，台北。

●**《失落的致富經典》**（The Science of Getting Rich），華勒思．華特斯（Wallace D. Wattles）著，方智，2008，台北。

- ●《如何成為有錢人：富裕人生的心靈智慧》（幸せなお金持ちになる すごいお金。），和田裕美（Hiromi WADA）著，經濟新潮社，2018，台北。
- ●《環球旅行箱：創意啟蒙之旅》，李欣頻著，暖暖書屋，2013，台北。
- ●《你的第二人生始於你明白人生只有一次》（Ta deuxième vie commence quand tu comprends que tu n'en as qu'une），拉斐爾・喬丹奴（Raphaëlle Giordano）著，圓神，2018，台北。
- ●《未來預演：啟動你的量子改變》（Breaking The Habit of Being Yourself: How to Lose Your Mind and Create a New One），喬・迪斯本札（Dr. Joe Dispenza）著，地平線文化，2016，台北。
- ●《創意天龍八部》，李欣頻著，暖暖書屋，2017，台北。
- ●《給予》（Give and Take），亞當・格蘭特（Adam Grant）著，平安文化，2013，台北。
- ●《靈性逃避》（Spiritual Bypassing: When Spirituality Disconnects Us from What Really Matters），羅伯特・奧古斯都・馬斯特斯（Robert Augustus Masters）著，一中心有限公司，2017，台北。
- ●《看不見的傷，更痛》，黃之盈著，寶瓶文化，2017，台北。
- ●《富者的遺言》，泉正人著，新世界出版社，2018，台北。

●《零極限》（Zero Limits: The Secret Hawaiian System for Wealth, Health, Peace, and More），喬・維泰利、伊賀列卡拉・修・藍博士（Joe Vitale、Ihaleakala Hew Len, PhD.）著，方智，2009，台北。

●《向原力覺醒：用意識創造，取代行動創造》（Spirit of the Western Way: Wake Up to Your Power – Heal the Collective Consciousness of the Western Mind），蒂娜・司帕爾汀（Tina Louise Spalding）著，一中心有限公司，2018，台北。

●《喃喃》，扎西拉姆・多多著，寶瓶，2012，台北。

●《死過一次才學會愛》（Dying To Be Me: My Journey from Cancer, to Near Death, to True Healing），艾妮塔・穆札尼（Anita Moorjani），橡實文化，2013。

●《開悟日記・通往終極實相的旅程紀錄》（Enlightenment: Behind the Scenes），馬克・列維特（Marc Leavitt）著，一中心有限公司，2016，台北。

●《聲音治療的七大祕密》，強納森・高曼著，生命潛能，2009，台北。

電影：

- 〈全面啟動〉（inception）
- 〈人生起跑線〉（Hindi Medium）
- 〈我就是要結婚！〉（The Wedding Plan），以色列女導演拉瑪・佈希頓（Rama Burshtein）
- 〈那才是我的世界〉（Keys To The Hearts）
- 〈出神入化／驚天魔盜團〉第二集（Now You See Me）
- 〈生命中最抓狂的小事〉（Relatos salvajes）
- 〈我不是潘金蓮〉
- 〈你只欠我一個道歉〉（THE INSULT）
- 〈小玩意〉
- 〈不能犯〉
- 〈喜歡你〉
- 〈以你的名字呼喚我〉（Call Me By Your Name）
- 〈金金計較〉（Penny Pincher）
- 〈金錢世界〉（All the Money in the World）

●〈奇蹟男孩〉（Wonder）
●〈奇異博士〉（Doctor Strange）
●〈一級玩家〉（Ready Player One）
●〈刺客教條〉（Assassin's Creed）
●〈超時空攔截〉（Predestination）
●〈下女的誘惑〉（아가씨）
●〈天才無限家〉知者無涯（The Man Who Knew Infinity）
●〈富者的遺言〉
●〈瘋狂粉絲〉（Fan）
●〈離經叛愛〉
●〈名叫海賊的男人〉（海賊とよばれた男）
●〈通靈診療室〉（Body）
●〈楚門的世界〉（The Truman Show）
●〈口白人生〉（Stranger than Fiction）
●〈每，一天〉（Every day）

《為何心想事不成？》超強升級版！

心誠事享

李欣頻——著

首度揭露：心想事成→事成心想→心誠事享 三層次概念！
特別收錄：實踐無所不能的創造法則＋向宇宙下訂單的9個步驟！

無論你是「吸引力法則」的忠實信徒還是懷疑論者，是否曾經疑惑為何自己總是「心想事不成」？李欣頻透過自己實際應用「吸引力法則」的經驗證明，所有渴求實現夢想的人，不該被「吸引力法則」的框架侷限住。當我們將生命從「心想事成」的欲望層次、「事成心想」的夢想層次逐步提升，最後就能達到「心誠事享」、「資源自動流向你」的最高境界，你也將豁然明白，欲望與夢想正是扼殺創造力的兇手，無欲無求的生活態度才能創造出預期之外的嶄新人生！

讓你受苦的是你對愛情的錯誤信念

愛情覺醒地圖

李欣頻——著

愛情重症患者、愛戀偏執狂、耽溺在愛中的癮君子、真愛懷疑論者，醒腦明目必服解藥！

我們都被情歌歌詞、浪漫小說、電影電視、算命占卜、旁邊親友……植入了似是而非的愛情謬論，當我們帶著偏執去經驗愛，永遠受挫受傷，老是覺得遇人不淑，扭曲的愛情觀讓我們付出極龐大的受苦代價。為何愛情吸引力法則無效？為何心想愛不成？現在該是解毒愛情、戳破迷思的清醒時刻了！這本書將帶你瞬間掙脫愛情的十道綑綁，跳出2D的線性思維，進入3D的愛情覺醒地圖！

國家圖書館出版品預行編目資料

人類木馬程式 / 李欣頻著.--初版.--臺北市：平安文化. 2018.08
面；公分（平安叢書；第0604種）（UPWARD；90）

ISBN 978-986-96416-8-5（平裝）

1.人生哲學 2.生活指導

191.9 107012022

平安叢書第0604種
UPWARD 090

人類木馬程式

作　　者—李欣頻
發 行 人—平雲
出版發行—平安文化有限公司
台北市敦化北路120巷50號
電話◎02-27168888
郵撥帳號◎18420815號
皇冠出版社(香港)有限公司
香港銅鑼灣道180號百樂商業中心
19字樓1903室
電話◎2529-1778　傳真◎2527-0904
責任編輯—張懿祥
美術設計—嚴昱琳
內頁插畫—馮聖欣
著作完成日期—2018年6月
初版一刷日期—2018年8月
初版八刷日期—2022年5月
法律顧問—王惠光律師
有著作權・翻印必究
如有破損或裝訂錯誤，請寄回本社更換
讀者服務傳真專線◎02-27150507
電腦編號◎425090
ISBN◎978-986-96416-8-5
Printed in Taiwan
本書定價◎新台幣380元/港幣127元

• 皇冠讀樂網：www.crown.com.tw
• 皇冠Facebook：www.facebook.com/crownbook
• 皇冠Instagram：www.instagram.com/crownbook1954
• 小王子的編輯夢：crownbook.pixnet.net/blog

《21天快篩清理木馬程式實用手冊說明》

在霍金斯的情緒表格中，「想要努力成為更好的自己」的想法，絕大多數是落在「焦慮」的頻率帶上，而「無條件信任一切已完美」則在600-1000的頻率帶上。當你拿到這本《21天快篩清理木馬程式實用手冊》後，我們將以21天持續不間斷的時間，層層移除**「要成為更好的自己」**的焦慮，與**「自己不夠好」**的木馬程式，讓大家找回**「信任自己一切已完美俱足」**的寧靜能量，這力量的維度與頻率，遠遠高過「成為更好自己」的層次非常多。

霍金斯博士意識能量層級圖表

1	開悟正覺：700-1000	7	希望樂觀：310	12	渴愛慾望：125
2	安詳極樂：600	8	中性信賴：250	13	恐懼焦慮：100
3	寧靜喜悅：540	9	勇氣肯定：200	14	憂傷懊悔：75
4	愛與崇敬：500		**頻率標度值200，是一個人正負能量的分界點**	15	冷漠絕望：50
5	理性諒解：400	10	驕傲輕蔑：175	16	罪惡譴責：30
6	寬容原諒：350	11	憤怒仇恨：150	17	羞愧恥辱：20

只要我們內觀到這終極泉源的狀態，面對浩瀚無邊的大我，無念也無為，一切俱足，這也是我提出三個層次的最高層次：心想事成→事成心想→**心誠事享**。就如同我最近在看的一本好書《Enlightenment：Behind The Scenes》提到的概念：「當我們一直試著想讓自己圓滿，事實上，這是一個無止盡的遊戲，遠比『老鼠跑滾筒』更加白費力氣，我們不斷在增加某些東西，不斷前進，從來不安靜地坐下來，我們的人生過得糊里糊塗，難得能真正地過日子；相反的，當我了解我只是在夢著自己的人生時，其實我就開始『醒』過來；覺知的鏡子因自身的吸引力彎了起來，自己照見自己。」

在未清除自己的木馬程式之前，你所有的「努力向前」都在強大你的木馬，直到你被木馬耗光你的能量、直到完全被鎖死。只要清除完你的木馬程式，不需計劃、不需鞭策出更好的自己，你就能還原出本貌如真的自己，才能恢復完全自由且有創造力的生活，在最高維度的層次中，一切都已完美──**當我們還被木馬程式鎖死，所有的愛都會變成恐懼；只要我們清除完木馬程式，所有的恐懼都會還原成愛！**

讓我們**以21天不間斷的掃描工程，搜出纏困自己多年的木馬程式**，掃除頑固木馬，恢復生命原廠設定，省掉耗費數十年的人生空轉期，**準備好跟自己一起進入冒險之旅了嗎？**

示範頁

每找到自己的一條木馬程式，就填上去。如果又重複再犯，請再填入該表格後方直到完全清除為止！

舉例：A先生的木馬程式表格

	1	2
木馬程式名 （你為自己找到的木馬程式命名）	更好的自己 （2018.3.1發現的）	
造成的問題	「更好的自己」這想法，給現在的自己造成焦慮的頻率，而且過多的壓力讓自己的身體健康出了問題。	
誘發事件	看到別人比自己好，就覺得自己很失敗，結果讓自己更焦慮，於是就這樣造成了永無止盡的惡性循環。	
回溯過往類似事件	小時候父母、老師愛拿自己與優秀的哥哥比較，所以老是覺得自己還要更努力。事實上，自己已經很努力了，而且每一個人都是獨一無二的，完全不需比較。	
解法	放掉「比較」包括：「更好」、「完美」的概念，讓自己處在「世界本無尺度、無標準」的純自然狀態，只有在這個狀態，才能有「無邊界、不受限」的自由創造力。也就是說：現在就是「最好的自己」，讓自己的情緒從「焦慮恐懼」瞬間提升到「喜悅信任」的頻率帶上。	
再犯紀錄	2018.5.16 看到別人比自己提前完成夢想，於是不滿之心升起，覺得自己還不夠努力，於是發現這木馬又死而復活了。	
再次清除頑固木馬	提醒自己：每個人都有自己專屬的道路，這道路與別人完全無關，所以不必比較，於是瞬間把「焦慮落後」的能量，又提升回「信任寧靜」的頻率上。	

自己找到的木馬程式表格

	1	2	3
木馬程式名 （你為自己找到的木馬程式命名）			
造成的問題			
誘發事件			
回溯過往類似事件			
解法			
再犯紀錄			
再次清除頑固木馬			

示範頁

主題　以別人的角度看自己

今天的練習題　把自己置換進對方的角度看自己，找出自己的盲點。

日期：2018年8月11日（填上今天日期，隨時啟用）　星期：六　天氣：晴

從今天開始，每一個來到我們面前的人事物，都是我們自己，就像電影〈前目的地〉（Predestination）的劇情，無論是愛我們的、拋棄我們的、指使我們的、養育我們的……都是我們自己自編自導自演。

（空白處可填入日常記事或備忘錄）

本日主題作業

今天試著把自己當成了老闆（請填人名），從他的角度看我自己，

我發現了（請填入：你將自己置換進對方的角度時，意外發現的新觀點、新感覺……）：

我從他的角度來看自己，我才知道自己總是逃避責任，總是想：多一事不如少一事，如果我自己是老闆，我也不會喜歡這樣的員工，所以我要主動承擔責任，並帶著愉快的頻率完成。

每日作業

☐ **今天發生的事（簡述）：**今天遇到了很討厭的人

☐ **引發了怎樣的情緒：**很嫌棄他，很想趕緊脫離他。

☐ **過去有哪個事件引發類似情緒：**以前就是很討厭像他那樣自戀自傲的人

☐ **這是一個怎樣的木馬程式：**自己的不自信，才會對別人的自戀自傲感到刺眼刺耳。此外，討厭的人身上也藏有自己不願承認的部分。面對他所映照出來的我們自己缺點：自戀自傲，我得好好調整自己。

☐ **如何蛻變與轉換新的內建程式：**像是他的家人友人愛人一樣，欣賞他的自信與自戀。

DAY

1

主題 抓出自己最明顯的木馬程式

今天的練習題 從自己的臉書／LINE簽名，找到自己的木馬程式。

日期： 星期： 天氣：

在未清除木馬程式之前，生命在重蹈覆轍地空轉，只有清除木馬程式之後，生命才有享有自由自主。我們將以七個月的時間，從表意識、潛意識到無意識逐層清理頑固木馬。

今天我們練習從自己的臉書／LINE簽名的一句話，來找出自己從未覺察的木馬程式。

舉例：

① **請列出目前的最主要問題：**力不從心、無力感。

② **請寫下目前的臉書／LINE簽名：**做更好的自己（這就是木馬程式）

③ **看一下這兩者的關聯，形成哪些問題：**因為要成為更好的自己，所以有了焦慮的頻率， 原來就是這頻率造成了挫敗、力不從心、無力感。

④ **修正：**現在就是最好的自己→回復到寧靜安詳的頻率

本日主題作業

① 請列出目前的最主要問題：

② 請寫下目前的臉書／LINE簽名：

③ 看一下這兩者的關聯，形成哪些問題：

④ 修正：

每日作業

☐ 今天發生的事（簡述）：

☐ 引發了怎樣的情緒：

☐ 過去有哪個事件引發類似情緒：

☐ 這是一個怎樣的木馬程式：

☐ 如何蛻變與轉換新的內建程式：

DAY
2

主題 抓出自己最明顯的木馬程式

今天的練習題 從自己的座右銘，找到自己的木馬程式。

日期：　　　　　　　　星期：　　　　　　　　天氣：

木馬程式除了藏在自己在LINE、FB頭像下簽名之外，還經常藏在網頁收藏的文章中、自己寫在記事本的座右銘、在勵志書上圈劃起的句子，或是自己很認同的激勵語。今天我們來個徹底的掃毒程式，至少找出一到三句「木馬程式」，看看與自己主要問題的關聯，以及造成的問題是什麼。

舉例：

① **請從自己網頁收藏的文章、寫在記事本的座右銘、在勵志書上圈劃起的句子、自己認同的激勵語……中找出「木馬程式」：**想要怎麼收穫就先要怎麼栽

② **以前與目前的主要問題：**老是與人發生爭執，特別是與家人之間、力不從心、無力感。

③ **此木馬與主要問題的關聯：**就是因為「想要怎麼收獲」才打算「怎麼栽」的計較得失心，才造成了人際上的問題，以及自己的不平衡、不甘願、挫敗感。

④ **修正：**盡情享受在開心的狀態下，做自己喜歡的事（或是：把自己正在做的事，轉變成開心做的事），開心的頻率自然而然地分享給周圍的人，從「得失計較」的痛苦中解脫。

本日主題作業

① 請從自己LINE、FB的文章、寫在記事本的座右銘、在勵志書上圈劃起的句子、自己認同的激勵語……中找出一到三句「木馬程式」：

② 看一下這句木馬程式，與你的問題之間關聯？形成了哪些問題？

③ 修正：

每日作業

□ 今天發生的事（簡述）：

□ 引發了怎樣的情緒：

□ 過去有哪個事件引發類似情緒：

□ 這是一個怎樣的木馬程式：

□ 如何蛻變與轉換新的內建程式：

DAY

3

主題 抓出自己最明顯的木馬程式

今天的練習題 寫下自己喜歡的歌曲，找到你印象最深刻的歌詞。

日期： 星期： 天氣：

正因為有了木馬程式，所以我們在平常生活中，很容易被相似的頻率事物所吸引，例如自己朗朗上口的歌詞，或是自己在ＫＴＶ經常點唱的歌曲。

舉例：

① **喜歡的歌曲：**愛上一個不回家的人、我最深愛的人，傷我卻是最深。

② **對應問題：**與伴侶之間經常的爭吵，覺得自己很沒安全感，總是被傷害的那一方。

③ **自己的木馬程式：**在伴侶關係中早已設定自己為受害者，然後複製出相似的劇情。

本日主題作業

① 請寫下自己喜歡的歌曲、或印象最深刻的歌詞：

② 看一下與你目前生活問題之間的關聯？

③ 你的木馬程式是：

每日作業

☐ 今天發生的事（簡述）：

☐ 引發了怎樣的情緒：

☐ 過去有哪個事件引發類似情緒：

☐ 這是一個怎樣的木馬程式：

☐ 如何蛻變與轉換新的內建程式：

DAY

4

主題 抓出自己最明顯的木馬程式

今天的練習題 寫下自己很有共鳴的影片劇情，看一下與自己主要問題的關聯。

日期： 星期： 天氣：

正因為我們被內建了強大的木馬程式，所以我們在平常生活中，很容易被相似的頻率事物所吸引，例如打動自己、很有共鳴的影片（有的甚至看兩遍以上），我們來掃描一下，裡面是否藏有我們沒覺察到的木馬程式。

舉例：

① **喜歡的影片：**〈歌劇魅影〉（The Phantom of the Opera）

② **劇情簡介：**女高音卡洛塔（Carlotta）周旋在心靈愛人與現實生活愛人之間

③ **經常重複發生的問題：**老是陷入情感的三角關係

④ **木馬程式：**不自主、潛意識地老把自己陷入三角關係中，只是為了要證明自己是被很多人搶著愛著，根本原因是自己有「愛的匱乏感與不安全感」。

⑤ **修正：**重新恢復自己對愛的信任

本日主題作業

① 請寫下自己喜歡的影片與劇情：

② 看一下這句木馬程式，與你的問題之間關聯？形成了哪些問題？

③ 你的木馬程式是：

④ 修正：

每日作業

□ 今天發生的事（簡述）：

□ 引發了怎樣的情緒：

□ 過去有哪個事件引發類似情緒：

□ 這是一個怎樣的木馬程式：

□ 如何蛻變與轉換新的內建程式：

DAY

5

主題 抓出自己最明顯的木馬程式

今天的練習題 詢問身邊人自己的口頭禪，以這幾句口頭禪來找出與自己主要問題相關的木馬程式。

日期： 星期： 天氣：

當我們被內建了木馬程式，我們的語言就會出現一些相應其頻率的關鍵字，自己通常很難察覺，但身邊的人可以一直重複聽到。他們就是你的鏡子，所以你需要花時間去詢問他們，找出你的木馬程式，或是錄下你與朋友的對話，聽一下自己經常說的詞語是什麼。

舉例：

① **我經常說：**我「怕」你會等太久、我「怕」你會不高興、我「怕」麻煩到你……

② **關鍵字：**「怕」

③ **木馬程式：**非常在乎別人對自己的看法，怕別人不喜歡自己。

④ **修正：**恢復自己的絕對自信

本日主題作業

① 我經常說：

② 關鍵字：

③ 木馬程式：

④ 修正：

每日作業

☐ 今天發生的事（簡述）：

☐ 引發了怎樣的情緒：

☐ 過去有哪個事件引發類似情緒：

☐ 這是一個怎樣的木馬程式：

☐ 如何蛻變與轉換新的內建程式：

DAY

6

主題 抓出自己一再重蹈覆轍的隱藏版木馬程式

今天的練習題 在家人伴侶關係上，自己老是遇到怎樣的人？

日期： 星期： 天氣：

在處理完「表面上最明顯」的木馬程式後，我們開始找「隱藏版」的木馬程式。當自己已經被內建一組木馬程式後，它便開始創造相應此頻率的劇本、劇情、演員，只是為了要展演這齣人生大戲。

舉例：

① **自己在家人伴侶關係上，老是遇到：**我付出的愛與關心，比對方多很多。

② **木馬程式：**把「衡量計算」套進「本無尺度、無法計量」的愛之中，套進雙方的關係中，這就是受苦的根源。

③ **修正：**把尺度與計量移除，讓愛成為它自己純粹的能量，自由流動。

本日主題作業

① 自己在家人伴侶關係上，老是遇到怎樣的人：

② 木馬程式：

③ 修正：

每日作業

☐ 今天發生的事（簡述）：

☐ 引發了怎樣的情緒：

☐ 過去有哪個事件引發類似情緒：

☐ 這是一個怎樣的木馬程式：

☐ 如何蛻變與轉換新的內建程式：

DAY

7

主題 抓出自己一再重蹈覆轍的隱藏版木馬程式

今天的練習題 在同學、同事關係上，自己老是遇到怎樣的人？

日期： 星期： 天氣：

當我們開始找「隱藏版」的木馬程式，最快的方式就是從身邊的人事物去找「一再重複」的模組。回顧自己的成長史，仔細反省自己為何老是遇到同類型的同學、老師、同事、老闆？

舉例：

① **在同學關係上，老是遇到怎樣的人：**老是遇到嫉妒我、說我壞話、排擠我的同學。

② **在與老師的關係上，老是遇到怎樣的人：**老是遇到愛糾正我的老師

③ **在與同事的關係上，老是遇到怎樣的人：**老是遇到嫉妒我、說我壞話、排擠我的同事。

④ **在與老闆的關係上，老是遇到怎樣的人：**老是遇到愛指責我的老闆

⑤ **修正：**放掉自己的競爭比較、放掉自己「要求完美、不能被糾正」的信念。

本日主題作業

① 在與同學關係上，老是遇到怎樣的人？木馬程式是？
該怎麼修正：

---

② 在與老師關係上，老是遇到怎樣的人？木馬程式是？
該怎麼修正：

---

③ 在與同事關係上，老是遇到怎樣的人？木馬程式是？
該怎麼修正：

---

④ 在與老闆關係上，老是遇到怎樣的人？木馬程式是？
該怎麼修正：

每日作業

□ 今天發生的事（簡述）：

□ 引發了怎樣的情緒：

□ 過去有哪個事件引發類似情緒：

□ 這是一個怎樣的木馬程式：

□ 如何蛻變與轉換新的內建程式：

DAY

8

主題 抓出自己一再重蹈覆轍的隱藏版木馬程式

今天的練習題 自己生活上，老是遇到哪幾種倒楣的事？

日期： 星期： 天氣：

當我們開始找「隱藏版」的木馬程式，最快的方式就是從眼前的人事物去找「一再重複」的模組——回顧過往的成長史，反省自己為何老是遇到同類型的倒楣事？

舉例：

① **自己老是遇到的倒楣事：**飛機、火車誤點，影響後面行程。

② **對應自己的木馬程式：**自己做事總犯拖延症，也經常遲到。

③ **修正：**調整自己的時間管理，告訴自己「時間永遠夠用」，以「不慌不忙」的頻率，取代「慌慌張張、因壓力造成功虧一簣」的焦慮頻率。

本日主題作業

① 自己老是遇到的倒楣事：

② 對應自己的木馬程式：

③ 修正：

每日作業

□ 今天發生的事（簡述）：

□ 引發了怎樣的情緒：

□ 過去有哪個事件引發類似情緒：

□ 這是一個怎樣的木馬程式：

□ 如何蛻變與轉換新的內建程式：

DAY

9

主題 抓出連自己都不知道的深藏木馬程式

今天的練習題 從自己討厭的人事物中，找到自己內藏的木馬程式。

日期： 星期： 天氣：

我們討厭的人事物，往往顯影出我們隱藏在自己深處，連自己都沒覺察、也不願承認的黑暗面，只要將自己討厭別人的哪些特質，反諸於己去找相應證據，照妖鏡一下就能將你不想承認的木馬程式全部現形！

舉例：

① **最討厭的人：**愛插隊的人

② **自己內在也有：**自己也討厭排隊

③ **對應自己的木馬程式：**討厭被浪費時間，討厭秩序、規矩、按部就班。

④ **修正：**享受每一個等待的時刻，把等待當成難得靜心沉澱的時刻。

本日主題作業

① 最討厭的人：

② 自己內在也有：

③ 木馬程式：

④ 修正：

每日作業

☐ 今天發生的事（簡述）：

☐ 引發了怎樣的情緒：

☐ 過去有哪個事件引發類似情緒：

☐ 這是一個怎樣的木馬程式：

☐ 如何蛻變與轉換新的內建程式：

DAY

10

主題 抓出連自己都不知道的深藏木馬程式

今天的練習題 從你最擔憂的人事物中，找到卡住你能量的木馬程式。

日期：　　　　星期：　　　　天氣：

生命每一個時刻都是新的！如果自己有了木馬程式，就會把擔憂的能量卡在自己與未來之間。所以我們可以從自己最擔憂的人事物中搜出木馬程式，不再讓自己困在恐懼的牆幕之中動彈不得！

舉例：

① **自己最擔憂的是：**孤獨、被排擠。

② **此木馬程式造成的問題是：**很受別人意見影響，不敢做自己，以為從眾就是最安全的路，不敢做自己。

③ **修正：**隨時練習與自己獨處，聽自己心中的聲音，找回實踐自己的力量。

本日主題作業

①自己最擔憂的是：

② 此木馬程式造成的問題是：

③ 修正：

每日作業

☐ 今天發生的事（簡述）：

☐ 引發了怎樣的情緒：

☐ 過去有哪個事件引發類似情緒：

☐ 這是一個怎樣的木馬程式：

☐ 如何蛻變與轉換新的內建程式：

DAY

11

主題 抓出連自己都不知道的深藏木馬程式

今天的練習題 從自己最害怕、不敢做、
不敢面對的人事物中找到木馬程式。

日期： 星期： 天氣：

在霍金斯的情緒能量表格中，恐懼是17個指標中排名倒數第5，這也是很多人的常見的木馬程式。所以請列出自己老是會感到害怕、不敢嘗試、不敢面對的人事物，把這些讓你杯弓蛇影的木馬程式，從你未來的道路中移除吧！

舉例：

① **自己最害怕：**被別人指責、指正，怕失敗。

② **此木馬程式造成的問題：**永遠都不敢嘗試新的路徑、新的做法，都是等別人做了成功之後自己才敢行動，結果永遠都在複製別人已經走過的路，拿著別人的地圖，無法找到自己獨特風格的路。

③ **修正：**把自己調到信任的頻率，勇於嘗試自己以前不敢冒險的路徑，並練習自己全權做決定、全權對自己負責。風險是在框架裡才有的概念。

本日主題作業

① 自己最害怕的是：

② 此木馬程式造成的問題是：

③ 修正：

每日作業

□ 今天發生的事（簡述）：

□ 引發了怎樣的情緒：

□ 過去有哪個事件引發類似情緒：

□ 這是一個怎樣的木馬程式：

□ 如何蛻變與轉換新的內建程式：

DAY

12

主題 抓出連自己都不知道的深藏木馬程式

今天的練習題 從你對父母（或養育者）印象最深刻的話或事件中找木馬程式

日期：　　　　星期：　　　　天氣：

我們生來宛如一張白紙，後來因為在成長受教育的過程中，被養育者（例如：父母、祖父母……）的價值觀植入了相應的木馬程式，所以我們回顧一下成長史中，對於養育我們的親人印象最深刻的話、事有哪些？這些與我們現在生活主要問題的關係是什麼？

舉例：

① **事件：**以前小時候在看自己喜歡的卡通節目時，突然被家人關掉電視，被要求馬上去做功課。

② **現在的問題：**找不到自己喜歡做的事，處於茫然狀態。

③ **木馬程式：**因為那是正在做自己喜歡的事（看卡通），卻被突然打斷，當時的能量瞬間從「開心喜悅」直接連到「挫敗憤怒」，從此就被設定成：「只有自己該做的事，自己無權做自己喜歡做的事」，久而久之就不再探索自己喜歡什麼。

④ **修正：重新設定：**自己現在可以百分之百找尋、並能完整地完成自己喜歡做的每一件事，不會再有任何人干擾阻擋。

本日主題作業

① 回想父母（或養育者）印象最深刻的話或事件：

② 這是一個怎樣的木馬程式？

③ 造成現在的問題是：

④ 修正：

每日作業

☐ 今天發生的事（簡述）：

☐ 引發了怎樣的情緒：

☐ 過去有哪個事件引發類似情緒：

☐ 這是一個怎樣的木馬程式：

☐ 如何蛻變與轉換新的內建程式：

DAY

13

主題 抓出連自己都不知道的深藏木馬程式

今天的練習題 你最怕誰生氣？
從「對方掌握了你最害怕的弱點」中找到木馬程式。

日期：　　　　　　星期：　　　　　　天氣：

人與人之間本應平等，一旦你開始怕某人生氣，表示你已經有了恐懼的弱點，這往往就隱藏了連你都沒覺察到的木馬程式。

舉例：

① **自己最害怕誰生氣？**最怕爸爸生氣，因為只要他一生氣，就會威脅要把我趕出家門。

② **如果對方生氣了，覺得自己可能會失去：**住處、食物。

③ **木馬程式：**自己對生存有焦慮，害怕沒住處、沒食物。

④ **所造成的後續影響：**也怕老闆、客戶、伴侶生氣，導致不敢說出自己心裡的想法，人際溝通頻頻出問題。

⑤ **修正：**移除連結不當的恐懼模組，重建自己對於生存的安全感。

本日主題作業

① 自己最害怕誰生氣：

② 如果對方生氣了，覺得自己可能會失去：

③ 木馬程式：

④ 所造成的後續影響：

⑤ 修正：

每日作業

□ 今天發生的事（簡述）：

□ 引發了怎樣的情緒：

□ 過去有哪個事件引發類似情緒：

□ 這是一個怎樣的木馬程式：

□ 如何蛻變與轉換新的內建程式：

DAY

14

主題 抓出連自己都不知道的深藏木馬程式

今天的練習題 你覺得討厭你的人，
對方最不滿你的缺點、問題是什麼？

日期： 星期： 天氣：

我們討厭的人身上，極有可能藏有我們自己不願面對的缺點與黑暗面。所以今天大膽一點，去問討厭你、躲遠你、排擠你……的人，對方到底覺得你有哪些問題？不要第一反應想去反駁、辨解，因為事實究竟為何其實不重要，重要的是自己裡面藏有哪一組木馬程式，才形成對方對應出這樣的感覺與印象？

舉例：

① **討厭我的人，覺得我是一個怎樣的人：**驕傲、冷酷。

② **可能內藏的木馬程式：鶴立雞群模組：**讓自己努力變優秀，以證明自己的孤傲是其來有自，用以掩飾自己孤獨的事實。

③ **修正：**以全然的愛接受自己的本貌，不怕孤獨，亦不要排斥人群。

本日主題作業

① 討厭我的人，覺得我是一個怎樣的人：

② 可能內藏的木馬程式：

③ 修正：

每日作業

☐ 今天發生的事（簡述）：

☐ 引發了怎樣的情緒：

☐ 過去有哪個事件引發類似情緒：

☐ 這是一個怎樣的木馬程式：

☐ 如何蛻變與轉換新的內建程式：

DAY

15

主題 抓出連自己都不知道的深藏木馬程式

今天的練習題 從你喜歡或愛的人、與你討厭或是恨的人的共同點，找出你對應的木馬程式。

日期： 星期： 天氣：

如果我們能找到自己喜歡的、愛的人身上，與自己討厭、恨的人身上，有哪些「共同」的特質，那麼這兩個鏡面共同對應出的，就是你核心的木馬程式。

舉例：

① **自己喜歡或愛的人身上，與自己討厭或恨的人共同的特點：**眼高手低

② **可能對應出自己的狀態：**自己總是親力親為，沒有給別人練習動手做的機會，別人也會因為這股不信任的能量而放棄去做。

③ **木馬程式：**自己的不信任造成「控制」模組，對應出他人的「無能」結果。

④ **修正：**移除自己習慣性的不安全感，放掉自己的控制欲，學會放手信任他人，給予別人有成長的空間。

本日主題作業

① 自己喜歡或愛的人身上，與自己討厭或恨的人共同的特點：

② 可能對應出自己的狀態：

③ 木馬程式：

④ 修正：

每日作業

□ 今天發生的事（簡述）：

□ 引發了怎樣的情緒：

□ 過去有哪個事件引發類似情緒：

□ 這是一個怎樣的木馬程式：

□ 如何蛻變與轉換新的內建程式：

DAY

16

主題 抓出自己的金錢木馬程式

今天的練習題 如果將來負債，你覺得會有怎樣的問題？

日期： 星期： 天氣：

每個人的天賦都是無限量的，但往往受限於自信不足，或是金錢資源有限的錯誤信念。一般人很難察覺到自己的金錢木馬程式，所以絕大多數的人受困於金錢課題，為了賺錢謀生，往往犧牲了自己熱愛的事與寶貴時間。有錢並不代表沒有金錢木馬程式，要達到完全沒有金錢課題，就是：**沒錢不會焦慮，有錢不會恐懼**。因為錢會放大我們原有的問題，所以我們設計這份練習題，讓你的金錢木馬程式無所遁形！

舉例：

① **如果將來負債，你覺得會有怎樣的問題：**怕自己要看病時沒錢

② **突顯的木馬問題是：**健康才是主要問題，跟有沒有錢沒關係。

③ **解法：**把健康照顧好，這樣沒錢也不必擔心，有錢也不需花在醫療上。

本日主題作業

① 如果將來負債，你覺得會有怎樣的問題：

② 突顯的木馬問題是：

③ 解法：

每日作業

☐ 今天發生的事（簡述）：

☐ 引發了怎樣的情緒：

☐ 過去有哪個事件引發類似情緒：

☐ 這是一個怎樣的木馬程式：

☐ 如何蛻變與轉換新的內建程式：

DAY

17

主題 抓出自己的金錢木馬程式

今天的練習題 如果將來成為億萬富翁，你覺得會有怎樣的問題？

日期： 星期： 天氣：

絕大多數的人將「賺錢」視為人生主要目標，往往把真正的目標給擋住了。這個問句很容易找出自己的金錢木馬程式。

舉例：

① **如果將來成為億萬富翁，你覺得會有怎樣的問題：**怕自己從此沒有奮鬥的目標

② **突顯的木馬問題是：**本來就沒有人生目標，所以把賺錢當成目標，一旦自己以後有錢，就會瞬間失去奮鬥目標，甚至感覺空虛，失去人生意義，因為賺錢不是人生真正的目的與目標。

③ **解法：**如果錢不是問題，問自己，自己真正想做什麼？

本日主題作業

① 如果將來成為億萬富翁，你覺得會有怎樣的問題：

② 突顯的木馬問題是：

③ 解法：

每日作業

□ 今天發生的事（簡述）：

□ 引發了怎樣的情緒：

□ 過去有哪個事件引發類似情緒：

□ 這是一個怎樣的木馬程式：

□ 如何蛻變與轉換新的內建程式：

DAY

18

主題 抓出自己的金錢木馬程式

今天的練習題 你覺得賺錢容易嗎？

日期： 星期： 天氣：

一般人的金錢木馬程式，宛如一堵透明的牆，擋住了自己與廣大無邊金錢資源之海的連結。所以這個問句是最快檢測這堵牆厚薄的方法。

舉例：

① **你覺得賺錢容易嗎？最容易10分，最難0分，你的分數是？**覺得賺錢不大容易，評估完大概是4分。

② **木馬程式：**受到「天下沒有白吃的午餐、天下沒有不勞而獲的事」的影響，所以就自動設成：「錢很難賺」的木馬程式。

③ **解法：**金錢或是資源都是能量，都是自然而然流動的過程，難易都是人自己設定的。

本日主題作業

① 你覺得賺錢容易嗎？最容易10分，最難0分，你的分數是：

② 木馬程式：

③ 解法：

每日作業

☐ 今天發生的事（簡述）：

☐ 引發了怎樣的情緒：

☐ 過去有哪個事件引發類似情緒：

☐ 這是一個怎樣的木馬程式：

☐ 如何蛻變與轉換新的內建程式：

DAY

19

主題 木馬程式藏在願望裡

今天的練習題 若這願望不成真，你覺得會有怎樣的壞處？

日期： 星期： 天氣：

我們的願望裡藏有自己正缺乏或是渴求的東西，往往就反映出自己在這部分的匱乏頻率，這個匱乏頻率就是我們的木馬程式。所以我們可以列出自己的人生十大願望，對照霍金斯的情緒能量表格後，檢查一下各是怎樣的頻率？哪些藏有木馬程式影響至今？然後再檢查一下，若這願望不成真，你覺得會有怎樣的壞處？而這壞處反映了自己目前的頻率，這個頻率或許就是願望一直無法成真的原因（與願望成真的頻率有差距）。

舉例：

① **願望：**想要找到伴侶

② **許這願望時的頻率：**焦慮、擔憂、匱乏。

③ **如果這願望最終不會成真，你的頻率會是：**焦慮、擔憂、匱乏。

④ **修正：**將自己的頻率調到原廠設定：信任、豐沛的愛。

本日主題作業

① 請列出你的十大願望，根據你想要完成的渴望程度，依序排列下來，並標明頻率：

人生第一大願：＿＿＿＿＿＿＿＿

人生第二大願：＿＿＿＿＿＿＿＿

人生第三大願：＿＿＿＿＿＿＿＿

人生第四大願：＿＿＿＿＿＿＿＿

人生第五大願：＿＿＿＿＿＿＿＿

人生第六大願：＿＿＿＿＿＿＿＿

人生第七大願：＿＿＿＿＿＿＿＿

人生第八大願：＿＿＿＿＿＿＿＿

人生第九大願：＿＿＿＿＿＿＿＿

人生第十大願：＿＿＿＿＿＿＿＿

每日作業

☐ 今天發生的事（簡述）：

☐ 引發了怎樣的情緒：

☐ 過去有哪個事件引發類似情緒：

☐ 這是一個怎樣的木馬程式：

☐ 如何蛻變與轉換新的內建程式：

DAY

20

主題　從自己過去的生命史中搜出木馬程式

今天的練習題　如果此時是你人生最後時刻，你會記起哪十個畫面？

日期：　星期：　天氣：

虛擬想像一下，如果此時是你人生最後時刻，你會記起哪十個畫面？這些「前半生結算點」的畫面，帶給你哪些回憶與感覺？請把這十個畫面寫下來，比對一下你在昨天寫的「人生十件願望」，這兩個之間的差異，就是頭腦與心之別。

本日主題作業

① 如果這十個跑進腦海的人生畫面中藏有木馬程式影響你到今天，
請問可能是什麼？

該怎麼調整：

每日作業

☐ 今天發生的事（簡述）：

☐ 引發了怎樣的情緒：

☐ 過去有哪個事件引發類似情緒：

☐ 這是一個怎樣的木馬程式：

☐ 如何蛻變與轉換新的內建程式：

DAY

21

主題　從未來的時空版本來看自己

今天的練習題　從未來十年內的時間點上，看現在的自己。

日期：　　星期：　　天氣：

當我們從最遠的制高頻率往現在看，就如同從未來投射光線到此刻，於是整條路徑都明朗了。然後我們藉著這條清晰的光看清細節，將十年的時間等比例濃縮成一天，讓我們看見十年的微模型，這與「從現在計畫未來」是完全不同的頻率，前者是未來的頻率，後者是過去與現在的頻率，兩者天壤之別。

本日主題作業

① 虛擬想像一下，如果時空快轉到十年後的今天，從那時的自己看現在，你想跟現在的自己說什麼？給予怎樣的建議？

每日作業

□ 今天發生的事（簡述）：

□ 引發了怎樣的情緒：

□ 過去有哪個事件引發類似情緒：

□ 這是一個怎樣的木馬程式：

□ 以十年後（__歲）的自己來面對，會如何蛻變並轉換新的內建程式：

這本《21天快篩清除木馬程式實用手冊》，是從一年份的《我|鏡》曆摘選出初階練習版，如果你已經上手了，可以進階使用《我|鏡》曆，做為你未來一年查殺木馬的防毒軟體！

〈我|鏡〉曆分成12個月份，每個月完成一個主要課題，如下：

月份	主題
第1個月份	抓出自己最明顯的木馬程式
第2個月份	抓出自己一再重蹈覆轍的隱藏版木馬程式
第3個月份	抓出連自己都不知道的深藏木馬程式
第4個月份	抓出自己的金錢木馬程式
第5個月份	找出自己身體與生命的木馬程式
第6個月份	從自己過去的生命史中搜出木馬程式
第7個月份	木馬程式藏在願望裡
第8個月份	以別人的角度看自己
第9個月份	從不同時空版本看自己
第10個月份	從更高維度看自己
第11個月份	以最高維度看自己
第12個月份	從未來的時空版本來看自己

如欲購買繁體版的〈我|鏡〉曆
請寄信到百頤堂（1308222000@qq.com）
並副本到readers**0811**@gmail.com
信件主旨：購買〈我|鏡〉曆繁體 ____ 本
會有專人與您聯繫